D1828881

Kulturlandschaft THÜRINGEN

Kulturlandschaft THÜRINGEN

Heinrich Pleticha
Mit Farbbildern von Wolfgang Müller

Herder Freiburg · Basel · Wien

THVRINGIA
LANDGRAVIATVS.
Milliarie Germanica communia
1
2
2½
HASSIÆ PARS.
BVCHONIÆ PARS.
Auff dem Eichsfelde
Herrschafft Lora
Ampt Lora
Ampt Straus berg
Die Hainleite
Landgerichte Sundershausen
Ampt Keula
Stifft Vol Keroda
Ampt Ebeleben
Ampt Cli ngen
Vnterm Dune
Der Stadt Gebiet
Mülhausen
Auff dem Horn
Ampt Tammesbrucken
In der Vogtei
Herrsch. Trefurt
Trefurt
Ampt Langen Sal Aza
Herrschafft Tonna
Ampt Creutzberg
Creutzberg
Ampt Gerstungen
Der von Wangennei Gericht
Auff den Bergen
Stadt Erffurd Gebiet
Ampt Gotha
Gotha
Ampt Eisenach
Eisenach
Im Gerstengaw
Gleichen
Comit
Ampt Tenenberg
Ampt Mulberg
Herrsch. Arnst
Ampt Krajenberg
Ampt Reinhartsbrun
Ampt Gorgenthal
Ampt Wassenburg
Ampt Saltzungen
Saltzungen
In der Rula
Tyringer Waldt
Auff der Blossen Leben
Schmalkalden
Sylva Semana
Meiningen
FVRSTLICHE GRAFFSCHAFT HENNEBERG
Werra flu

Ampt Kelbra
Vockstet Herrschafft
Die Pfaltz zu Sachsen
Die Herschafft Querfurt
Ertzstifft Hall.
Hall
Ampt Francken hausen
Ampt Sega
Ampt Sachsenburg
Herrschafft Heldrungen
Herrschafft Wihe
Stifft Merseburg
Merseburg
Auff der Finne mont
Im Thale
Nebra
Beichlingen Graffschafft
Ampt Freiburg
MEISSEN
Weissenfels
Weisenfels weiland eine Graffschafft
Naumburg
Stifft Naumburg
LIBGNOTHIA
TYRINGIA ASTRALIS
Osterland
Ampt Eckartsberge
Ampt Kamberg.
Ampt Dornberg
Weimar
Erffurd
Kirchberg Burggraffschaft
Eisenberg etwa eine Graffschaft.
Ampt Iena
Iena
Ampt Burgel
Ampt Roda
Ampt Tondorf
Herschaft Planckenham
Herrsch: Kranichfeld
Orlamunda
Herrsch: Leuchtenburg
Herschaft Rembda.
Ampt Ilm
Ampt Ehrnstein
Rembda
Ampt Plancken
Terra Aduocatorum
SCHWARZ BURG
Comitatus
Ampt
Ob. Vnd Stifft Salfeld
Voigtland.
Schwartzburg
Herr. Greventhal
Sala fluuius

Die Karte auf den vorhergehenden Seiten zeigt einen Ausschnitt „Obersachsen 1650“ in der Topographia Germaniae von M. Merian.

Die Deutsche Bibliothek – CIP-Einheitsaufnahme

Kulturlandschaft Thüringen / Heinrich Pleticha.
Mit Farbabb. von Wolfgang Müller. – Freiburg im
Breisgau ; Basel ; Wien : Herder, 1991
ISBN 3-451-22314-7

NE: Pleticha, Heinrich; Müller, Wolfgang

Alle Rechte vorbehalten – Printed in Germany
© Verlag Herder Freiburg im Breisgau 1991
Reproduktionen: Schaufler GmbH, Freiburg
Satz: Barbara Herrmann, Freiburg
Belichtung: Johannes Schimann, Pfaffenhofen
Druck und Bindung: Freiburger Graphische Betriebe 1991
ISBN 3-451-22314-7

Vorwort

Wer kann schon von sich sagen, daß er Thüringen gut kennt? Die meisten Thüringer vielleicht, die meisten Bürger aus den übrigen Bundesländern dagegen wohl kaum. Viele Jahre haben wir von den Kuppen der Rhön oder vom Frankenwald aus hinübergeschaut in ein Land, das so nah und doch für die Bewohner der Bundesrepublik ebenso fern und unerreichbar war wie umgekehrt Bayern oder Hessen für die Menschen aus Thüringen. An der Transitautobahn lasen die durchreisenden Autofahrer die Ausfahrtschilder nach Eisenach, Gotha, Erfurt, Weimar oder Jena und konnten die Städte selbst doch nur aus der Ferne erahnen. Für viele Bundesbürger lagen die Toskana oder Andalusien näher als dieses Thüringen, das in der Erinnerung nur noch zu ein paar Schlagworten oder Begriffen zusammenschmolz.

Natürlich kannte jeder den schönen, werbewirksamen Spruch vom „grünen Herzen Deutschlands", kannte Namen wie Thüringer Wald oder Thüringer Becken, sicher auch den einen oder anderen historisch bedeutsamen Ort wie die Wartburg, Weimar oder Jena. Aber was wußte man schon von Ilmenau, Mühlhausen, von Hildburghausen, Apolda oder Greiz?

Die Lücken sind in jeder Hinsicht groß; denn es gilt ja nicht nur, wieder mit den Namen, sondern vor allem auch mit dem geistigen, historischen und kulturellen Hintergrund vertraut zu werden. Thüringen – das ist die Landschaft zwischen Rhön, Werra und Eichsfeld im Westen und Pleiße und Vogtland im Osten, zwischen Harz und Unstrut im Norden und dem Frankenwald im Süden, also das Thüringer Becken mit seinen Flußläufen und der Thüringer Wald. Ist es schon keine geographische, so ist es noch weniger eine politische Einheit, zumindest früher ist es keine gewesen. Nirgendwo war in Deutschland die Kleinstaaterei so zu Hause wie gerade im Thüringischen. „Hier aber ist der eigentlichste klassische Boden grenzenloser Absurditäten jeder Art, religiöse, revolutionäre, fürstliche, städtische, edelmännische", schrieb 1816 Goethe, und der mußte es schließlich wissen, lebte er doch selbst lange genug in einem dieser Kleinstaaten. Man muß nur einmal eine politische Karte der „Thüringischen Staaten" im Deutschen Reich nach 1871, also vor rund hundert Jahren, betrachten, um den ganzen Widersinn und das Absurde dieser Staatengebilde zu erkennen, deren Oberhäupter das Gros von „Bismarcks Zaunkönigen" stellten.

Nein, eine politische Einheit will dieses Thüringen eigentlich so richtig erst heute werden. Aber dafür war und ist es eine Kulturlandschaft, wie man sie im übrigen Deutschland nur selten findet. Hier wirkt sich die Vielfalt positiv und prägend aus. Wahrscheinlich hat die gescholtene Kleinstaaterei dabei in mancherlei Hinsicht befruchtend gewirkt. Nirgendwo sind die Residenzen mit ihren Schlössern und Kunstsammlungen so zahlreich wie hier. Und in gegenseitiger Rivalität wurden sie zu geistigen und künstlerischen Zentren, allen voran Weimar, das für uns auch heute ein Phänomen deutschen Geisteslebens darstellt. Aber die Kulturlandschaft Thüringen beschränkt sich nicht auf diese eine Stadt. Seit dem Mittelalter gingen von Thüringen immer wieder wichtige Impulse für Literatur, Kunst und Geistesleben in Deutschland aus. Eisenach und die Wartburg, Gotha, Erfurt, Meiningen, Jena – das sind nur einige Namen, die in diesem Zusammenhang genannt werden müssen. Minnesang, Reformation, Aufklärung, Klassik, Romantik oder Realismus haben ihre unverkennbaren Spuren hinterlassen.

Die Zahl der neuen Bücher, Bildbände wie Reiseführer, über Thüringen wächst rasch. Aber immer noch sind Reisen nach Thüringen Reisen in ein neues und für viele fast unbekanntes Land, das heute in Deutschlands Mitte liegt. Es gibt aber genug Möglichkeiten, dieses so vielseitige Land näher kennenzulernen. Wer gut zu Fuß ist, sollte den Rennsteig entlang wandern, jenen traditionsreichen Pfad auf dem Kamm des Thüringer Waldes mit seinen herrlichen Ausblicken weit in das Land hinein. Man kann auch bequem mit dem Auto den Spuren der alten Reichsstraße von Frankfurt nach Berlin folgen, die den Thüringer Raum durchquert und an der von Eisenach bis Jena die schönsten Städte und denkwürdigsten Plätze wie auf einer Perlenkette aneinandergereiht sind. Man kann im Tal der Saale von Saalfeld bis zur Rudelsburg fahren oder wandern. Viele kleine und größere Städte laden zu einem Besuch ein und präsentieren die Zeugnisse einer großen Vergangenheit. Man kann aber auch nach den Spuren des Thüringischen Bauernaufstands suchen, den Lebensspuren Goethes oder Schillers folgen, Fahrten zu Burgen, Schlössern und Klosterruinen bieten sich an.

Doch es gibt auch noch andere Möglichkeiten, Thüringen, seine Menschen und seine Geschichte näher kennenzulernen, indem wir nämlich den literarischen Spuren folgen, an denen gerade dieses Land so reich ist. Sie waren zwar auch in all den Jahren bisher verfügbar – denn hier konnte kein Staat willkürliche Grenzen ziehen –, aber sie gewinnen heute in der Verbindung mit der sich uns wieder erschließenden Landschaft neues Leben. Ob Goethe oder Schiller, Luther oder Thomas Müntzer, Ludwig Bechstein, Otto Ludwig, Kurt Kluge oder die hl. Elisabeth – in ihren Werken, Briefen, Aussagen spiegelt sich doch auch ein Stück Thüringer Landschaft und Geschichte.

Ihren Spuren in Wort und Bild nachzugehen, vielleicht Erinnerungen zu wecken und Verborgenes aufzuspüren ist ein Hauptanliegen dieses Buches. Und aus der Spurensuche entstanden Ortstermine und Begegnungen, die zwar gewiß kein neues Bild Thüringens zeigen, vielleicht aber einige neue Ausblicke in eine Kulturlandschaft von besonderem Reiz.

Landschaft zwischen Rhön und Werra

Die Werra entspringt am Südwesthang des Thüringer Waldes und vereinigt sich nach einem Lauf von dreihundert Kilometern bei Münden mit der Fulda zur Weser – so hat man früher einmal in der Schule gelernt, und es ist ganz gut, sich gelegentlich an solches Faktenwissen zu erinnern, wenn man jene Beckenlandschaft zwischen dem Thüringer Wald im Osten und Rhön und Frankenwald im Westen und Südwesten bereist, die von der Werra und ihren Nebenflüßchen geprägt wird. Eigentlich müßte man dieses Werraland vom Westen aus betreten und betrachten, ist es doch landschaftlich wie historisch eine Fortsetzung Frankens. Die Basalthochflächen und -kuppen der Rhön erstrecken sich im Norden beiderseits der Landesgrenze zu Bayern und Hessen, das südlich anschließende fränkische Grabfeld geht unmerklich fast in das Thüringische über, und im südlichsten Zipfel reicht der Frankenwald ebenfalls von Bayern nach Thüringen hinein.

Die willkürlich erscheinenden und doch so selbstverständlichen politischen Grenzen entstanden ja auch erst 1815, bis dahin war dieser Landstrich jahrhundertelang territorial zersplittert gewesen. Seitdem gehörte er zum damaligen Großherzogtum Sachsen-Weimar-Eisenach, an das heute noch hier und da alte Grenzsteine erinnern.

Wenn wir der Werra von der Grenze an flußaufwärts folgen, gelangen wir über Vacha, wo bereits im 14. Jahrhundert eine steinerne Brücke über die Werra führte, nach Bad Salzungen und sehen uns schon mit der Geschichte konfrontiert. Hier nämlich, so vermuten Historiker, fand 58 n. Chr. jene „Salzschlacht“ zwischen den Germanenstämmen der Chatten und Hermunduren statt, von der schon Tacitus im XIII. Buch seiner „Annalen“ berichtet:

„Im gleichen Sommer kam es zwischen den Hermunduren und Chatten zu einer großen Schlacht, in der sie um einen für die Salzgewinnung wichtigen Grenzfluß miteinander kämpften. Neben ihrem Hang, alles mit Waffengewalt auszutragen, spielte hier auch der angestammte Aberglaube mit, daß diese Gegenden dem Himmel besonders nahe seien und die Gebete der Sterblichen von den Göttern nirgends so deutlich vernommen würden. Daher entstehe durch die Huld der Götter in jenem Flusse und in jenen Wäldern das Salz, aber nicht wie bei anderen Völkern, indem das übergetretene Meerwasser eintrocknet, sondern sie gießen es über einen brennenden Holzstoß, und dabei schlägt es sich durch das Zusammentreffen von Feuer und Wasser nieder. Für die Hermunduren verlief der Krieg glücklich, für die Chatten um so verderblicher, weil die Sieger das Heer der Gegner dem Mars und Mercurius weihten, und durch dieses Gelübde wurden alle Besiegten samt ihren Rössern niedergemetzelt.“[1]

Manche Historiker verlegen den Ort dieser blutigen Salzschlacht allerdings auch etwas weiter südlich in das Gebiet von Bad Kissingen. Sicher ist aber, daß die Solequellen, die der Stadt den Namen gaben, schon im frühen Mittelalter genutzt und 775 zur Zeit Kaiser Karls des Großen erstmals urkundlich genannt wurden. Die Salzgewinnung blieb bis ins 18. Jahrhundert für das damals kleine Städtchen von rund zweitausend Einwohnern lebensbestimmend, danach setzte mit der Erschließung einer Solequelle seit der Mitte des 19. Jahrhunderts der Aufstieg als Kurort ein.

Der Rang des ältesten Kurortes in Thüringen gebührt allerdings dem benachbarten Bad Liebenstein, das heute zugleich auch das größte Herzbad in den neuen Bundesländern ist. Herzog Casimir von Coburg ließ hier den „Fürtrefflichen Casimirianischen Brunnen“ fassen, der den Ort vor allem im 19. Jahrhundert zu einem beliebten Modebad werden ließ. Die zahlreichen Gäste können während der Kur nicht nur die reizvolle Umgebung genießen, sondern auch eine Erinnerungsstätte an Martin Luther besuchen. Es ist zugleich die erste Spur des Reformators, der wir hier in Thüringen begegnen. Nördlich von Liebenstein auf der Stra-

Bad Liebenstein. Stahlstich

ße nach Ruhla steht im „Luthergrund“ seit 1857 ein über zehn Meter hoher Gedenkstein, dessen Inschrift daran erinnert, daß der Reformator am 4. Mai 1521 hier auf Befehl des sächsischen Kurfürsten Friedrich des Weisen überfallen und heimlich zur Wartburg gebracht wurde. Er hatte auf dem Rückweg von Worms, wo die Reichsacht über ihn verhängt worden war, noch am Morgen im nahegelegenen Möhra, aus dem sein Vater stammte, unter freiem Himmel zu den Leuten gepredigt, weil die kleine Kirche dort die Menge der Gläubigen nicht fassen konnte. Dann war er weitergereist und an einer schmalen Stelle des Bergweges im Glasbachtal unterhalb Schloß Altenstein von den Leuten des Kurfürsten zum Schein überfallen worden. Während der Kutscher und ein Luther begleitender Augustiner, die in den Plan nicht eingeweiht waren, flohen, gelangte Luther gegen Mitternacht ungesehen und unbehelligt zu Pferde auf die Wartburg. Der Platz wurde später zu einer Art Wallfahrtsort, zur 300-Jahr-Feier des Augsburger Bekenntnisses trafen sich hier an die achttausend Menschen.

Nur ein Stück südlich liegt, schon am Rande des Thüringer Waldes, das ebenfalls für die Reformationsgeschichte so bedeutsame Schmalkalden. Die Geschichte der Stadt ist etwas kompliziert. Rasch wechselten seit ihrer Gründung im ausgehenden 9. Jahrhundert die Besitzverhältnisse und gipfelten schließlich im 14. in der eigenartigen Lösung, daß sie zur einen Hälfte den Landgrafen von Hessen, zur anderen den Grafen von Henneberg gehörte. Eine seltsame Konstruktion, die sich aber einmal als Glücksfall erweisen sollte. Ausgerechnet diese kleine Stadt im Grenzgebiet zwischen Hessen, Franken und Thüringen erlangte in der Reformation besondere Bedeutung. Hier trafen sich in den letzten Dezembertagen des Jahres 1530 die protestantischen Fürsten und die Vertreter der Städte zu Verhandlungen, die sich bewußt gegen Kaiser Karl V. richteten.

Der große deutsche Historiker Leopold von Ranke hat die Ereignisse in seiner „Deutschen Geschichte im Zeitalter der Reformation“ (1839/47) dargestellt:

„Nun trug Sachsen bei den versammelten Ständen auf ein Bündnis zur Gegenwehr selbst wider den Kaiser an: Man habe ihn bei früheren Vereinigungen immer ausgenommen; doch könne das nicht helfen, da die Partei der Gegner sich des kaiserlichen Namens bediene.

Auch diese Ansicht teilten Nürnberg und Markgraf Georg keineswegs. Die Gutachten ihrer Theologen und Juristen waren bei weitem nicht so unzweifelhaft ausgefallen. Nürnberg erklärte, auf widerwärtige Ratschläge wie diese könne es einen so wichtigen Beschluß nicht gründen. Wir wissen, daß eine ähnliche Differenz schon vor dem Jahre die beiderseitigen Gelehrten getrennt hatte. Die übrigen aber, schon immer gewohnt, sich an Sachsen zu halten, oder sogar erfreut, daß es frühere Widersprüche jetzt selber aufgegeben, erklärten sich vollkommen einverstanden.

Es ward sogleich der Entwurf eines Verständnisses gemacht, worin man sich zwar sehr hütete, den Kaiser zu nennen, die Absichten, welche gefürchtet wurden, nur unbestimmt andeutete: ‚Es lasse sich an, als werde darauf gedacht, die Anhänger des reinen Wortes Gottes zu unterdrükken‘, allein ihn in Hinsicht der Gegenwehr doch auch nicht mehr ausnahm. Die Verbündeten verpflichteten sich, denjenigen von ihnen, der um dieses göttlichen Wortes willen angegriffen werde, zu Hilfe zu eilen. Ja sie wollen das auch dann tun, wenn der Angriff unter einem anderen Vorwande geschieht, sie aber ermessen, daß der gleiche Grund eben dieses göttliche Wort ist. Hieß es dann weiter, der Bund solle nicht wider den Kaiser noch sonst jemanden gerichtet sein, so wollte das nichts anderes sagen, als daß man niemanden angreife, sondern sich nur verteidigen werde.

Dieses Bündnis nun nahmen Sachsen, Hessen, Lüneburg, Wolfgang von Anhalt, die beiden Grafen von Mansfeld, die Städte Magdeburg und Bremen unverzüglich an. Die übrigen Versammelten versprachen, sich binnen einiger Zeit darüber zu erklären. So schied man am 31. Dezember 1530 voneinander."[2]

Die endgültige Entscheidung fiel acht Wochen später am 27. Februar 1531, als sich Kurfürst Johann von Sachsen, Landgraf Philipp von Hessen, Ernst von Lüneburg, Philipp von Grubenhagen, die Grafen von Mansfeld und Anhalt sowie die Städte Magdeburg, Bremen, Straßburg, Ulm, Konstanz, Reutlingen, Memmingen, Lindau, Biberach und Isny im sogenannten „Schmalkaldischen Bund" zusammenschlossen. Der Name der kleinen Stadt hatte fortan in ganz Deutschland bei den Protestanten einen guten, bei der katholischen Partei einen schlechten Klang. Sechs Jahre später ließ Kurfürst Johann von Sachsen auf einer Versammlung des Bundes durch Luther hier die „Schmalkaldischen Artikel" verkünden, in denen der Reformator das Prinzip der alleinigen Rechtfertigung durch den Glauben noch einmal deutlicher hervorhob, als das in der Augsburger Konfession der Fall gewesen war. Die Artikel blieben umstritten und wurden nicht allgemein angenommen. Deutlich zeigte sich aber, daß Schmalkalden zu einem politischen wie geistigen Zentrum des protestantischen Lagers geworden war.

Der Name der Stadt sollte bald darauf aber auch einen unheilvollen Klang erhalten, als es 1546 zur militärischen Konfrontation zwischen dem Bund und dem Kaiser kam. In diesem sogenannten Schmalkaldischen Krieg siegte Karl V. in der Schlacht bei Mühlberg. Der erboste Kaiser wollte nun Schmalkalden dem Erdboden gleichmachen, doch erwies sich diesmal die Doppelherrschaft als glücklicher Umstand; denn der Graf von Henneberg, der auf der kaiserlich-katholischen Seite stand, erreichte durch einen Kniefall vor Karl V., daß dieser die Stadt verschonte.

Noch heute erinnern viele Bauten an die Luther-Zeit, im Rathaus liegt über dem Ratskeller der Sitzungssaal des Bundes, in der spätgotischen Stadtkirche St. Georg predigte Luther, hier wurde jede Tagung des Schmalkaldischen Bundes feierlich eröffnet und beschlossen, am Lutherplatz steht das Haus, in dem der Reformator 1537 wohnte und die umstrittenen Artikel verfaßte, im Hessenhof am Neumarkt, dem Amtssitz des landgräflichen Vogtes, waren 1537 die bedeutendsten evangelischen Theologen, unter ihnen auch Melanchthon, untergebracht gewesen. Die Herren dürften damals schon jene Fresken in der Trinkstube bewundert haben, die heute zwar stark verblaßt, nichtsdestoweniger aber von größter kunstgeschichtlicher Bedeutung sind, gelten sie doch als die ältesten profanen Wandmalereien in Deutschland. Entstanden um 1220, zeigen sie Szenen aus dem Ritterroman „Iwain mit dem Löwen", den Hartmann von Aue zwanzig Jahre zuvor nach Motiven der Artus-Sage geschrieben hatte.

Die Wilhelmsburg dagegen, die weithin sichtbar Schmalkalden überragt, wurde erst 1585-89 als stattliches Renaissanceschloß erbaut; im 19. Jahrhundert war sie allmählich verfallen, erst 1964 hat man mit der sorgfältigen Restaurierung begonnen.

Wir kehren an die Werra zurück, in deren Tal wir flußaufwärts fahren, vorbei an Wasungen mit seinen schönen Fachwerkhäusern, einem ruhigen Städtchen, wenn dort nicht gerade lautstark Karneval gefeiert wird, was die Wasunger mit großer Begeisterung und traditionsbewußt schon seit dem 16. Jahrhundert tun. Mit Meiningen haben wir dann den kulturellen Mittelpunkt und die wichtigste Stadt Südwestthüringens erreicht. Sie spielte schon im Mittelalter eine bedeutende Rolle, gehörte seit dem Beginn des 11. Jahrhunderts den Bischöfen von Würzburg, wurde aber von diesen mehrfach verpfändet, gelangte im 15. Jahrhundert an die Grafen von Henneberg, zu Ende des 16. an das Kurfürstentum Sachsen und wurde schließlich 1680 Residenz der Herzöge von Sachsen-Meiningen. Diese richteten sich gut ein, bauten an der Stelle der alten bischöflichen Burg das Barockschloß Elisabethenburg. Als Ende des 18. Jahrhunderts das Herzogtum unter den Herzögen Karl und Georg I. ein Zentrum des aufgeklärten Absolutismus wurde, erhielt Meiningen schon 1776 das erste Lehrerseminar in einem der thüringischen Kleinstaaten. Die eigentliche kulturelle Blüte begann aber erst im letzten Drittel des 19. Jahrhunderts unter dem Herzog Georg II. Er war ein theaterbegeisterter, ja geradezu theaterbesessener Fürst, der sein Hoftheater zu einem Zentrum europäischer Theaterkunst machte. Dabei verzichtete er – im Gegensatz zu anderen Höfen – bewußt auf die Oper und konzentrierte sich auf das Schauspiel. In unzähligen Proben formte er dabei persönlich das Ensemble und entwickelte eine neue Theaterkunst mit einem fugenlosen Zusammenspiel und Ineinandergreifen von Einzeldarstellern und der Masse der Komparsen. Es gab um diese Zeit wohl kein Theater, in dem so sorgfältig gearbeitet wurde wie hier in Meiningen. Ganz gleich ob Hauptdarsteller, Nebenrollen oder Statisten, jeder einzelne wurde sorgfältig geschult. Selbst die bedeutendsten Schauspieler hatten in ihren Verträgen einen Passus, wonach sie jederzeit auch in der Komparserie mitwirken mußten. Die Theaterleidenschaft des Herzogs steigerte sich noch, als er 1845 die zur Freifrau von Heldburg erhobene ebenso bedeutende wie schöne und kluge Schauspielerin Ellen Franz heiratete. In ihr fand er zugleich die Gefährtin, die seine intensive Arbeit liebevoll unterstützte, wie auch aus dem Bericht des Schauspielers und späteren Intendanten Max Grube in seiner „Geschichte der Meininger" hervorgeht:

„Es sei gleich bemerkt, daß ein sogenanntes ausgearbeitetes Regiebuch niemals vorlag. Es wurde sozusagen von Fall zu Fall probiert. Das kostete allerdings viel Zeit, aber Zeit spielt in Meiningen ebensowenig eine Rolle wie Geld. Daß die Grundgedanken feststanden, braucht nicht betont zu werden.

Die Dauer der Proben war nie vorher zu berechnen, um fünf oder sechs Uhr beginnend, endeten sie selten vor Mitternacht. Einmal rief der Herzog hinauf: ‚Ich wünsche den Herrschaften ein glückliches neues Jahr!' Es war nämlich Silvesterabend. Dann ging die Probe ruhig weiter. Auch die längste Probe wurde nie durch eine Sonderpause der Herrschaften unterbrochen. Der Herzog wickelte gut bürgerlich ein Butterbrot aus dem Papier, später nötigte ihm seine Gemahlin wohl einmal etwas Schokolade auf. Erst nach der Probe nahm das fürstliche Paar sein Abendessen im Schloß ein und blieb gewöhnlich noch lange auf, die Arbeit des Abends besprechend.

Zum Beginn erschienen die ‚Herrschaften' mit größter Pünktlichkeit; daß sich niemand eine Verspätung zuschulden kommen ließ, verstand sich mithin von selbst. Sie nahmen im Parkett Platz, während Chronegk (Anm.: der eigentliche Spielleiter) sich gewöhnlich auf die Bühne begab, wenigstens bei den ersten Proben. Den Überblick hemmte kein traditioneller Regiestuhl und Tisch, sie waren überflüssig, da man ja kein Regiebuch hatte. Wie bereits bemerkt, verstand Chronegk es vorzüglich, den Schauspielern die Willensmeinung des Herzogs verständlich zu machen und zu verdolmetschen. Beides war häufig notwendig. Die Handwerkssprache der Bühne war dem Fürsten nicht geläufig. Er lebte immer im Banne der Dichtung oder der einzelnen Rollen. Er sagte zum Beispiel den Schauspielern nicht: ‚Gehen Sie nach rechts oder links', sondern, etwa zum Max: ‚Sie fühlen sich jetzt zu Wallenstein hingezogen.' Oft wurde auch das Verständnis dadurch erschwert, daß des Herzogs Sprechweise recht undeutlich war. Beide Eigenarten des hohen Spielleiters riefen nicht selten die drolligsten Mißverständnisse hervor.

Da gastierte einmal eine junge Dame als Berta von Bruneck. Der Herzog hatte den Auftritt mit Rudenz in der Felsschlucht so angeordnet, daß Berta sich auf einen Steinblock niederließ, während Rudenz auf seinen Jagdspieß gestützt vor ihr stehen blieb. Das gab ein besseres Bild ab, als wenn beide Figuren nebeneinander gestanden hätten, was besonders in einer so kurzen Dekoration recht unglücklich ausgesehen haben würde. Der zunftgemäße Regisseur hätte bei der betreffenden Stelle gesagt: ‚Jetzt, liebes Fräulein, setzen Sie sich!' Der Herzog rief im Geiste der Rolle: ‚Sie sind müde!' ‚Aber nein, ganz und gar nicht, Hoheit', versicherte die Dame eifrigst, denn sie glaubte, der Herzog sehe ihrem Spiel Ermüdung an. Darauf dieser: ‚Sie kommen von der Jagd!' Die Dame: ‚Verzeihen, Hoheit, nein! Von Coburg!'"[3]

Ein weiteres wesentliches Kennzeichen der Meininger Inszenierungen war die Detailtreue der Dekorationen und Kostüme. Wir sind heute gewohnt, daß Regisseure ihren besonderen Ehrgeiz in die Verfremdung des Bühnenbildes und der Kostüme setzen, so daß man manchmal eine Oper oder ein Schauspiel nur noch mit geschlossenen Augen richtig genießen kann, und können uns die „positivistisch-historisierende Subtilität", wie sie der Theaterhistoriker Heinz Kindermann einmal bezeichnet hat, kaum vorstellen. Präzise Wortregie und auf Echtheit bedachte Bildregie griffen reibungslos ineinander und machten die Meininger Inszenierungen bekannt und bald auch berühmt. So konnte der Herzog schon 1874 mit den Gastspielreisen des Ensembles beginnen, bei denen auch sämtliche Dekorationen, Versatzstücke und Kostüme mitgeführt wurden. Bei den damaligen Transportverhältnissen waren das organisatorische Meisterleistungen. Aber das hinderte die

Truppe nicht, in allen Hauptstädten Mittel- und Westeuropas, in Skandinavien und Rußland zu gastieren. Zahlen sind oft langweilig, hier sind sie imponierend. Insgesamt 2591 Gastspiele fanden zwischen 1874 und 1890 statt. Allein 1887 gastierten die Meininger 235mal in Berlin, Leipzig, Wien, Barmen, Hamburg und Amsterdam. Am häufigsten wurde daheim wie auswärts Schiller gespielt, ihm folgten Shakespeare, dann mit weitem Abstand Kleist, Grillparzer und Molière, der Rest lag unter zwanzig Aufführungen, dabei auch Goethe und Lessing. Aber es ging ja gar nicht allein um die Zahl, sondern vor allem um die Wirkung und Nachwirkung, die nicht nur bei den deutschen Bühnen, sondern auch im Ausland deutlich und nachhaltig zu spüren war. 1909 erhielt Meiningen dann jenen neoklassizistischen Theaterbau, in dem heute noch die große Tradition weitergeführt wird, und 1990 erhielt die Meininger Bühne neben Weimar den offiziellen Rang eines Staatstheaters.

Die Meininger Mimen kannten und kennen die Theaterfreunde in ganz Europa, einen anderen Meininger kannten und kennen die Kinder in ganz Deutschland; denn die Märchen des Herrn Ludwig Bechstein waren beinahe ebenso beliebt wie die der Brüder Grimm. Eigentlich stammte Bechstein ja aus Weimar, aber ein Onkel hatte sich des frühverwaisten Knaben angenommen und ihn in Meiningen zum Apotheker ausbilden lassen. Pillen drehen und Mixturen mischen mußte er allerdings nur ein paar Jahre; denn mit 27 Jahren erhielt er ein Stipendium des Herzogs, studierte in Leipzig und München und wurde 1831 Kabinettsbibliothekar.

Etwa achtzig Werke hat er im Laufe seines Lebens geschrieben, weitere hundert herausgegeben, ein bienenfleißiger und zugleich tüchtiger Mann. Heute kennt man vor allem noch seine Märchen, die er ähnlich gesammelt und nacherzählt hat wie die Brüder Grimm, und seine Sagensammlungen, besonders das „Deutsche Sagenbuch", das erstmals tausend Sagen aus dem gesamten deutschen Sprachraum erfaßte. Er schrieb aber auch einen Band „Wanderungen durch Thüringen", in dem er natürlich auch von seiner Heimatstadt Meiningen und dem geistigen Leben dort berichtet:

„Einen Tag nur hatten die Gefährten zur Rast bestimmt; Otto, selbst schon zur Weiterfahrt gerüstet, suchte diesen so gut als möglich dazu zu

Ludwig Bechstein

benutzen, jenen das wenige Sehenswerte in rascher Übersicht vorzuführen, das eine kleine Residenz von nur 570 Häusern und 5600 Einwohnern darbieten kann, selbst wenn sie, wie Meiningen, unter der Ägide eines kunstsinnigen und alles Schöne und Gute eifrig fördernden Fürsten immer wachsender Verschönerung entgegenblüht.

Über den regelmäßigen und sehr geräumigen Marktplatz, auf welchem die oft erneute, aber schon im Jahre 1003 erbaute Stadtkirche mit ihren zwei Türmen steht, führte Otto seine Freunde durch die untere Marktstraße, zeigte ihnen im Vorübergehen das Haus, in welchem Jean Paul gewohnt, und ließ dabei nicht unbemerkt, daß das gestern von ihnen besehene Grimmental dessen Lieblingsspaziergang und Aufenthalt gewesen; bezeichnete dann ein anderes Haus als Wohnung von Schillers Schwester, und ein drittes als das, welches einst der fruchtbare Romanschriftsteller Carl Gottlob Cramer besessen, bevor er als Lehrer an der nahen Forstakademie, dreißig Acker anderen Wohnsitz und endlich dort auch ein Grab gefunden. ‚Meiningen sah', sprach Otto im Weitergehen erzählend zu den Freunden: ‚zu Ende des vorigen und im Anfang des jetzigen Jahrhunderts unter Herzog Georg manche erfreuliche Bestrebung in literarischer und artistischer Beziehung. Der Herzog selbst voll Geist und überall anregend, hätte gern nach dem Beispiel Weimars einen Kreis von ruhmvoll genannten Literaten und Künstlern an seinem Hofe versammelt, allein es lag nicht in den Verhältnissen, diesen Wunsch in würdigster Ausdehnung erfüllt zu sehen, und manchen schönen Plan zerriß des edlen Herzogs allzu früher Tod. Als ausgezeichneter geistlicher Liederdichter lebte damals Pfranger hier, bekannt durch sein Gegenstück zu Lessings Nathan: Der Mönch vom Libanon; der Bibliothekar Reinwald, Schillers Freund und Schwager, zeichnete sich durch witzige Epigramme aus...'"[4]

Den literarischen Spuren Ludwig Bechsteins werden wir noch mehrfach in Thüringen begegnen. In seiner Schilderung erwähnt er hier Jean Paul, der vom Herzog immerhin zum Legationsrat ernannt worden war und von 1801 bis 1803 in Meiningen lebte, wo er seinen Erziehungsroman „Titan" vollendete, sowie Friedrich Schiller. Dieser war auf seiner Flucht aus Württemberg im Dezember 1782 nach Meiningen gekommen, wo er den Hofbibliothekar Reinwald traf, der später sein Schwager wurde. Von Meiningen aus reiste der Dreiundzwanzigjährige aber nach nur kurzem Aufenthalt weiter in das zehn Kilometer südlich gelegene Dörfchen Bauerbach. Henriette von Wolzogen, Mutter von vier Karlsschülern, hatte ihm ein schützendes Domizil auf ihrem Gut in Bauerbach angeboten. Das war nicht ganz ungefährlich; denn ihre eigenen Söhne studierten ja noch in Württemberg, von wo Schiller entflohen war. Nach den großen Anspannungen der Flucht atmete Schiller im Gutshof zu Bauerbach erst einmal auf:

„Endlich bin ich hier, glücklich und vergnügt, daß ich einmal am Ufer bin. Ich traf alles noch über meine Wünsche. Keine Bedürfnisse ängstigen mich mehr, kein Querstrich von außen soll meine dichterischen Träume, meine idealischen Täuschungen stören. Das Haus meiner Wolzogen ist ein recht hübsches und artiges Gebäude, wo ich die Stadt gar nicht vermisse. Ich habe alle Bequemlichkeit, Kost, Bedienung, Wäsche, Feuerung, und alle diese Sachen werden von den Leuten des Dorfes auf das Vollkommenste und Willigste besorgt. Ich kam abends hierher – Sie

Friedrich von Schiller, Gemälde um 1780

müssen wissen, daß es von Frankfurt aus fünfundzwanzig Stunden hierher war – zeigte meine Briefe auf, und wurde feierlich in die Wohnung der Herrschaft abgeholt, wo man alles aufgeputzt, eingeheizt und schon Betten hergeschafft hatte. Gegenwärtig kann und will ich keine Bekanntschaften machen, weil ich entsetzlich viel zu arbeiten habe."[5]

Schiller wahrte sein Inkognito als ein Herr Ritter, entspannte sich, unternahm viele und lange Spaziergänge, fand in dem in Bauerbach lebenden jüdischen Hausierer Mattich einen Mann von „braver Gesinnung, ziemlicher Bildung und gesundem Mutterwitz", mit dem er viele und lange Gespräche führte. Da ihm dank der Hilfe des Bibliothekars Reinwald die herzogliche Bibliothek in Meiningen offenstand, erhielt er genug Material für seine Studien und Arbeiten. Schon im Februar 1783 hatte er die „Luise Millerin" vollendet, die dann später „Kabale und Liebe" hieß, und bald danach begann er hier in dem kleinen Dorf mit dem „Don Carlos". Zwischendurch verliebte er sich in Charlotte, die Tochter seiner Gastgeberin, und tyrannisierte letztere, die seinethalben sowieso schon genug Ängste auszustehen hatte, mit dunklen Andeutungen:

„Ganz Meiningen weiß, daß sich ein Württemberger in Bauerbach aufhält – daß dieser ein sehr guter Freund von ihnen ist – und daß er sich mit Schriften beschäftigt. Ganz Meiningen vermutet, daß dieser Ritter nicht der ist, vor den er sich ausgibt – daß er vielleicht Verdruß in seinem Vaterland gehabt hat, und darum seinen Namen verschweigen muß. Man war schon lange begierig diesem verkappten Ritter auf die Spur zu kommen, man hat sogar, wegen einiger Äußerungen des vorigen Herzogs auf den Wahren geraten. Nehmen Sie nur dies alles zusammen, und lassen Sie besagten Herrn nach Meiningen kommen. Wird man nicht diese erste Gelegenheit ergreifen, nach mir zu forschen?“[6]

Im Sommer 1783 ging dann das Bauerbacher Idyll zu Ende. Heute ist im Haus der Familie Wolzogen ein kleines Schillermuseum untergebracht, und am Gutsverwalterhaus zeigt eine Wandmalerei die Ankunft des jungen Dichters in Bauerbach.

Auch wir verlassen Bauerbach und fahren südwärts nach Römhild, schon nahe der bayerisch-thüringischen Landesgrenze am Fuße der Gleich-Berge; denn hier finden wir auf dem Kleinen Gleich-Berg die Spuren einer großen keltischen Siedlung, die vor mehr als zweitausend Jahren entstand, das wohl bedeutendste vorgeschichtliche Zeugnis in Thüringen. In der Stiftskirche von Römhild erinnern das Standbild des Grafen Otto IV. und das Grabmal des Grafen Hermann VIII. und seiner Gemahlin Elisabeth daran, daß der Ort einmal zur Grafschaft Henneberg-Römhild gehörte, einer der drei hennebergischen Linien. Das Grafengeschlecht stammte aus dem fränkischen Grabfeld und war allmählich mit dem Kern seiner Herrschaft etwas östlich in den thüringischen Raum abgedrängt worden. Es ist uns schon bei der Geschichte Schmalkaldens und Meiningens begegnet. Die Aufsplitterung der Teillinien ist kennzeichnend für die dynastischen und damit auch politischen Verhältnisse in Thüringen. Nur rund hundert Jahre hatten zwischen 1130 und 1247 die Ludowinger im Lande als Landgrafen geherrscht. Mit ihrem Aussterben setzte allmählich jene Aufteilung und Zersplitterung ein, die es dem Nichthistoriker schwermacht, den dynastischen Spuren zu folgen. Jahrhundertelang war diese Mitte Deutschlands dann ein bunter Flickenteppich von Herrschaften und Kleinstaaten. 1850 gab es nach dem Wiener Kongreß neben den preußischen Besitzungen „nur noch“ zwölf kleine Staaten, und erst 1920 schlossen sich die aus ihnen hervorgegangenen Freistaaten zum Land Thüringen zusammen, das dann 1952 erneut geteilt und 1990 in der früheren Gestalt wieder vereint wurde.

Es gibt viel zu sehen und mehr Überraschungen hier im hennebergischen Zipfel, als sich ein eiliger Reisender träumen läßt. Freunde romanischer Architektur werden nicht versäumen, die wuchtigen Gewölbe der Krypta aus dem 10. Jahrhundert in der Dorfkirche von Rohr zu besuchen, und natürlich auch die Überreste des Prämonstratenserklosters Veßra. Viel ist von der alten Anlage zwar nicht mehr erhalten, dafür aber ist auf dem ehemaligen Klostergelände ein Freilichtmuseum mit schönen alten fränkisch-thüringischen Fachwerkbauten im Entstehen begriffen.

Und dann kommt Hildburghausen am rechten Ufer der Werra, ehemals hennebergischer Besitz, der im Mittelalter zu Würzburg, dann zu Coburg, danach an die Burggrafen von Nürnberg, an Altenburg und Gotha gelangt und 1680 sogar Residenz des selbständigen Herzogtums Sachsen-Hildburghausen geworden war. In der Geschichte des deutschen Presse- und Verlagswesens hat der Name der Stadt einen guten Klang. Hier gab schon 1818 der Pädagoge C. L. Nonne, ein Schüler Pestalozzis, die Wochenschrift „Dorfzeitung“ heraus, die sich grundsätzlich und wohltuend von zahlreichen in diesen Jahren erschienenen kleinen und kleinsten intellektuellen und literarischen Zeitschriften unterschied, weil sie volksbildnerisch zu wirken suchte. Und nur zehn Jahre später siedelte ebenfalls hier Joseph Meyer sein „Bibliographisches Institut“ an, das er zwei Jahre zuvor in Gotha gegründet hatte. Fast ein halbes Jahrhundert blieb es in dieser kleinen thüringischen Stadt. Meyers Ziel war, in größtmöglichem Umfang volksbildnerisch zu wirken. Obgleich es schon verschiedene Lexika gab, sah er für sich eine Marktlücke und begann nach fünfjähriger Vorbereitung mit der Herausgabe des „Großen Conversationslexicons für die gebildeten Stände“. Auch hier sind – ähnlich wie bei den Meiningern – einige Zahlen imposant. Das Werk war auf einundzwanzig Bände geplant, die innerhalb von vier Jahren in 252 Lieferungen zu je siebeneinhalb Sil-

Joseph Meyer, Stahlstich

bergroschen erscheinen und dreißigmal soviel Stichwörter wie der damals schon bekannte „Brockhaus" enthalten sollten. Tatsächlich wurde es aber erst dreizehn Jahre später vollendet, war bis dahin allerdings auf sechsundvierzig Bände angewachsen, denen noch sechs Supplementbände folgten. Insgesamt arbeiteten 120 Autoren daran, die zwei Gulden Honorar pro Seite erhielten. Die Gesamtherstellungskosten des Werkes beliefen sich auf rund eine Million Gulden. Trotzdem konnte schon 1858/59 ein unveränderter Nachdruck folgen, gleichzeitig unter dem Sohn Joseph Meyers eine reduzierte Neuausgabe von nur fünfzehn Bänden. Seitdem sind bis heute neun weitere Ausgaben dieses Lexikons erschienen!

Neben diesem Mammutwerk brachte Meyer aber noch eine ganze Anzahl bedeutender weiterer Veröffentlichungen heraus, so eine Bibliothek deutscher Klassiker mit einhundertfünfzig Bänden, Brehms Tierleben und vor allem das berühmte „Meyers Universum oder Abbildung und Beschreibung des Sehenswerthesten und Merkwürdigsten der Natur und Kunst auf der ganzen Erde". Jede Lieferung dieses seit 1833 erschienenen Werkes erhielt drei bis vier Stahlstische mit Bildern, die heute das Entzücken der Sammler und das tägliche Brot der Kunsthändler sind; denn die zu Bänden zusammengefaßten Hefte erzielten zwischen 50 000 und 80 000 Auflage. Meyer selbst schrieb die vorzüglichen Begleittexte, die heute von den Händlern, die es nur auf den Verkauf der Stahlstiche abgesehen haben, meist achtlos weggeworfen werden, obwohl sie ebenfalls eine beachtliche Leistung darstellten und in ihrer Qualität nicht unterschätzt werden sollten. Unter welchem Druck und mit welchen Problemen Meyer dabei arbeitete, beweist die Aussage eines Mitarbeiters:

„Die Fertigstellung des so höchst anziehenden, packenden Textes war interessant: er sollte monatlich in Heften erscheinen, diesem Erscheinen stellten sich häufig technische Hindernisse entgegen, wenn diese beseitigt waren, wurde der Drukkerei-Factor vor den Chef zitiert, wo er den Befehl erhielt, den Satz zu beginnen, während aber noch keine Zeile Text geschrieben war. Der Factor bat um Text, kommen sie in 1/2 Stunde, er kam und im glücklichen Falle erhielt er auch etwas Text, nach kurzer Zeit wiederholte sich dieses, nun aber wurde das Comptoir geschlossen und der Chef war für niemand zu sprechen, bis der nöthige Text geschrieben war, und was für ein Text! Der alle Welt begeisterte, nur nicht die Häupter der zweiunddreißig Vaterländer. Beiläufig muß ich bemerken, daß für Österreich eine andere Auflage erschien mit anderem Text, wir nannten diese den ‚Dummen'."[7]

An das alles sollte man denken, wenn man das Heimatmuseum Hildburghausens im alten Rathaus besucht, das unter anderem eine Sammlung aller zwischen 1828 und 1874 erschienenen Werke des Verlages enthält. 1874 wurde das „Bibliographische Institut" dann nach Leipzig verlegt.

Vierzehn Kilometer sind es nur bis zum benachbarten Eisfeld, dem Geburtsort des Dichters Otto Ludwig, der dort 1813 zur Welt kam. Sein Geburtshaus brannte 1822 ab, aber im Schlosse erinnert eine kleine Ausstellung an ihn. Wer kennt heute schon Otto Ludwig? Kaum noch ein paar Germanisten, dabei ist es um so bedauerlicher, als er zu den bedeutendsten Erzählern des 19. Jahrhunderts gehört. Sein dramatisches Werk ist weitgehend in Vergessenheit geraten. Wer aber thüringisches Volksleben um die Mitte des

Spuren der Reformation, die ja von Thüringen ausging, findet der Reisende auf Schritt und Tritt. So erinnert der Gedenkstein im „Luthergrund“ bei Ruhla in der Nähe von Bad Liebenstein daran, daß hier Martin Luther, über den auf dem Reichstag zu Worms auf Befehl Kaiser Karls V. die Reichsacht verhängt worden war, am 4. Mai 1521 von Soldaten des Kurfürsten Friedrich des Weisen zum Schein entführt und auf die Wartburg in Sicherheit gebracht wurde.

Auch in Schmalkalden, dessen gut erhaltener Bestand an Fachwerkhäusern und Kirchen einen Besuch der reizvollen Stadt lohnend macht, wurde Reformationsgeschichte geschrieben. Hier schlossen sich 1530 die protestantischen Fürsten und Städte zu einem Bündnis zusammen. 1537 weilte auch Martin Luther in der Stadt und trug den Mitgliedern des Bundes die „Schmalkaldischen Artikel" vor, in denen die Glaubensgrundsätze der Protestanten noch einmal deutlich festgelegt waren. Auch eine Wappenkartusche am Rathaus (rechts), dem Versammlungsort des Bundes, erinnert an diese Artikel. Nach der Schlacht bei Mühlberg, in der Karl V. 1546 die Truppen der Protestanten besiegte, verlor der Schmalkaldische Bund seine Bedeutung.

Schloß Wilhelmsburg, Sitz der hessischen Stadtherren oberhalb der Stadt, ist ein hervorragendes Beispiel deutscher Renaissancearchitektur, deren reiche Innenausstattung vor allem von niederländischen Meistern geschaffen wurde. Die Schloßkapelle gehört zu den bedeutendsten Schöpfungen des protestantischen Kirchenbaus. Unser Bild zeigt den Blick vom Innenhof des Schlosses durch den reichen Renaissanceportalbogen auf die spätgotische Georgenkirche (15./16. Jh.), in der Martin Luther predigte.

Schloß Elisabethenburg, das von Herzog Bernhard I. 1682 als dreiflügelige Barockanlage errichtet wurde, beherrscht die kleine Residenzstadt Meiningen, deren Stadtbild auch durch typische Fachwerkhäuser akzentuiert ist. Vor allem ist die Stadt aber durch klassizistische Bauten geprägt, unter denen das Theater mit seiner Säulenvorhalle (1904-11) an die große Zeit der Meininger Bühne im 19. Jh. erinnert.

Die abwechslungsreiche Landschaft des Thüringer Waldes östlich des Werratals ist das Erholungsgebiet Thüringens, ein ideales Gebiet für Wanderferien, auf denen sich immer wieder auch historisch-kunsthistorische Sehenswürdigkeiten anbieten. Das gilt etwa für die Ruinen des 1130 von den Henneberger Grafen gegründeten Prämonstratenserklosters Veßra, dessen Doppelturmfassade (links) heute ein Agrarhistorisches Museum und ein Freilichtmuseum überragt.

Daß Thüringen und das Gebiet des Werratals sehr altes Siedlungsgebiet ist, beweist die aus der Eisenzeit (8. Jh. v. Chr.) stammende Burgsiedlung der Kelten auf den Gleichbergen östlich von Römhild, deren Ringwälle etwa 10 km lang sind (links).

Die Stadt Römhild, eine Gründung der Grafen von Henneberg, bietet in der spätgotischen Stadtkirche als besondere Sehenswürdigkeit die großartigen Bronzegrabmäler der Henneberger Grafen, deren große Bedeutung für die Geschichte Thüringens auch in der Bezeichnung „Henneberger Land“ für dieses Gebiet weiterlebt. Das Grabmal des Grafen Hermann VIII. mit seiner Gemahlin Elisabeth von Brandenburg wurde 1507-12 in Nürnberg von der Werkstatt Peter Vischers d.Ä. gegossen.

Das „Grabfeld“, ein Gebiet im Süden Thüringens zwischen Rhön und Werratal, ist altes Henneberg-Land, ein Bauernland im Windschatten der Geschichte, dem die Orte ihr weitgehend erhaltenes mittelalterliches Gepräge verdanken. Die kleine Bauernstadt Heldburg wird bestimmt vom Bau der spätgotischen Hallenkirche, sie besitzt auch noch Teile der mittelalterlichen Wehranlage.

Die Anlage der Heldburg auf dem 403 m hohen Bergkegel neben dem Städtchen war eine Zeitlang im Besitz der Burggrafen von Nürnberg. Die hochragende Festungsanlage trägt seit dieser Zeit auch den Namen „Fränkische Leuchte“. Im 16. Jh. wurde die Burg von den Wettinern, den neuen Herren, erweitert. Aus dieser Zeit stammt der runde „Hexenturm“ mit Spitzdach (19. Jh.).

Dem Fachwerk-Dorf Rohr oberhalb des Werratals sieht man seine Vergangenheit als Königshof, in dem 984 auch ein Reichstag stattfand, zunächst nicht an. Die Kirche, die im Mittelalter durch Mauern als Wehrkirche befestigt wurde, besitzt in ihrem Mauerwerk noch Reste der karolingischen Pfalzkapelle.

Auch die erst 1930 wieder freigelegte Krypta stammt aus dem 10. Jh. Der Innenraum mit seinen Emporen und dem großartigen Ensemble von Orgel und Kanzelaltar wurde im 17. Jh. vollkommen neu gestaltet. Besonders reizvoll sind die bäuerlich-naiven Bilder der Passion Christi an den Emporenbrüstungen.

Der Marktplatz von Hildburghausen läßt in seiner weiträumigen, für thüringische Orte typischen Anlage des Marktplatzes noch Spuren der mittelalterlichen Siedlungsgründung erkennen. Das Stadtbild wird zwar meist von Bauten des 18. und 19. Jh. bestimmt, doch der wuchtige Bau des Rathauses mit seinem geschwungenen Renaissancegiebel ist in seinem Kern noch spätgotisch. Der runde, in das Rathaus integrierte Treppenturm ist einziger Rest der mittelalterlichen Burg, die einst hier stand.

Schloß und Park Wilhelmsthal. Kupferstich aus „Meyer's Universum" Band 6 (1860)

19. Jahrhunderts kennenlernen möchte, sollte schon seine Dorfgeschichten wie „Die Heiteretei" und „Aus dem Regen in die Traufe" lesen; sein Roman „Zwischen Himmel und Erde" zählt zu den beeindruckendsten Kleinstadtgeschichten des Poetischen Realismus um die Mitte des 19. Jahrhunderts. Am Fuße des Eisfelder Schloßberges liegt das Gartenhaus, in dem Ludwig als Knabe häufig die Sommermonate verbrachte. Als „Häuschen unter den Weiden" ist es in die Dorfgeschichte „Die Heiteretei" eingegangen, diese heiter-liebenswürdige Erzählung um ein braves, aber auch ein recht widerborstig-hochmütiges Dorfmädchen, das schließlich doch ihr Glück findet:

„Der alte Benediktus – nur Diktes genannt – blieb vor einem Häuschen stehen, nahm das Nachtwächterhorn an die Lippen und blies gerade nach dem Häuschen zu den schönsten Ton, der darin war. Ob ihm das Häuschen so gefiel, daß er beim Tuten und Stundenrufen allemal nach ihm hin sah?

Hübsch genug sah es aus, zumal, wenn, wie heute, der Mond darauf schien, – am hübschesten aber, wenn der große Holunderbusch, der das Häuschen unter seinem Arm hatte wie einen Hut, oder unter seinem Flügel, wie ein Küchlein, zugleich in voller Blüte stand. Und den Grasmücken und Finken ging es bei Tage wie dem alten Diktes bei Nacht. Der alte Holunder hatte keinen geraden Gipfel mehr, so oft hatten die kleinen Tagediebe singend sich darauf geschaukelt. Das schmale Weglein, das vom Schloßberge jäh genug herab kommt, tut auf der kleinen Wiese dabei, als müßt' es vor jedem Büschchen wieder ein Stückchen umkehren. Man sieht, ihm ist's nur darum, nicht zu schnell vorbeizukommen, und kaum zwei Schritte unter dem Häuschen, da wird's gar aus mit ihm vor Vergnügen, da hört's ganz auf.

Und just da ist's, wo am Zehntbach hin die herrlichsten Tuten und Pfeifen wachsen in der ganzen Gegend, so viel Weiden auch dem Bach entgegengehen, oder ihm das Geleite geben von hier hinauf und hinab in das weite Tal. Da hat der Türmer noch das Glockenseil vom Dreibrotläuten in der Hand, und schon füllt Kindergejubel das ganze weite Gebüsch. Da wird das blaue Bächlein ganz rosig vom Widerschein der badenden Kinderleiber vom Häuschen an bis zur Lücke im Busch, wo man, wenn heiterer Himmel ist, den Reicker Kirchturm sehen kann. Jetzt im Mondschein sieht man kaum die Walkmühle und das Drescherhäuschen. Und zu hören ist nichts, als des alten Diktes Nachtwächterhorn und Stundenruf und ein leises Lüftchen talauf, kaum ein fernes

Otto Ludwig

Hundegebell und, wenn die Luft etwas stärker weht, vorübergehend das Rauschen vom Walkmüllerwehr. Und jetzt, indem wir davon reden, ein rascher Schritt, der näher kommt und näher begleitet vom Schleifen eines Schiebkarrenrades im feuchten Gras.

Die Heiteretei hat ihre Last beim Nagelschmied abgeladen und eilt nun ihrem Häuschen zu. Denn hier hat sie das Kind ihrer Schwester unter der Obhut der alten Annemarie zurückgelassen, der für diese Dienstleistung die Oberstube des Häuschens eingeräumt ist. ‚Und', sagt die Heiteretei im Eilen vor sich hin: ‚Die Annemarie kann's nicht besser meinen, und das Liesle mag sie auch; aber sie wird jeden Tag tappichter, und was kann in so ein sechzehn Stunden nicht alles geschehen!'

Je näher sie kommt, desto leiser wird der Tritt. Sie läßt den Schiebkarren vor dem Häuschen stehen, tritt an das kleine Fenster und pocht leise, leise. Das Kind muß nun ja schlafen, und die Annemarie hört besser als manches Junge. Und so ist's auch. Die Alte erscheint.

‚Schläft's? Ist alles gut gegangen?' fragt das Mädchen.

‚Alles, nehmt aber die Strümpfe mit 'rein, Dorle, von den roten eins draußen am Staket. Die alte Sannel da, nieden vom Kellerweg, hat's auch gesagt, es muß Stiefmütterlestee krieg', sonst wächst's noch zu.'

Annedorle nahm das Strümpfchen vom Staket, hob leise den Schiebkarren auf den leeren Schweinestall am Häuschen; dann trat sie durch die Haustür, welche die Alte unterdessen aufgeriegelt, unmittelbar in ein Gemach hinein, das Wohnstube und Küche zugleich war. Ehe sie noch ein Wort sprach, nahm sie die Lampe vom Ofensims, und leuchtete, mit der Hand vorsichtig schirmend, damit kein Lichtstrahl wecke, in die Kammer hinaus über ihr Bett hin, in dessen Mitte die Kleine lag wie ein Rosenknöspchen, auf einen weißen Teller gemalt. Dann setzte sie sich der Alten gegenüber, die den Sitz auf der Ofenbank eingenommen, auf den einzigen Stuhl. Die Alte tat Bericht, wie es dem Kinde gegangen; es seien wieder zwei vordere Backenzähne im Begriffe bei ihr hervorzubrechen.

‚Dacht's wohl', sagte die Heiteretei, ‚es hat Nächtens wieder so gehust't. Aber sonst ist's doch recht?'

‚Na, ich weiß net, was für eins das is. Kriegt die Zähn' wie auf einmal und lernt auch noch laufen dabei; andere schmeißt's immerfort zurück. Aber der Diktes hat schon Zehne getüt't. Die Hölzle stehen hinterm Ofen. Gut' Nacht, Bäs' Dorle, schlaf wohl.'

Das Dorle leuchtet ihr die enge Treppe hinauf, oben scheint der Mond zu dem kleinen Fenster herein. Unten wirft er helle Flecken auf den Boden und an Treppe und Wand. Dorle sieht, die Löcher in der Lehmwand, durch die der Mond so ungeniert hereinschaut, sind wieder größer geworden. War auch ein Regen das! sagt sie, geht in ihr Stübchen zurück und sitzt wohl noch eine Viertelstunde in Gedanken, darunter schweren Hauswirtssorgen, auf dem Stuhle. Das Häuschen, so schön es aussah, war schrecklich baufällig; vielleicht sah es eben deshalb so schön aus."[8]

Die letzte Station hier im Südzipfel Thüringens ist, hoch oben auf einem Bergkegel, die Feste Heldburg, die ursprünglich zu Fulda, danach den Hennebergern, den Nürnberger Burggrafen und schließlich den Wettinern gehörte. Zu Recht wird sie im Volksmund die „Fränkische Leuchte" genannt; denn sie leuchtet ebenso weit ins Fränkische Land hinein, wie sie als fränkischer Besitz nach Thüringen hinein grüßte.

Zwischen Harz und Unstrut

Geographisch gehört das Eichsfeld zu Thüringen, genauer gesagt, zum Thüringer Becken, als dessen nordwestliches Randgebiet es sich zwischen dem Harz im Norden, den Schichtstufenbögen des Dün und der Hainleite im Osten und dem Hessischen Bergland im Westen erstreckt, wobei Wipper und Leine diese Landschaft in das obere und das untere Eichsfeld trennen. Historisch war es dagegen eigentlich bis in die Gegenwart hinein niemals Teil eines der Thüringer Staaten. Schon im 6. Jahrhundert hatten sich Sachsen und Franken in dieses Land geteilt, bis es schließlich in karolingischer Zeit ganz unter fränkische Herrschaft gelangte. Seit dem 10. Jahrhundert faßten die Erzbischöfe von Mainz hier Fuß und gewannen durch Käufe, Verträge, Schenkungen ein Stück nach dem anderen dazu, so daß schließlich Ende des Mittelalters das gesamte Eichsfeld kurmainzischer Besitz war. Wenn für geistliche Fürstentümer an der „Pfaffengasse“ am Main und Rhein das Sprichwort galt „Unter dem Krummstab ist gut leben“, so bildete das Eichsfeld eher die Ausnahme, die diese Regel bestätigte. Zwar hatten das ganze Mittelalter hindurch zahlreiche Klöster die Erschließung des Landes gefördert, aber schon gegen Ende des 15. Jahrhunderts wuchs die Unzufriedenheit über Unterdrückung und Ausbeutung und entlud sich schließlich im Ungewitter des Bauernkrieges, der das Eichsfeld mit Macht erfaßte. Auch die Reformation breitete sich rasch aus, doch nach dem Dreißigjährigen Krieg, als die Mainzer Erzbischöfe ihre Macht erneut festigen konnten, griffen sie hart durch und erzwangen die Rekatholisierung des Landes. Bei Mainz blieb es bis zum Reichsdeputationshauptschluß von 1803, dann fiel es erstmals, endgültig dann 1813 an Preußen, das aber nur Verwaltungsstrukturen änderte, indem das Untereichsfeld zu Hannover kam und das übrige der Provinz Sachsen angegliedert wurde, zur Förderung der Wirtschaft aber wenig tat.

Im letzten Drittel des 18. Jahrhunderts hatte sich im Eichsfeld ein bescheidenes Zentrum der Hausweberei entwickelt, aber die Einführung des

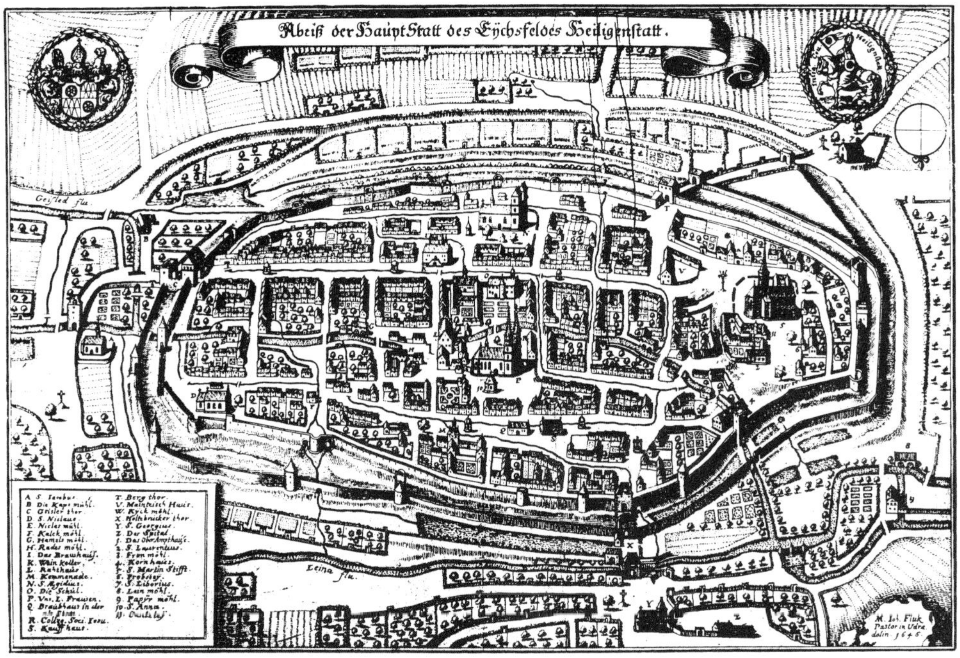

Heiligenstadt, die Hauptstadt des Eichsfelds. Stich von 1646

mechanischen Webstuhls und die damit wachsende Konkurrenz in Deutschland und im übrigen Europa ließen den Aufschwung wieder zunichte werden, und viele Eichsfelder suchten ein dürftiges Einkommen als Hausierer und Wanderarbeiter. Erst seit Beginn unseres Jahrhunderts brachte der Kalibergbau allmählich Strukturverbesserungen. Die Randlage an der Zonen- bzw. Staatsgrenze hemmte für mehr als vierzig Jahre erneut den wirtschaftlichen Aufschwung. Nach der Auflösung der alten Länder in der damaligen DDR gelangte das Eichsfeld 1952 zum Bezirk Erfurt, und so mündete der politische Weg in das heutige Land Thüringen, die wirtschaftlichen Sackgassen aber sind durch den Wegfall der Grenzen wieder zu zukunftsträchtigen Durchgangsstraßen geworden.

Es schadet nichts, wenn man sich bei einem Ausflug in das Eichsfeld solche Fakten vor Augen hält. Wer das Leinetal aufwärts fährt, gelangt gleich nach der Landesgrenze in das Gebiet einiger Dornröschenschlösser. Aber nicht die Natur hatte eine Dornenhecke um sie gezogen, sondern die politischen Machthaber. Nahe am gefürchteten Todesstreifen, waren sie jeglicher Touristik entrückt, und keiner der offiziellen Fremdenführer erwähnte sie. Wenigstens die malerische Burg Hanstein in Bornhagen sollte den winzigen Abstecher wert sein, aber Burgenfreunde dürfen sich hier auf manche Neu- oder Wiederentdeckung freuen!

Am Zusammenfluß von Geislede und Leine erreichen wir Heiligenstadt. Im Stadtwappen reitet der Mainzer Erzbischof, deutlich erkennbar an seinem eigenen Wappen auf Fähnlein und Schild. Ihren Namen verdankt die nun schon mehr als tausend Jahre alte Siedlung den Reliquien zweier christlicher Märtyrer, die in der Kirche des Augustiner-Chorherrenstifts St. Martin ruhten. Die noch immer gut erhaltenen Teile der ehemals drei Kilometer langen Stadtbefestigung erinnern heute noch an die alte Wehrhaftigkeit um das Ansehen der Stadt.

Hier wurde um 1460 der Bildschnitzer Tilman Riemenschneider geboren. Sein Lebensweg führte ihn über Osterrode im Harz, wo er den Großteil der Kindheit verbrachte, nach Würzburg, und dort entfaltete er seine Kunst als einer der wohl bedeutendsten Holzschnitzer der Spätgotik.

Der Heinrich-Heine-Park erinnert daran, daß sich 1825 der damals siebenundzwanzigjährige

Heinrich Heine, Zeichnung von Wilhelm Hensel

Dichter in der ehemaligen Stiftskirche St. Martin taufen ließ, um sich durch den Taufzettel, „das Entreebillett zur europäischen Kultur“ zu verschaffen. Nach den Erzählungen von Pastor Grimm, der die Taufe vollzog, entstand der folgende authentische Bericht:

„Es war um die Rosenblüte 1825. Im Pfarrhause herrschte reges Leben. Die Hausfrau hatte vor einigen Wochen ihren Mann, den Superintendenten M. Gottlob Grimm mit einem Zwillingspärchen beschenkt, und der morgige Tag war zur Taufe der Zwillinge bestimmt, zu welcher der Freund des Hauses, Doktor Bonitz aus Langensalza, als erbetener Pate schon gestern eingetroffen war. Es sollte eine große Taufe sein und alle Hände waren voll Arbeit, doch als der Hausherr die kurze Mitteilung machte: ‚Wir haben heute noch einen Gast‘, war es weniger das Erscheinen eines neuen Tischgenossen, was den weiblichen Teil der Familie beschäftigte, denn man lebte in einfachen Zeiten und war gewohnt Gäste zu sehen, wenn auch bei einfacher Bewirtung und wenig Gerichten – es waren mehr die ungewohnte lakonische

Kürze der Mitteilung, welche über die Person des Fremden keine Auskunft gab und deshalb den Vermutungen freies Spiel ließ.

Kurz vor zehn Uhr klingelte es und die Dienstmagd, welche geöffnet hatte, meldete, es sei der blasse Göttinger Student, welcher in letzter Zeit öfter dagewesen, gekommen und habe sich sofort nach oben zum Herrn begeben, wo auch schon der Herr Doktor Bonitz warte. Damit war nun zwar der Gast bekannt, was aber der blasse Student so oft bei dem Hausherrn zu tun habe, darüber fehlte die Aufklärung. Nach zwölf Uhr erschienen die Herren im Familienzimmer und stellte der Hausherr den Fremden als stud. jur. Heinrich Heine vor, unwillkürlich auf den Vornamen einen stärkeren Akzent legend, was den Freund Bonitz zu einem raschen Aufblicken und Lächeln veranlaßte. Das Mittagessen verlief still; der Hausherr und Bonitz führten die Unterhaltung ziemlich allein; aber nur mit halber Aufmerksamkeit. Heine beteiligte sich dabei nur so viel wie nötig, um nicht unhöflich zu sein; sein Gesicht trug den Stempel tiefer innerer Erregung und in den dunklen Augen war erkenntlich, daß seine Gedanken nicht bei der Unterhaltung waren. Ebenso ging es den geistlichen Herren, die, beide als geistreiche Gesellschafter in ihren Kreisen bekannt, heute offenbar mit anderen als den geführten Gesprächsgegenständen beschäftigt waren und öfter ihre Blicke zu dem jungen Mann prüfend und doch mit einer besonderen Milde und Freudigkeit hinübergleiten ließen. Nach Tisch empfahl sich Heine bald. Sein Abschied von dem Superintendenten Grimm war ein besonders herzlicher und warmer, und als er schon, an der Tür, sich nochmals umwendete und demselben wiederholt die Hand reichte, schimmerte es ihm feucht im Auge.

Nun teilte Grimm seiner Familie mit, daß heute der jüdische Student Heine von ihm die Taufe empfangen habe, nachdem die Vorbereitung dazu seit längerer Zeit geschehen, und daß Bonitz dessen Pate sei."[1]

1856 war Theodor Storm zum Kreisrichter in Heiligenstadt ernannt worden. Nachdem ihm die Dänen in der schleswigschen Heimat eine Advokatur versagt hatten, war er in preußische Justizdienste eingetreten, hatte anfangs in Potsdam gearbeitet und wurde dann hierher versetzt, wo sein Bruder eine Gärtnerei führte. Gleich nach der Ankunft schrieb er an seine Frau Constanze:

Theodor Storm

„Da sind wir denn! Die erste Wegstrecke erreichen war überaus schön, Wälder, Berge und Täler. Dazwischen reiche Getreidefelder; dann wurden die Höhenzüge kahler, bis endlich dunkle, bewaldete Berge sich vor uns lagerten; im Grunde lag eine Stadt mit alten Kirchtürmen. ‚Heiligenstadt!' sagte der Kutscher. Mir schossen die Tränen etwas in die Augen. So fuhren wir denn nach dreistündiger Fahrt den abschüssigen Weg hinunter in die Stadt! Lehmhütten und Baracken, Häuser, wie sie bei uns nicht für Geld aufzuweisen wären. Man begreift nicht, daß darin die lustigen Heiligenstädter, wie sie überall heißen, existieren können. Nur sehr einzelne gute Häuser liegen dazwischen; das beste ist unser Wirtshaus, offenbar ein altes Palais. Daß Heiligenstadt eine Residenz des Kurfürsten (geistlich) von Mainz gewesen, sieht man nur an den zwei oder drei alten großen Kirchen und dem alten Residenzschloß, dem jetzigen Gerichtsgebäude. Von der Lustigkeit der Leute kriegten wir gestern abend noch einen Beweis. Eine große Schützengilde zog mit Musik und Lärm im Dunkel durch die Straßen, sie feierten schon

Mühlhausen, Stich (1650) von M. Merian in der „Topographia Germaniae“

den dritten Tag, und heute geht's Tanzen wieder los. Wir befinden uns offenbar in Seldwyla; ich denke, die Heiligenstädter florieren auch bis in die dreißig, und dann sind sie fertig. Schlecht geschlafen habe ich; unter uns wurde noch eine Stunde lang – übrigens vortrefflich – Klavier gespielt; jeden Augenblick blies eine Post, es scheint hier lebhafter Verkehr zu sein, und zum Überfluß leitet der Nachtwächter seinen Gesang auch durch einen Hornstoß ein. Das Ganze hier macht mir trotz der Ärmlichkeit keinen üblen Eindruck, die Berge gucken überall in die Stadt; es muß sich im Sommer hier angenehm im Freien und Winters recht heimelig in den Stuben leben lassen. Sehr schönes Wetter ist hier.“[2]

Der erste Schein trügte nicht, Storm war mit der neuen Wirkungsstätte durchaus zufrieden, er fand Muße für die eigene dichterische Arbeit, und so entstanden hier mehrere Novellen wie „Auf dem Staatshof“ oder „Abseits“.

Nicht nur Heiligenstadt selbst, sondern auch seine Umgebung sind einen Besuch wert: Beuren etwa mit seinem ehemaligen Zisterzienserkloster, Leinefelde, der Geburtsort des Realschullehrers Johann Carl Fuhlrott, der 1856 bei Düsseldorf die ersten Gebeine eines Neandertalers entdeckte, Burg Scharfenstein und schließlich die ehemaligen Nonnenklöster von Zella und Anrode. Sie gehören eigentlich schon zur Umgebung von Mühlhausen, der alten freien Reichs- und Hansestadt an der Unstrut, die sich heute ganz offiziell Thomas-Müntzer-Stadt nennt und damit an jenen Bauernkriegsführer erinnert, dessen Andenken in der ehemaligen DDR von offizieller Seite besonders gepflegt wurde, weil man in ihm einen Wegbereiter des Kommunismus sah. Nur drei mitteldeutsche Städte hatten es überhaupt geschafft, den begehrten Rang einer Freien Reichsstadt zu erlangen, Goslar, Nordhausen und Mühlhausen, und ein Blick auf den schönen Merian-Stich von 1650 zeigt schon, daß die Stadt auch rein äußerlich diese Würde spiegelte. Trotzdem waren die Bürger hier ärmer als in vielen süddeutschen Reichsstädten. Nur neun Bürger der Gemeinde versteuerten beispielsweise Anfang des 16. Jahrhunderts mehr als 4000 Gulden, besaßen aber zusammen immer noch weniger als etwa ein süddeutscher Handelsherr. Fast die Hälfte besaß nur zwischen 80 und 800 Gulden, und ein Viertel hatte gar nichts. Damit war die wirtschaftliche Lage vieler dieser Bürger schlechter als die mancher süddeutscher Bauern. Vielleicht gaben sie deshalb einen guten Nährboden ab für neue politische und vor allem soziale Ideen.

In der Stadt begann es schon 1523 zu gären, die Bürger erzwangen unter der Führung des protestantischen Stadtpredigers Heinrich Pfeiffer gegenüber dem Patriziat einen Anteil am Stadtregiment. 1524 kam Thomas Müntzer nach Mühlhausen, jener Mann, dessen Denkmal seit 1957 vor der Stadtmauer am Frauentor steht.

Es bleibt viel zwiespältig und merkwürdig im Leben dieses Thomas Müntzer. So ist es nicht zu verwundern, daß auch heute noch die Meinungen über ihn auseinandergehen. Für die marxistische Geschichtsschreibung ist er ein großer Vorläufer des Kommunismus. Andere wieder meinen, daß sein später durch die Folter erpreßtes Geständnis: Omnia sunt communia – einem jeden sollte seiner Notdurft ausgeteilt werden nach Gelegenheit – nicht mit der Verwerfung des Privateigentums gleichgesetzt werden dürfe, sondern sich weit stärker an eine urchristliche Lebensgemeinschaft anlehne. Als er nach Mühlhausen kam, erkannte

Pfeiffer wohl die geistige und rednerische Überlegenheit des anderen; denn er ordnete sich ihm unter. Aber Müntzers radikale Gedanken drangen noch nicht durch. Merkwürdigerweise wandten sich gerade die Bauern des umliegenden Landes gegen ihn, und mit ihrer Hilfe gelang es dem Rat, einen Aufstand in der Stadt entscheidend niederzuschlagen. Müntzer wurde aus Mühlhausen verwiesen und ging in den Schwarzwald, um dort den Bauern seine Ideen zu predigen, und half dadurch mit, den großen Aufstand vorzubereiten. Im Februar 1525 kehrte er wieder nach Mühlhausen zurück und bereitete dort den allgemeinen Aufstand vor. Hatten die süddeutschen Bauern den Bundschuh als Wahrzeichen ihres Kampfes auf den Fahnen abgebildet, ließ Müntzer hier eine große weiße Seidenfahne verfertigen mit einem Regenbogen darauf und den Spruch: „Verbum domini manet in aeternum – Das Wort des Herrn bleibt in Ewigkeit". Erst in der zweiten Hälfte des April 1525 erreichten die letzten Wellen des süddeutschen Bauernkrieges auch den Thüringer Raum,

Thomas Müntzer, Stich von C. van Sichem

und Müntzer rief mit flammenden Reden seine Anhänger zum Umsturz auf. Dabei zeigte sich eine große Schwäche des Predigers. Er berauschte sich an den eigenen Worten und verlor die Kontrolle über sich selbst. Dann versprach er den Zuhörern nicht nur das Reich Gottes auf Erden, sondern manchmal auch das Blaue vom Himmel herunter. Das konnte aber in kritischen Situationen sehr gefährlich werden.

Hier in Thüringen begann es vor allem in den Städten zu gären. Der erste Akt des Dramas glich allerdings eher einer Komödie. Als die Bürger von Langensalza am 25. April gegen ihren Rat rebellierten, wollten Müntzer und Pfeiffer ihnen mit einer Schar von etwa 500 Mann zu Hilfe kommen. Aber die Langensalzar hatten inzwischen einen Teil ihrer Forderungen durchgesetzt und wollten lieber nichts mehr von ihren radikalen Brüdern wissen, verschlossen die Tore und speisten sie mit ein paar Faß Bier ab.

In den nächsten Tagen flackerte in den meisten Landgemeinden und Städten der Aufruhr empor. Aber während die Bauern in Oberdeutschland und Franken doch machtvolle und ernst zu nehmende Einheiten geschaffen hatten, blieb es in Thüringen bei vielen kleineren Gruppen aus Bauern und Bürgern ohne geschlossene politische und soziale Ziele. Müntzer organisierte und agierte unermüdlich von Mühlhausen aus. Er hatte den alten Rat seiner Ämter entsetzt und einen neuen wählen lassen, der immer regieren sollte und daher „Ewiger Rat" genannt wurde. Später vermerkte ein Chronist von diesem Rat: „er hat doch kein Viertel Jahr und sehr übel regiert und gedauert. Denn kein Rechtsbruch kann dauernd sein." Schon Anfang Mai verlagerte sich das Schwergewicht des Aufstandes aber von Mühlhausen weg nach Frankenhausen am Kyffhäuser, wo sich etwa sechstausend Männer, Bürger und Bauern, eingefunden und zusammengeschlossen hatten und voll für die Sache der Bauern einsetzten.

Mühlhausen, in dessen zahlreichen alten Bauwerken sich auch heute noch die große Zeit spiegelt, pflegt das Andenken an Müntzer und den Bauernkrieg. Einige Akzente werden wahrscheinlich in der Gedenkstätte „Deutscher Bauernkrieg" in der Kornmarktkirche in Zukunft anders gesetzt werden müssen, aber sicher bleibt das Andenken an diese erste deutsche Revolution in ihrer vollen historischen Bedeutung erhalten.

Ein längerer Spaziergang durch die Stadt lohnt sich schon, denn obwohl hier zwischen 1244 und 1707 neun große Brände gewütet haben und allein den letzten beiden 850 Häuser zum Opfer fielen, gibt es noch genug zu sehen, so die fast vollständig erhaltene Stadtmauer, die verwinkelte Anlage des Rathauses mit seiner Großen Ratsstube, in der 1525 der „Ewige Rat" tagte, dessen Einsetzung wir im Rathaussaal auf einem Gemälde aus dem Jahre 1960 nacherleben können, die Bürgerhäuser mit den oft alten Höfen und natürlich die Kirchen, die Blasiikirche, an der Johann Sebastian Bach und sein Sohn Johann Gottfried Bernhard wirkten und wo wieder die rekonstruierte Bach-Orgel erklingt, und, nicht zu vergessen, St. Marien, die ehemalige Kirche des Deutschen Ritterordens. Kein Fremdenführer versäumt den Hinweis, daß in dieser zweitgrößten Kirche Thüringens nach dem Erfurter Dom Müntzer predigte. Wichtiger aber erscheint der Blick auf die südliche Querhausfassade. Böhmische Steinmetzen, vielleicht aus dem Umkreis der Prager Bauhütte, mögen sie geschaffen haben, und auf dem Altan über dem Portal begegnen uns zwei seltene Gäste, denn da blicken, flankiert von einem Hofbeamten und einer Hofdame, Kaiser Karl IV. und seine Gemahlin Elisabeth von Pommern (die so kräftig war, daß sie Hufeisen zerbrechen konnte!) auf den Beschauer herab. Über ihnen thront Christus in der Mandorla, an seinen Seiten Maria und Johannes. So wurden in ausdrucksstarker mittelalterlicher Bildersprache die Mühlhausener immer an den Anspruch des Kaisers gemahnt, der Stellvertreter des Weltenrichters zu sein.

Wer Zeit hat, sollte nicht versäumen, im nahen Erholungsgebiet noch die Erdfallquelle des Popperoder Brunnens mit dem schönen Brunnenhaus zu besuchen, von dem wir eine hübsche Beschreibung eines Reisenden aus dem Jahre 1824 besitzen:

„Der Popperoder Brunnen entspringt gegen Abend eine halbe Stunde über der Stadt und den Teichen. Es waren ansonsten in alten Zeiten anno 1300 zwei Brunnen, der eine ist entweder versiegt oder zugeworfen worden, jetzt aber ist nur noch ein Brunnen, der mit Steinen rundum eingefaßt ist, und unten einen Rost darein gelegt. Er hat neunundsechzig Schuhe im Umfange und acht Schuh tief Wasser, welches nie austrocknet, auch beim kältesten Winter nie zufriert. Der Ausfluß ist fünf Schuh breit und eineinhalb tief. Dieser Brunnen wurde 1614 mit Steinen eingefaßt, und ein schönes Lusthaus dabei erbauet, welches fünf Türmchen hat und ganz mit Schiefer bedeckt ist. Der Anger oder grüne Platz davor ist mit einer Mauer vom Ausfluß bis an's Haus eingefaßt, hat drei Eingänge und inwendig an der ganzen Mauer ringsum ist eine steinerne Bank angebracht; der Platz wird von alten schönen Linden umgrenzt.

Weil der Brunnen der Stadt viel Nutzen schafft, und so vieles und so vortreffliches Wasser gibt, so werden alle Jahre zwei Brunnenfeste gehalten. Diese werden einmal von den Schülern, das zweite Mal von den Mädchen gefeiert. Zwischen Pfingsten und Johannes feiern die Schüler das erste Fest. Sie versammeln sich zu diesem Zwecke an dem schon vorher bestimmten festlichen Tage mit ihren Lehrern um elf Uhr vormittags in der Schule und ziehen von hier aus, von jenen geführt, mittags zwölf Uhr in feierlicher Prozession unter Gesang geistlicher Lieder durch die Stadt und Nikolaivorstadt bis an's äußerste Felchtetor, wo der Gesang aufhört, und der Zug in stiller und selbstliebiger Ordnung bis zum Brunnen weiter fortgesetzt wird. Unter schuldlosen Freuden und Vergnügungen ruht man hier bis gegen vier Uhr aus, dann wird von den Cantoren der Schule ein auf die Feierlichkeit dieses Tages passendes musikalisches Stück mit Blasinstrumenten aufgeführt. Nach Beendigung der Musik werden noch einige Lob- und Danklieder gesungen und somit das Fest beschlossen. Die Schüler bekommen darauf etwas Bier zum Besten und die Lehrer vergnügen sich oben im Saale des Brunnenhauses."[3]

Es ist nicht ganz einfach, in dem Stück Land zwischen dem Harz und der Unstrut historischen Spuren zu folgen; denn zu verzahnt sind manchmal die Zusammenhänge. So erhebt sich die Frage, sollen wir sinngemäß von Mühlhausen aus unmittelbar nach Frankenhausen gehen, um die weiteren Schicksale Thomas Müntzers zu verfolgen, oder zuerst einmal nach dem Norden hinauf, um an der Goldenen Aue Nordhausen zu besuchen, die andere ehemals Freie Reichsstadt hier im Thüringischen? Wer dort allerdings, ähnlich wie in Mühlhausen, noch viele Zeugnisse einer großen Vergangenheit erwartet, wird bitter enttäuscht. Auch Nordhausen war einmal eine schöne Stadt, wie der Merian-Stich beweist. Hier lag schon 911 eine Königspfalz, Heinrich der Löwe

Mühlhausen, die alte freie Reichs- und Hansestadt, die sich auch Thomas-Müntzer-Stadt nennt, gibt trotz vieler Brandkatastrophen in seinem Gesamtbild den vielleicht geschlossensten Eindruck einer Stadt des Spätmittelalters in ganz Thüringen. Dieses Bild bestimmen nicht zuletzt Mühlhausens gotische Kirchen. Hauptpfarrkirche der Altstadt war die Blasiikirche, die dem Deutschen Ritterorden gehörte. Ein Zeugnis für diese Zeit ist der Grabstein des Kristan von Samland, der 1296 zum Bischof dieses Ordenslandes im Osten ernannt wurde. Das von schlanken Bündelpfeilern getragene Gewölbe der Hallenkirche zeigt stilistisch eine Verwandtschaft mit der Elisabethkirche in Marburg, die gleichfalls Besitz des Ritterordens war.

Beim Gang durch die Stadt stößt der Besucher immer wieder auf Reste der alten Stadtmauern und begegnet hier auch dem Denkmal Thomas Müntzers, des protestantischen Predigers und Führers des glücklosen Aufstands der thüringischen Bauern.

Das Rathaus (rechts), das Bauteile aus der Zeit der Gotik, Renaissance und des Frühbarocks enthält, sah 1525 die Tagungen des von Müntzer eingerichteten „Ewigen Rates“ in der Großen Ratsstube, die noch Teile der gotischen Ausmalung bewahrt hat.

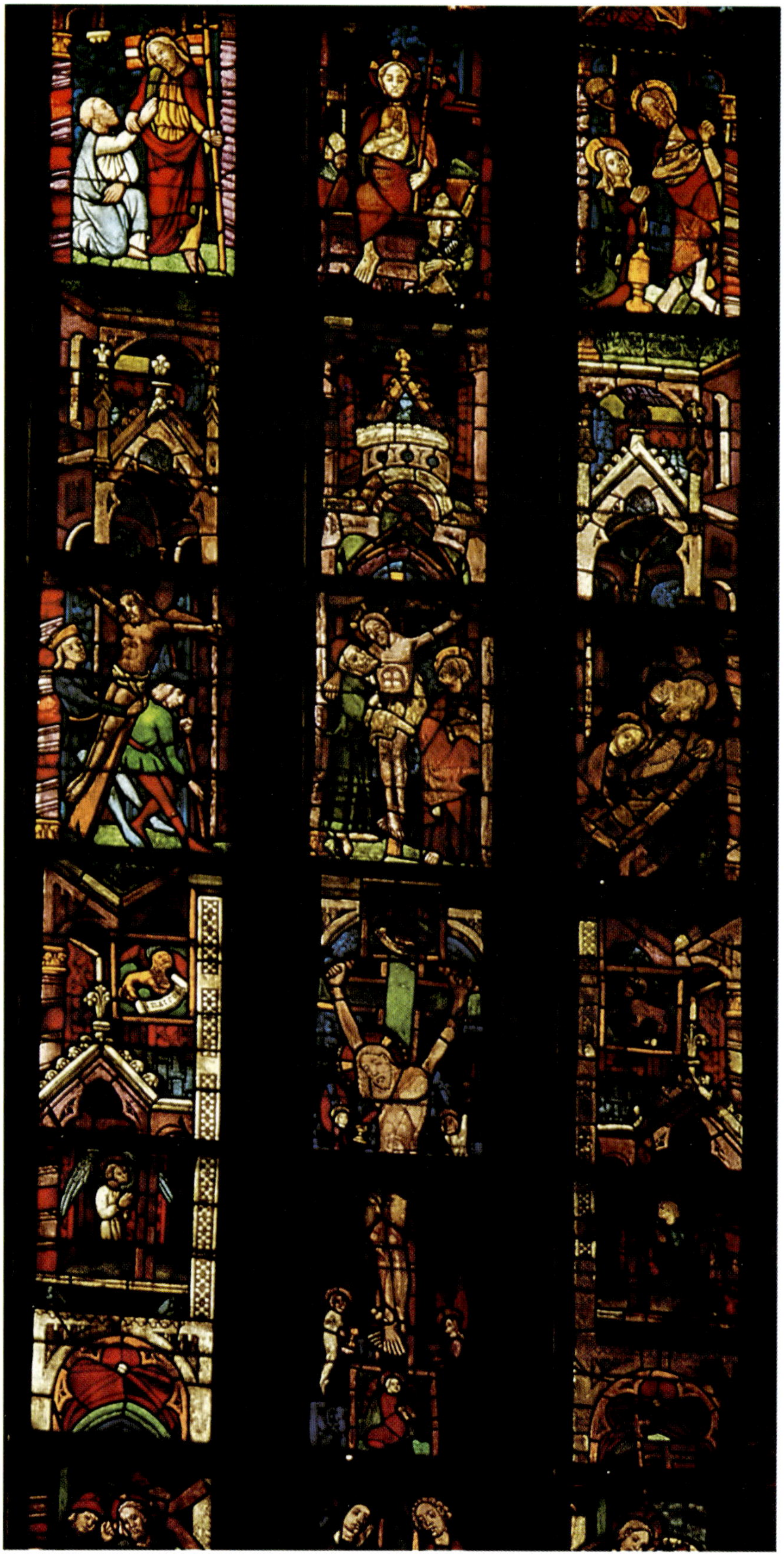

Die zweite große gotische Kirche Mühlhausens, die St.-Marien-Kirche, die seit 1317 ebenfalls vom Deutschen Ritterorden an der Stelle eines Vorgängerbaus aus ottonischer Zeit errichtet wurde, besitzt in seinen Chorfenstern einen bedeutenden Glasfensterzyklus (Ende 14. Jh.), in dem auch Szenen aus der Passion Christi dargestellt sind.

Das gotische Gnadenbild (1414), das den Typ der „Schönen Madonna" verkörpert, ist kostbarer Besitz der Marienkirche in Heiligenstadt, einer weiteren Stadt der Gotik im Eichsfeld.

Das südliche Querhausportal der Mühlhauser Marienkirche ist als großes Figurenportal mit einer Balustrade darüber aufwendig gestaltet. Über die Brüstung der Empore lehnen sich die Gestalten Kaiser Karls IV. und der Kaiserin Elisabeth von Pommern. Diese „Bühnendekoration“ kann den Eindruck erwecken, daß das Kaiserpaar die Huldigung des städtischen Rates entgegennimmt, der traditionsgemäß an diesem Platz vereidigt wurde.

Die Marienkirche in Heiligenstadt bietet eine andere Kuriosität, auf die jeder Fremdenführer hinweist: den „Lügenstein“, einen Schlußstein im Gewölbe des nördlichen Seitenschiffs. Dargestellt sind die Untugenden Schwatzhaftigkeit, Ohrenbläserei, Eitelkeit und das Sprichwort „Lügen haben kurze Beine“ (links).

Kultureller Mittelpunkt des Gebietes war seit dem Mittelalter Heiligenstadt. Der heutige Kneipp-Kurort zeigt ähnlich wie Mühlhausen ein gut erhaltenes historisch gewachsenes Stadtbild, in dem gotische Bauten wie die Marienkirche, die St.-Ägidien- und die St.-Martins-Kirche dominieren.

Das Eichsfeld, die herb-liebliche Landschaft im Nordwesten Thüringens, hat sich, weitgehend von Industrialisierung verschont geblieben, den Charakter einer bäuerlichen Kulturlandschaft erhalten. Reich werden konnte man allerdings in diesem Gebiet, das seit 1294 zum Besitz der Erzbischöfe von Mainz gehörte, nicht. So waren es vor allem auch Bauern des Eichsfeldes, die sich am Aufstand Thomas Müntzers beteiligten.

Sondershausen ist heute ein Teil des riesigen Kalibergbaugebietes. Fördertürme und Abraumhalden belasten und verändern Natur und Landschaft.

Die Stadt Sondershausen, seit dem 14. Jh. im Besitz des später fürstlichen Hauses Schwarzburg-Sondershausen, besitzt wie alle thüringischen kleinen Residenzstädte natürlich ein Schloß im Renaissance- und Barockstil. Besonders bemerkenswert ist das Lust- und Spielhaus im Schloßpark, das wegen seines achteckigen Grundrisses auch „Karussell" genannt wird.

Das Massiv des Kyffhäusers überragt die „Goldene Aue" und ist der westliche Pfeiler der „Thüringer Pforte", durch die die Unstrut das Land verläßt. Hier steht die Ruine der romanischen Reichsburg Kyffhausen (rechts).

Das Kyffhäuser-Denkmal, das zwischen 1891 und 1896 als „Kaiser-Wilhelm-Nationaldenkmal" errichtet wurde, zeigt in seinem mittleren Terrassenteil die Gestalt des Kaisers Barbarossa, der nach der Sage in diesem Berg ein wiedererstarktes deutsches Reich erwartet (linke Seite).

Bad Frankenhausen ist der Ort, in dessen Nähe auf dem sogenannten „Schlachtberg" 1525 der Aufstand der thüringischen Bauern unter Thomas Müntzer blutig niedergeschlagen wurde. An diese Schlacht erinnern die Szenen des Zinnfigurendioramas des Museums im ehemaligen Schloß (rechts) und das 120 m lange Panoramagemälde, das der Maler Werner Tübke 1974/75 in einer Mischung „altdeutscher" und surrealer Stilelemente schuf (oben, Ausschnitt).

Thüringen lädt immer wieder auch zu Entdeckungsfahrten abseits der gängigen Touristenstraßen ein. Die Dorfkirche von Mackenrode im Norden Thüringens an der Grenze zum Harz ist mit ihren interessanten Quergiebeln und den geschnitzten Figuren unter Spitzbaldachinen durchaus einen Abstecher wert.

In Bad Langensalza, das wegen seiner 1811 entdeckten Schwefelquellen seit 1928 zu einem Kur- und Badeort wurde, gibt ein reicher Bestand an Fachwerkhäusern den verwinkelten Straßenzügen ein heimeliges Gepräge. Wahrzeichen der Stadt ist der mächtige Turm der spätgotischen Pfarrkirche St. Bonifatius (14./16. Jh.).

Folgende Doppelseite: An der Grenze des Eichsfelds zieht sich – entlang auch der ehemaligen Zonengrenze – eine Kette von Burgen hin. Vom Dorf Bornhagen, das von der Burgruine Hanstein überragt wird, geht der Blick über das Werratal bis ins Hessische Bergland.

Nordhausen, Thüringens Grenzstadt zum Harz und seit 1220 freie Reichsstadt, blickt zwar auf eine besonders reiche Vergangenheit zurück, doch haben die Zerstörungen des Zweiten Weltkriegs dem damaligen Rüstungszentrum im historischen Baubestand schwere Wunden geschlagen, die inzwischen aber weitgehend durch Neubauten und gute Restaurierungen geschlossen wurden. Der Roland, dessen Wappen mit dem Reichsadler die Reichsfreiheit der Stadt betont, thront heute wieder an der Ecke des neu aufgebauten Renaissance-Rathauses.

Nordhausen, Stich (1650) von M. Merian in der „Topographia Germaniae“

hatte 1180 die Stadtmauer errichten lassen, vierzig Jahre später wurde Nordhausen reichsfreie Stadt und führt noch heute den Reichsadler in seinem Wappen. Die Bürger waren fleißige Handwerker und gute Händler, sie wußten auch, daß ein kräftiger Schluck manche Wege glättete und manche Verträge besiegelte. Schon im 16. Jahrhundert brannten sie ihren „Korn“, der als „Nordhäuser“ seinen guten Ruf bis heute bewahrt hat. Die Stadt lavierte sich geschickt durch die Zeiten und wurde Mitglied der Hanse. Erst im 18. Jahrhundert wurde sie zum Spielball der großen Nachbarn, preußische Truppen besetzten sie, und 1802 fiel sie endgültig an Preußen. Gegen Ende des Zweiten Weltkriegs wurde sie zu dreiviertel zerstört. An die alte Herrlichkeit erinnert noch der Dom zum hl. Kreuz und die Kirche St. Blasius sowie ein paar erhaltene Bürgerhäuser wie die gotische „Finkenburg“ aus der Zeit um 1400 und die um ein Jahrhundert jüngere „Flohburg“ sowie das heute wieder aufgebaute Rathaus von 1610. Einer aber hat die Zerstörung überdauert und tauchte heil aus dem Trümmerschutt wieder auf – der Roland am Rathauseck. Die Stadt besaß schon seit dem 15. Jahrhundert ihre Rolandfigur als Zeichen der reichsstädtischen Freiheit. Dieser rotröckige Geselle stammt aber erst aus dem Jahre 1717, ist also sozusagen schon ein preußischer Besatzer. Das hindert ihn jedoch nicht daran, allen Touristen und deren Fotoapparaten kühn und geradezu finster entgegenzublicken und sein Schwert zu schwingen, als müßte er den letzten Hauch alter Reichsfreiheit in der nun modernen Industriestadt verteidigen.

Vierundzwanzig Kilometer sind es von Nordhausen aus südwärts nach Sondershausen, in das Zentrum des ostdeutschen Kalibergbaus. Immerhin ist das Kaliwerk „Glückauf“ hier nun schon einhundert Jahre alt und damit das älteste der Welt! Sondershausen war Residenzstadt der gefürsteten Grafen von Schwarzburg-Sondershausen. Es gab noch andere Linien dieses Geschlechts, so Schwarzburg-Arnstadt, Schwarzburg-Blankenburg, Schwarzburg-Ebelchen, Schwarzburg-Frankenhausen, Schwarzburg-Käfernburg und Schwarzburg-Rudolstadt, ein Musterbeispiel geradezu für die zu Recht vielverspottete und gescholtene thüringische Kleinstaaterei. Der Marktplatz gäbe heute noch eine schöne Theaterkulisse ab, mit Rathaus, Hauptwache, Prinzenhaus und über allem das mächtige Schloß. Die Schwarzburger Linien haben stets gern und über ihre Verhältnisse gebaut und Schlösser in die Residenzorte gesetzt, die in keinem rechten Verhältnis zur Größe ihrer Staaten stehen wollten. Man sollte sich beim Anblick dieses prachtvollen Bauwerks stets daran erinnern, daß die ganze Grafschaft um die Mitte des vorigen Jahrhunderts nur siebzehn Quadratmeilen mit 52 000 Einwohnern umfaßte. Um in solcher Herrlichkeit richtig repräsentieren zu können, bedurfte es nicht nur eines solchen Schlosses, sondern auch einer solchen Prunkkarosse, wie sie Fürst Heinrich im 18. Jahrhundert besaß und die noch heute im Schloßmuseum bewundert werden kann! Natürlich besaß das Schloß auch einen eigenen Theatersaal, und im Schloßpark steht das „Karussell“, ein Lust- und Spielhaus von 1709; heute noch konzertiert in dem restaurierten Bau das berühmte städtische Lohorchester, das schon 1801 gegründet wurde und das Franz Liszt einmal als „großes Wunder, eingeschlossen in eine kleine Stadt“, bezeichnete. Theatertechnisch interessierte

Sondershausen, Stich (1650) von M. Merian in der „Topographia Germaniae“

Besucher können auch noch im Keller des „Karussells“ das Triebwerk für die Drehbühne im Erdgeschoß besichtigen.

Die vorletzte Station am Nordrand des Thüringer Beckens wäre eigentlich Bad Frankenhausen, wo wir ein letztes Mal Thomas Müntzer und den aufständischen Bauern wiederbegegnen, die wir in Mühlhausen verlassen haben. Aber zumindest in Gedanken müssen wir zuvor noch über die Landesgrenze nach Allstedt in Sachsen-Anhalt; denn hier hatte Müntzer am 13. Juli 1524 auf dem Schloß jene berühmte „Fürstenpredigt“ gehalten, die als eine Zukunftsvision zugleich sein politisches Programm widerspiegelt. Nach Müntzers Auffassung ging das alte Reich zu Ende, Aufgabe der Fürsten müsse es sein, mutig für eine neue Ordnung einzutreten, doch wo sie verzagten, sollte Gott die Macht dem Volke geben:

„Darum, ihr allerteuersten, liebsten Regenten, lernt euer Urteil richtig aus dem Munde Gottes und laßt euch von euren heuchlerischen Pfaffen nicht verführen und mit erdichteter Geduld und Güte aufhalten! Denn der Stein, vom Berge gerissen, ist groß geworden. Die armen Laien und Bauern sehen ihn viel genauer an als ihr. Ja, Gott sei gelobt, er ist so groß geworden: wenn euch andre Herren oder Nachbarn schon um des Evangeliums willen verfolgen wollten, so würden sie von ihrem eigenen Volk vertrieben werden. Das weiß ich fürwahr. Ja, der Stein ist groß, davor hatte sich die blöde Welt lange gefürchtet. Er hat sie überfallen, als er noch klein war. Was solln wir denn nun tun, weil er so groß und mächtig geworden ist … Darum, ihr teuren Regenten von Sachsen, tretet keck auf den Eckstein, wie der heilige Petrus es tat und sucht die rechte Beständigkeit göttlichen Willens! Er wird euch wohl erhalten auf dem Stein. Eure Gänge werden richtig sein, sucht nur stracks Gottes Gerechtigkeit und greift die Sache des Evangeliums tapfer an! Denn Gott steht so nah bei euch, daß ihrs nicht glaubt.“[4]

Mit solchen Worten im Ohr wenden wir uns nun nach Bad Frankenhausen, wo sich der letzte blutige Akt der Tragödie des Thüringer Bauernkrieges abspielte. Hier hatten sich Anfang Mai 1525, wie wir schon hörten, etwa sechstausend Aufständische zusammengefunden. Müntzer kam am 12. Mai mit dreihundert seiner engsten Anhänger in die Stadt und übernahm sogleich den Befehl, aber ihm blieben nur drei Tage. Schon rückten die massierten Aufgebote Philipps von Hessen, des Herzogs Georg und des Kurfürsten Johann von Sachsen sowie des Herzogs von Braunschweig heran. Müntzer hatte das Pech, daß ihm ein schweizerischer Landsknecht, den er mit 900 Gulden nach Nürnberg geschickt hatte, um Pulver zu kaufen, samt dem Geld durchgegangen war. Sein Versprechen, die Anhänger unverwundbar zu machen, erwies sich aber als kein hinreichender Ersatz für das fehlende Pulver. Die Fürsten wählten ihren alten Trick und begannen, als sich der Haufen zum Kampf gestellt hatte, mit Verhandlungen, um dann überraschend loszuschlagen.

Wilhelm Zimmermann, der um die Mitte des vorigen Jahrhunderts eine heute zwar vielfach überholte, nichtsdestoweniger aber sehr engagierte und farbige „Geschichte des Großen Bauernkrieges“ geschrieben hat, schildert auch den Untergang des Frankenhausener Haufens:

„Müntzer hatte sich an der Anhöhe über Frankenhausen gelagert, die noch jetzt der Schlachtberg heißt, eine starke Wagenburg um sich geschlossen und einen Graben gezogen, daß man so leicht, besonders zu Roß, nicht an ihn kommen mochte. Aber sein Haufen zählte gar viele Zaghafte unter sich, keinen kriegskundigen Führer, und war im Ganzen nicht achttausend stark; wollten die einen schlagen, so wollten die andern nur unterhandeln und Frieden suchen. Durch die Friedensanträge der Gegner wurde Müntzers Lage vollends höchst bedenklich. Der Landgraf sandte nach Ankunft des Herzogs Georg eine Botschaft an die Bauern, wenn sie ihre Hauptleute ausliefer-ten, wollte er ihnen bei ihren Herren Gnade verschaffen … Die Herren und Ritter machten, so scheint's die Führer und Sprecher der Friedenspartei im Lager. Als diese sah, daß die Feinde ihr Geschütz auf allen Seiten um sie rückten und sie umringten, sandten sie den Grafen Wolfgang von Stolberg, Kaspar von Rückxleben und Hans von Werthern zu einer zweiten Unterhandlung an die Fürsten … Diese behielten den Stolberg und den Rückxleben zurück, und ließen durch Werthern ins Lager entbieten, sie sollten weiter mit ihnen des Müntzers halben nicht disputieren, sondern wenn sie ihn nicht auslieferten und ihre Wehr ablegten, würden sie gegen sie vornehmen, kraft ihres obrigkeitlichen Amtes, was sich gegen sie gebühre. Die Uneinigkeit, das Schwanken stieg im Bauernlager …

Während der Unterhandlung hatten die Fürsten den Berg ganz umzogen; Landgraf Philipp ritt vor seinem Volke herum und ermahnte es zur Tapferkeit, sobald er sah, daß ‚der Graf Stolberg und die anderen Edlen außer der Gewalt der Bauern warn'. ‚Sie rüsten sich zur Schlacht', sprach er, ‚sie zwingen uns zur Notwehr; greift sie ritterlich an, der Teufel hat sie geblendet. Sie klagen wider die Obrigkeit, aber sie verschweigen unsere Sorge und Mühe, gegen welche ihre Abgaben und Lasten gering sind. Für ihre Abgaben erhalten sie Schutz, ihnen ist der meiste Nutzen. Darum, daß sie keine billige Ursache haben, Gott und ihre Obrigkeit lästern, sollt ihr sie getrost angreifen. Daran tut ihr Gottes Willen. Hinein in Gottes Namen!'

Und ohne sich um den Stillstand zu kümmern, rückte die ganze Schlachtordnung plötzlich an die Wagenburg, und das Geschütz ging mit solchem Donner unter die Bauern los, daß viele davon niederstürzten, die andern vor Bestürzung nicht wußten, ob sie fechten oder laufen sollten. Viele sahen hinauf, ob Gott ihnen eine übernatürliche Hilfe vom Himmel zuschicken werde. Aber ehe die Engellegionen niederstiegen, war die Wagenburg durchbrochen, und sie wurden erschossen, erstochen, ganz jämmerlich ermordet. Müntzer, der unter seinem Prophetenmantel ein Koller vom dichtesten Büffelleder trug, aber kein Ziska war, vermochte jetzt die allgemein werdende Flucht der Seinen nicht zu hemmen."[5]

An die sechstausend Aufständische sollen in dem Gemetzel umgekommen sein. Müntzer selbst wurde gefangengenommen und in das nur wenige Kilometer südöstlich gelegene Heldrungen gebracht, wo ihn Graf Ernst II. von Mansfeld in den Turm der dortigen Wasserburg werfen und grausam foltern ließ, um ihn zu einem Widerruf zu zwingen, der dann alsbald überall öffentlich verbreitet wurde. Am 27. Mai, keine zwei Wochen nach dem Blutbad von Frankenhausen, wurde er bei Mühlhausen enthauptet.

Frankenhausen begann während der DDR-Zeit das Andenken Müntzers intensiv zu pflegen; sichtbarer Ausdruck und Gipfel einer behördlich verordneten Heldenverehrung wurde der 1974 oberhalb der Stadt auf dem Schlachtberg errichtete Rundbau mit dem monumentalen Panorama-

Die Wasserburg Heldrungen, Stich (nach 1645) von M. Merian in der „Topographia Germaniae"

Wandbild des Malers Werner Tübke, das die Ereignisse des Bauernkrieges darstellt. Mit 123 x 14 Metern und ca. 3000 Figuren gilt es als das größte Gemälde der Welt und dürfte in das „Buch der Rekorde" aufgenommen werden.

Es ist ja nicht das einzige Monumentaldenkmal hier am Rande des Kyffhäusers. Dieses kleinste Gebirge in Thüringen, nur neunzehn Kilometer lang und maximal sieben Kilometer breit und bis auf den Kulpenberg durchschnittlich etwa dreihundert Meter hoch, gewährt einen weiten Blick über die Goldene Aue und auf den Harz. Hier stand schon zu Beginn des 12. Jahrhunderts die mächtige Reichsburg Kyffhausen. Dreizehn Jahre lang mußten fünfhundert Männer täglich zwölf Stunden fronen, um die Anlage in der staufischen Zeit in Ober-, Mittel- und Unterburg auszubauen, die gesamte Feste war 600 m lang und besaß zehn Meter hohe Mauern. An ihrem Fuße entstand auf dem Pfingstberg bei Tilleda eine Kaiserpfalz, deren Ruinen heute durch Ausgrabungen freigelegt sind.

Gegen Ende des Mittelalters verfiel die alte Burg allmählich, schon damals aber ging die Sage um, im Kyffhäuser schlafe tief im Innern des Gebirges der Stauferkaiser Friedrich II. und warte darauf, in Notzeiten wiederzukehren und dem Reich zu helfen. Später wandelte sich die Sage und wurde auf Kaiser Friedrich I. Barbarossa übertragen, der fern im Morgenland auf dem Kreuzzug gestorben war und dessen Grab niemand kannte. Das Volk wollte den mächtigen Herrscher aber in seiner Mitte wissen, und wo gab es einen besseren Platz für ihn als hier im Herzen Deutschlands? So hat er eine schönere Ruhestätte gefunden als viele seiner Vorgänger und Nachfolger; denn er ruht zugleich im Gedächtnis des Volkes, besser und sicherer als mancher Kaiser in einem prunkvollen, aber einsamen Grab. Und früher einmal kannte jedes Kind aus dem Lesebuch die schöne Ballade von Friedrich Rückert:

„Der alte Barbarossa,
Der Kaiser Friederich,
Im unterird'schen Schlosse
Hält er verzaubert sich.

Er ist niemals gestorben,
Er lebt darin noch jetzt;
Er hat im Schloß verborgen
Zum Schlaf sich hingesetzt.

Er hat hinab genommen
Des Reiches Herrlichkeit,
Und wird einst wiederkommen
Mit ihr zu seiner Zeit.

Der Stuhl ist elfenbeinern,
Darauf der Kaiser sitzt;
Der Tisch ist marmelsteinern,
Worauf sein Haupt er stützt.

Sein Bart ist nicht von Flachse,
Er ist von Feuersglut,
Ist durch den Tisch gewachsen,
Worauf sein Kinn ausruht.

Er nickt als wie im Traume,
Sein Aug' halb offen zwinkt;
Und je nach langem Raume
Er einem Knaben winkt.

Er spricht im Schlaf zum Knaben:
Geh' hin vor's Schloß, o Zwerg,
Und sieh, ob noch die Raben
Herfliegen um den Berg.

Und wenn die alten Raben
Noch fliegen immerdar,
So muß ich auch noch schlafen
Verzaubert hundert Jahr."[6]

Aber in Abwandlung eines Sprichworts könnte man sagen: Es kann der bravste Kaiser nicht in Frieden ruhen, wenn es dem Heldenvolke nicht gefällt. Und den Helden des Krieges von 1870/71 und ihren Nachkommen, die in den Kriegervereinen des Kyffhäuser-Bundes vereinigt waren, gefiel es, in Erinnerung an den „Heldenkaiser" Wilhelm I. und an die Reichsgründung auf dem Nordostsporn des Kyffhäusers ein gewaltiges Denkmal bauen zu lassen. Vierhundert Arbeiter zerstörten dabei weite Teile der Oberburg Kyffhausen. Der Architekt Bruno Schmitz, der auch das Völkerschlachtdenkmal von Leipzig entwarf, schuf einen monumentalen Bau von 81 m Höhe. Am Fuß des Denkmals sitzt grübelnd Kaiser Friedrich Barbarossa, so grimmig, daß man fast Angst bekommt, und über ihm reitet stolz Kaiser Wilhelm I., und in der Grundsteinurkunde heißt es: „Das Denkmal soll sich erheben auf freier Bergeshöhe, auf Schwarzburgs Erde, auf dem Kyff-

Ruine der Reichsburg Kyffhausen. Stich nach Zeichnung von O. Wagner

häuser, an welchem die Volkssage die Hoffnung auf die Wiedergeburt des Vaterlandes geknüpft hatte. Auf dem Kyffhäuser, in welchem nach der Sage Kaiser Friedrich der Rotbart der Erneuerung des Reiches harrte, soll Kaiser Wilhelm der Weißbart erstehen, der die Sage erfüllt hat."

Da sich von hier aus bei gutem Wetter ein herrlicher Blick über das Land genießen läßt, locken Denkmal und Aussicht alljährlich schon eine halbe Million Besucher an, und wenn auch Kaiser Barbarossa noch so grimmig blickt, so ist doch zu befürchten, daß es noch mehr werden!

Von Eisenach bis Erfurt

Sie hatte jahrhundertelang eine große wirtschaftliche Bedeutung, die Straße von Frankfurt am Main bis Leipzig mit ihren Fortsetzungen östlich der Saale bis Prag und nördlich von Leipzig nach Berlin. Reichsstraße 40 lautete ihre offizielle Bezeichnung, ein halbes Dutzend Beinamen hat man ihr gegeben, der schönste aber ist schon aus dem 14. Jahrhundert belegt; denn als „des Reiches Straße" ist sie in die deutsche Geschichte eingegangen. In seinem heute noch unübertroffenen gleichnamigen Buch hat schon vor fünfzig Jahren der Kulturhistoriker Edwin Redslob die Schicksale dieser Straße lebendig werden lassen, auf der nicht nur die schwerbeladenen Fuhrwagen der Kaufleute zu den Messen nach Frankfurt und Leipzig zogen, sondern an der sich auch eine deutsche Geisteskultur entfaltete, auf der Kaiser und Könige, Minnesänger und Dichter entlang zogen, an der Fulda und Eisenach liegen, beide den Christen in Deutschland gleichermaßen teuer, es ist die „Straße der deutschen Musik", an der ein Schütz, ein Händel und ein Bach wirkten, die „Straße der Dichter", an der uns die bedeutendsten Vertreter der Klassik, der Romantik und des Realismus begegnen, es ist die „Straße des Buches" von Mainz über Frankfurt nach Leipzig. Sie führt durch idyllische Landschaft und quer über die Schlachtentenne Deutschlands, auf der einmal so blutige Kämpfe wie die Schlachten bei Jena und Auerstedt, Roßbach, Lützen und Leipzig ausgetragen wurden. Die unheilvolle Teilung Deutschlands, aber auch der Bau der Autobahnen und die dadurch geänderte Gewichtung der alten Straßen ließen in den letzten Jahrzehnten die Erinnerung an diese Reichsstraße verblassen, doch nun beginnt sie langsam wieder aufzuleben.

Sie gelangte einmal bei Vacha auf thüringisches Gebiet, führte weiter nach Eisenach und über Gotha und Erfurt nach Weimar und Jena, um dann dem Saaletal nordwärts zu folgen und bei Schulpforte, der alten Porta Thuringiae, Thüringen wieder zu verlassen. Wir folgen hier nur einem kurzen Stück von etwa fünfzig Kilometern, eine knappe Autostunde also, mit der Postkutsche waren es aber einmal, die Aufenthalte nicht gerechnet, an die zehn Stunden. Drei der bedeutendsten Städte Thüringens liegen auf dieser Strecke: Eisenach, Gotha und Erfurt.

Wenn Thüringen heute wieder als das „Herz Deutschlands" gilt, so war und ist Eisenach trotz seiner Randlage im Westen gewissermaßen das Herz Thüringens, und dieses Ansehen verdankt die Stadt der Wartburg, die zu den historisch bedeutsamsten Plätzen in der deutschen Geschichte und Kulturgeschichte zählt. Mit ihr ist auch die Geschichte Eisenachs eng verbunden. Schon 1067 wurde die Burg von Ludwig dem Springer erbaut, der seinen Beinamen der Sage nach einem kühnen Sprung vom Giebichenstein in die Saale zu danken hat. Er stammte aus dem mainfränkischen Geschlecht der Ludowinger, das hier in Thüringen eine neue Heimat und neue Aufgaben fand. Sein Sohn Ludwig erhielt die Würde eines Landgrafen. Unter ihm und seinen Nachfolgern gewann das Geschlecht zunehmend an Ansehen, erlebten die Wartburg und mit ihr Eisenach eine erste Blütezeit, bis die Ludowinger 1247 im Mannesstamm ausstarben. Mit dem Übergang der Herrschaft gelangte auch Eisenach an die Wettiner, verlor damit seine Bedeutung, blieb aber eine wichtige Durchgangsstation für die Handelszüge auf des Reiches Straße.

An das Mittelalter erinnern heute nur noch ganz wenige Spuren in der Stadt, so etwa die Nikolaikirche und das anschließende Nikolaitor. Durch dieses Tor betrat 1498 der damals knapp fünfzehnjährige Martin Luther zum ersten Male Eisenach. Der strenge Vater hatte ihn erst ein Jahr nach Magdeburg, dann hierher zu Verwandten geschickt, da die Stadt über eine gute Lateinschule verfügte, die Luther nun drei Jahre lang besuchte. Es muß eine gute Zeit für den jungen Schüler gewesen sein, sonst hätte er nicht rückblickend mehrfach von der „guten Stadt" gesprochen. Heu-

Eisenach, Stich (um 1650) von M. Merian in der „Topographia Germaniae“

te noch erinnert das schön renovierte Patrizierhaus am Lutherplatz an seine Schuljahre. Ob er wirklich hier bei der angesehenen Familie Cotta gewohnt hat oder im „Collegium Schalbense“, einer Stiftung des Bürgermeisters Heinrich Schalbe, ist immer noch ein Streitpunkt gelehrter Forscher. Hier im „Lutherhaus“, wie es heute heißt, zeigt man jedenfalls im ersten Stock die zwei Stübchen, in denen der Lateinschüler gewohnt haben soll. Aber es gibt auch noch andere Stätten, die an ihn erinnern, die Pfarrkirche St. Georg, in der er Chorknabe war, die Predigerkirche – heute ein Museum –, die er ebenso besucht hat wie die schlichte Annenkirche am Ende der Georgenstraße. Nichts mehr erhalten ist von der Marienkirche am Frauenplan, in der Johann Braun, der väterliche Freund und Berater Luthers, gewirkt hatte. Aber auf diesem Frauenplan steht das Geburtshaus des Komponisten Johann Sebastian Bach, der am 21. März 1685 in Eisenach geboren wurde und von dem E. Redslob sagt, er habe „Luthers Wort von der Kanzel zur Orgel getragen“.

Zwischen 1596 und 1741 erlangte Eisenach die Würde einer Residenzstadt des Herzogtums Sachsen-Eisenach, danach kam es zum Herzogtum Sachsen-Weimar, ein kleines, geruhsames Gemeinwesen, in dem sich mit Vorliebe am Fuße der Wartburg seit dem 19. Jahrhundert pensionierte Beamte niederließen. Schöne alte Villen erinnern noch an diese Zeit, unter ihnen auch das Haus des mecklenburgischen Dichters Fritz Reuter, der von 1863 bis zu seinem Tode 1874 in Eisenach lebte. Wer denkt schon daran, daß hier, fern von dessen norddeutscher Heimat, der letzte Teil des Romans „Ut mine Stromtid“ und die köstliche Erzählung „Dörchläuchting“ entstanden? Die stattliche Villa beherbergt heute aber nicht nur eine Gedenkstätte an den Dichter, sondern auch ein Richard-Wagner-Museum mit einer bedeutenden Bibliothek. So ist sie am Wege hinauf zur Wartburg zugleich Einstimmung auf eine der bedeutsamsten und schönsten Burgen Deutschlands. Wenn auch mit Wagners „Einzug der Gäste“ im Ohr, ziehen wir jetzt doch nicht so beschwingt wie diese in die Burg

Fritz Reuter

ein; denn der Weg hinauf ist steil, und die von allen Seiten drängenden Besuchermassen könnten einem das Erlebnis gerade der ersten Begegnung etwas verleiden. Aber es gibt immer noch Augenblicke, in denen man die Burg in ihrer ganzen Schönheit und erhabenen Ruhe genießen kann. Eigentlich müßte man eine Tasche Bücher mit hinaufschleppen, nicht nur einen Reiseführer, sondern z.B. auch ein Bändchen mit Goethes Briefen. Am Abend des 13. September 1777 schrieb dieser nämlich von hier oben an Frau von Stein:

„Hier wohne ich nun liebste und singe Psalmen dem Herrn der mich aus Schmerzen und Enge wieder in Höhe und Herrlichkeit gebracht hat. der Herzog hat mich veranlasst heraufzuziehen, ich habe mit den Leuten unten, die ganz gute Leute seyn mögen nichts gemein ... Wenn ich Ihnen nur diesen Blick der mich nur kostet aufzustehn vom Stuhl hinüberseegnen könnte. In dem grausen linden Dämmer des Monds die tiefen Gründe, Wiesgen, Büsche, Wälder und Waldblösen, die Felsen Abgänge davor, und hinten die Wände, und wie der Schatten des Schlossbergs und Schlosses unten alles finster hält und drüben an den sachten Wänden sich noch anfasst wie die nackten Felsspizzen im Monde röthen und die lieblichen Auen und Thäler ferner hinunter, und das weite Thüringen hinterwärts im Dämmer sich dem Himmel mischt. Liebste ich habe eine rechte Fröhlichkeit dran, ob ich gleich sagen mag dass der belebende Genuss mir heute mangelt, wie der lang gebundne reck ich erst meine Glieder.“[1]

Auch die „Serapionsbrüder“ von E. T. A. Hoffmann sollten in der Büchertasche nicht fehlen, enthalten sie doch die Erzählung „Der Kampf der Sänger“, mit der er die berühmte Sage vom Sängerkrieg auf der Wartburg literarisch gestaltete. Längst wissen wir, daß dieses Lieder-Turnier tatsächlich auf der Burg stattfand. Landgraf Hermann, der Urenkel Ludwigs des Springers, lud um 1200 die berühmtesten Minnesänger seiner Zeit zu einem edlen Wettstreit ein. Walther von der Vogelweide war dabei, Wolfram von Eschenbach, Reinmar der Alte und auch Heinrich von Ofterdingen, dessen stürmischer Ehrgeiz die Harmonie des Treffens störte, wie die Sage und, ihr folgend, E. T. A. Hoffmann erzählen:

„Der Kampf der Meister begann. Sei es aber nun, daß Heinrichs durch falsche Lehren irre gewordener Geist sich gar nicht mehr zu fassen vermochte in dem reinen Strahl des wahrhaftigen Gemüts, oder daß besondere Begeisterung die Kraft der anderen Meister verdoppelte: – genug! – Jeder, wie der Ofterdingen singend, jeder ihn besiegend, erhielt den Preis, um den dieser sich verge-

Der Sängerkrieg auf der Wartburg. Die Miniatur (um 1330) aus der Heidelberger Liederhandschrift zeigt die Dichter Walther von der Vogelweide, Wolfram von Eschenbach, Reimar von Hagenau, den tugendhaften Schreiber, Heinrich von Ofterdingen, Biterolf und Klingsor von Ungarn

bens mühte. Ofterdingen ergrimmte über diese Schmach und begann nun Lieder, die, mit verhöhnenden Anspielungen auf den Landgrafen Hermann, den Herzog von Österreich Leopold den Siebenten bis über die Sterne erhoben und ihn die hell funkelnde Sonne nannten, welche allein aller Kunst aufgegangen. Kam nun noch hinzu, daß er ebenso die Frauen am Hofe mit schnöden Worten angriff und die Schönheit und Holdseligkeit der Dame Mathilde allein auf heidnische ruchlose Art zu preisen fortfuhr, so konnt' es nicht fehlen, daß alle Meister, selbst den sanften Wolfframb von Eschinbach nicht ausgenommen, in gerechten Zorn gerieten und in den heftigen schonungslosesten Liedern seine Meisterschaft zu Boden treten. Heinrich Schreiber und Johannes Bitterolff bewiesen, den falschen Prunk von Ofterdingens Liedern abstreifend, die Elendigkeit der magern Gestalt, die sich dahinter verborgen, aber Walther von der Vogelweid und Reinhard von Zwekhstein gingen weiter. Die sagten, Ofterdingens schnödes Beginnen verdiene schwere Rache, und die wollten sie an ihm nehmen mit dem Schwerte in der Hand.

So sah nun Heinrich von Ofterdingen seine Meisterschaft in den Staub getreten und selbst sein Leben bedroht. Voller Wut und Verzweiflung rief er den edel gesinnten Landgrafen Hermann an, sein Leben zu schützen, ja noch mehr, die Entscheidung des Streits über die Meisterschaft des Gesanges dem berühmtesten Sänger der Zeit, dem Meister Klingsohr, zu überlassen. ‚Es ist', sprach der Landgraf, ‚es ist nunmehr mit euch und den Meistern so weit gekommen, daß es noch um anderes gilt als um die Meisterschaft des Gesanges. Ihr habt in euren wahnsinnigen Liedern mich, ihr habt die holden Frauen an meinem Hof schwer beleidigt. Euer Kampf betrifft also nicht mehr die Meisterschaft allein, sondern auch meine Ehre, die Ehre der Damen. Doch soll alles im Wettsingen ausgemacht werden, und ich gestatte es, daß euer Meister Klingsor selbst entscheide. Einer von meinen Meistern, das Los soll ihn nennen, stellt sich euch gegenüber, und die Materie, worüber zu singen, möget ihr beide dann selbst wählen. – Aber der Henker soll mit entblößtem Schwert hinter euch stehen, und wer verliert, werde augenblicklich hingerichtet. – Gehet, – schaffet, daß Meister Klingsor binnen Jahresfrist nach der Wartburg komme und den Kampf auf Leben und Tod entscheide.' – Heinrich von Ofterdingen machte sich davon und so war zur Zeit die Ruhe auf der Wartburg wieder hergestellt. Die Lieder, welche die Meister wie der Heinrich von Ofterdingen gesungen, waren damals der Krieg von Wartburg geheißen."[2]

Sage und Erzählung gehen weiter, der Kampf wird fortgesetzt, wobei sich Heinrich von Ofterdingen die Hilfe des Zauberers Klingsor zu sichern sucht. Gleich zweimal können wir den Sängerkrieg auch im Bild miterleben, einmal auf einer Miniatur in der berühmten Manessischen Liederhandschrift und das andere Mal hier oben auf der Wartburg im sogenannten Sängersaal auf dem großen Wandgemälde, das Moritz von Schwind 1854/55 malte. Durch diese Szene wurde auch Landgraf Hermann von einem edlen Schimmer umgeben, den dieser nüchtern kalkulierende Machtpolitiker, der im Streit zwischen Staufen und Welfen mehrfach die Fronten wechselte, in dieser Art nicht unbedingt verdient.

Der Zauberer Klingsor, so erzählt die Sage, stammte aus Ungarn. Er soll auch das Kommen und die Schicksale jener ungarischen Königstochter Elisabeth vorausgesagt haben, die 1211 als vierjähriges Mädchen aus ihrer fernen Heimat hierher gebracht wurde, um zusammen mit den Kindern des Landgrafen Hermann aufzuwachsen. Im Alter von dreizehn Jahren heiratete sie dann den zwanzigjährigen Landgrafen Ludwig, den Sohn Hermanns. In den knapp sechs Jahren ihrer Ehe, einer glücklichen Ehe übrigens, entfaltete sich die junge Landgräfin zu einer der prägenden Frauengestalten des deutschen Mittelalters. Sie war klug und tiefgläubig, kompromißlos und auch für uns moderne Menschen imponierend, kein süßliches Heiligenbild, sondern trotz ihrer Jugend eine erstaunlich starke Frau. Nach dem Tode des Landgrafen mußte sie die Wartburg verlassen und zog nach Marburg, wo sie ein Hospital gründete und sich ganz der Armenpflege widmen konnte. Aber nur noch weitere sechs Jahre waren ihr gegeben, dann starb sie 1231, noch nicht fünfundzwanzig Jahre alt. Ein Kranz von Legenden rankt sich um ihr Leben und Wirken, besonders hier auf der Wartburg und in Eisenach. Sie sind in die „Legenda Aurea", die schönste Sammlung von Heiligenlegenden des Mittelalters, eingegangen, aber auch Chronisten wie der Thüringer Dietrich von Apolda haben ihre Lebensgeschichte erzählt, und nüchtern geradezu klingt die Aussage in dem „Büchlein der vier Dienerinnen", die als Augenzeuginnen das Wirken ihrer Herrin miterlebten:

„Zu Lebzeiten ihres Gemahls pflegte sie mit ihren Dienerinnen Wolle zu spinnen und sie für die Kleidung der Minderbrüder und der Armen weben zu lassen. Auch für Täuflinge nähte sie eigenhändig, sorgte für die Taufe und hob sie aus dem heiligen Brunnen, um Patin über sie zu werden und ihnen in dieser Eigenschaft um so freigebiger Wohltaten erweisen zu können. Desgleichen nähte sie eigenhändig Totenhemden für die Bestattung von armen Verstorbenen; sie wusch und bekleidete sie selbst und nahm an ihrer Beerdigung teil. Einen großen, ganz weißen Schleier zerschnitt sie, damit er nur noch bei Begräbnissen (als Leichendecke) diene. Als sie einmal einen armen Kranken besuchte und ihn über einige Schulden klagen hörte, die er nicht bezahlen konnte, beglich sie diese für ihn. Auch duldete sie nicht, daß die Leichen reicher Verstorbener in neue Leintücher oder neue Hemden gehüllt würden; sie sollten vielmehr in alten bestattet und die guten den Armen gegeben werden.

Oft besuchte und tröstete sie arme Frauen bei ihrer Niederkunft. Wenn Boten von solchen Wöchnerinnen und anderen Kranken mit einer Bitte zu ihr kamen, erkundigte sie sich nach deren Wohnung, um sich durch einen persönlichen Besuch bei ihnen zu Barmherzigkeit und Milde anzuspornen. Wie weit, wie schmutzig und beschwerlich die Wege dahin auch sein mochten, sie ging zu ihnen. Ohne Widerwillen vor Unsauberkeit betrat sie ihre ärmlichen Kämmerchen, brachte ihnen alles Notwendige, spendete Trost und erwarb sich den dreifachen Lohn für Arbeit, Mitleid und Freigebigkeit."[3]

An ihr Wirken hier oben auf der Burg erinnern die Wandmalereien Moritz von Schwinds in der Elisabethgalerie, die Szenen aus ihrem Leben zeigen. In der Kemenate im Erdgeschoß, wo sich die Heilige wohl meistens aufhielt, ist sie kaum noch gegenwärtig; denn das Mosaik dort mit Szenen aus ihrem Leben entspricht so gar nicht ihrem Geist. Würdiger wohl mahnt unten am Fuße der Burg beim Elisabethbrunnen ein einfaches Kreuz an die große heilige Frau, die an dieser Stelle ihr Hospital zur Aufnahme von Kranken, Bettlern und Obdachlosen hatte errichten lassen.

Drei Jahrhunderte lang blieb die Burg auch in der Zeit nach Elisabeth eng mit der Geschichte des Landes verbunden, wurde neu befestigt, umgebaut und erweitert. Dann, in der Nacht des 4. Mai 1521, gegen elf Uhr, traf ein einsamer Reiter vor dem Tor der Burg ein, wo ihn schon der Burghauptmann Hans von Berlepsch erwartete, und wurde sogleich in eine große helle Stube der Vogtei gebracht. Als „Junker Jörg" verbrachte dieser Mann die nächsten zehn Monate bis zum Frühjahr 1522 auf der Burg, und nur Berlepsch allein wußte, daß sich hinter dem Junker der Mönch Martin Luther verbarg, den Kurfürst Friedrich der Weise hier in der Einsamkeit der Wartburg vor dem Zugriff seiner Feinde in Sicherheit gebracht hatte. Noch heute ist das Aussehen der Wohnstube in der Vogtei unverändert wie zu Luthers Zeiten. Hier kam der damals knapp vierzigjährige Reformator nach turbulenten Wochen und Monaten erstmals zur Ruhe, in der holzgetäfelten Stube fand er Muße und zugleich die Kraft für seine Übersetzung des Neuen Testaments. Es ist kaum zu glauben, daß er das gigantische Werk ohne umfassende wissenschaftliche Hilfsmittel in nur drei Monaten vollendete!

Von der Wartburg aus hatte der Geist der Nächstenliebe durch die hl. Elisabeth neue wesentliche Impulse empfangen, nun erlebte dreihundert Jahre danach die reformatorische Bewegung durch diese Bibelübersetzung ihre Sternstunde. Und noch einmal dreihundert Jahre später erreichte die junge nationale und demokratische Bewegung im damaligen „Deutschen Bund" ihren ersten Höhepunkt, als sich am 18. Oktober 1817 Vertreter von neun Universitäten, allen voran die Studenten aus Jena, in Erinnerung an den 300. Jahrestag des Thesenanschlags und den vierten der Völkerschlacht von Leipzig zu einem Treffen zusammenfanden. Es wurden Reden voll Pathos und Hoffnung zugleich gehalten, wie ein Augenzeuge berichtet:

„Als alles zur Ruhe gekommen war, hielt ein Student ungefähr diese Rede; über den Zweck der Zusammenkunft der gebildeten Jünglinge aus allen Kreisen und Volksstämmen des deutschen Vaterlandes, über das verkehrte Leben früher, über den Aufschwung und die erfaßte Idee des deutschen Volkes jetzt, über verfehlte und getäuschte Hoffnungen, über die Bestimmung des Studierenden und die gerechten Erwartungen, welche das Vaterland an sie mache, über die Verwaistheit und gar Verfolgtheit der sich den Wissenschaften widmenden Jugend; endlich wie sie selbst bedacht

Das Wartburgfest der Burschenschaften am 18. Oktober 1817. Stahlstich

sein müssen, unter sich Ordnung, Regel und Sitte, kurz Burschenbrauch einzuführen, ernstlich und gemeinschaftlich bedacht sein müsse auf die Mittel und Wege, ihrer Bestimmung mit Würde entgegen zu gehen, die Blicke des erwachsenen Volkes, das leider nichts mehr zu erreichen vermag, getröstet und aufmunternd auf sich zu lenken, und ihm einst zu werden, was es will, daß sie soll. – Die Anwesenden, und wir Männer waren zu Tränen gerührt – aus Scham, daß wir nicht so getan, aus Schmerz, daß wir an solcher Trauer schuld sind, aus Freude über diesen schönen, reinen und klaren Sinn, und unsere Söhne so erzogen zu haben, daß sie einst erringen werden, was wir verscherzten.

Von diesem und jenem wurde noch ein und das andere Ermunternde gesprochen; dann ging man auf den Burghof, bis die Tafeln gedeckt wären. Da bildeten sich hier Gruppen, dort Haufen, die gingen, jene standen. Was soeben in einem kirchlichen Akt vorgetragen worden, wiederholte sich nun im freundlichen, geselligen Kreise."

Damals wehten auf der Wartburg zum ersten Mal überhaupt Fahnen in den Farben Schwarz-Rot-Gold, die Jenaer hatten sie mitgebracht, sie waren wohl hervorgegangen aus den Farben der Lützower Jäger. Noch niemand konnte ahnen, daß sie gleichsam die Wechsel waren auf eine bessere politische Zukunft in einem freien und geeinten Vaterland, die sich erst in unseren Tagen einlösen lassen.

Auf der nahen Göpelskuppe steht heute das Burschenschaftsdenkmal. Seine neun Säulen erinnern an die neun Burschenschaften, die sich auf der Wartburg trafen. Von hier geht unser Blick noch einmal hinüber auf Burg und Stadt, bevor die Fahrt auf der alten Reichsstraße fortgesetzt wird, vorüber zuerst einmal an den weißen Muschelkalkrücken der Hörselberge. Der Große Hörselberg wirkt eigentlich gar nicht unheimlich und ist doch eine der sagenumwobensten Stätten nicht nur in Thüringen, sondern in ganz Deutschland. Der germanische Gott Wodan soll hier residieren und in sturmerfüllten Nächten mit seinem Wilden Heer über das Land brausen, aber auch Frau Holle soll hier wohnen und wurde schon seit alten Zeiten in anderen Sagen gleichgesetzt mit Frau Venus, die hier immer noch hofhält. Sie zwang den Minnesänger Tannhäuser, einen jüngeren Zeitgenossen Walthers und Wolframs, in ihren Bann, wie jedenfalls die Sage und, ihr folgend, das Lied vom „Dannhauser" erzählen:

„Nun will ich heben an,
Von dem Dannhauser zu singen,

Und was er Wunders hat getan
Mit Venus, der edlen Minne.

Dannhauser war ein Ritter gut,
Wann er wollt Wunder schauen,
Er wollte in Frau Venus-Berg
Zu andern schönen Frauen.

‚Herr Dannhauser, ihr seind mir lieb,
Daran sollt ihr gedenken!
Ihr habt mir einen Eid geschworn,
Ihr wöllt von mir nit wenken.‘
..."[5]

Wir wissen, wie es weitergeht, daß Tannhäuser doch Frau Venus verließ und ihn die Reue erfaßte. Und wir kennen die tragische Geschichte von seiner Buße, der verweigerten Absolution durch den Papst und dem Fingerzeig Gottes, den der Sünder nicht mehr erfährt, weil er in seiner Verzweiflung in den Hörselberg zurückgekehrt ist.

Richard Wagner hat in einem kühnen Griff in seiner Oper „Tannhäuser" die Motive dieser Sage mit der Geschichte vom Sängerkrieg auf der Wartburg verbunden, Heinrich von Ofterdingen gegen den Tannhäuser ausgetauscht und ihn in die Nähe der hl. Elisabeth gerückt, die er in seinem Werk zu einer Nichte des Landgrafen macht. Vielleicht lohnt es sich, einmal an der Venushöhle (Hörselloch) eine kleine Rast einzulegen und beim Warten auf Frau Venus, die ja auch heute noch einmal erscheinen könnte, über die verschiedenen Sagen und Geschichten nachzudenken und dabei die ineinander verwobenen Fäden etwas zu entwirren.

Bald ist von hier aus auf der Weiterreise Gotha erreicht. Vor 150 Jahren erzählte Gottfried Wilhelm Becker in seiner „Fröhlichen Reise nach Thüringen" von seinem Besuch in der Stadt:

„In Gotha war Markttag und ein lebhafter Verkehr. Unserem Gasthof gegenüber erhob sich das stattliche Rathaus auf einem ansehnlichen Berge, und hinter demselben breitete sich das herzogliche Residenzschloß, noch viel höher gelegen, gar stattlich aus. In dieser Stadt ist der Haupthandel Thüringens, und seit Jahren machte sich dieselbe durch viel Tätigkeit für Kunst und Wissenschaft berühmt. Eine politische Zeitung, sonst die Nationalzeitung der Deutschen, der ‚Allgemeine Anzeiger der Deutschen‘, das Not- und Hilfsbüchlein, die berühmte Erziehungsanstalt im nahen Schnepfenthal, die Sternwarte gleich vor der Stadt, die mancherlei Fabriken von Arnoldi, die Lebensversicherungs- und Feuerversicherungsanstalt, von ihm gegründet, das Museum mit Chinas und Ostindiens Seltenheiten prangend, die Bibliothek, die Gemäldegalerie, welche von den Herzögen gegründet sind, haben der Stadt einen Namen in ganz Deutschland erworben und unendlich viel Gutes gewirkt ... Und welche reizenden Anlagen zeigten sich uns, als wir nun zum Tore hinaus wanderten! Wie malerisch stellte sich, von einer ansehnlichen Höhe herabgesehen, unten die herzogliche Orangerie dar, wo man, wie in Italien, unter blühenden Pomeranzen und Zitronen und Lorbeerbäumen herum wandeln konnte! Doch fast noch mehr fühlten wir uns von einer kleinen Insel im herzoglichen Parke angezogen. Unter blühenden Blumen schlummern hier die letzten drei Fürsten dieses vor fünfzehn Jahren ausgestorbenen Hauses. Ein Schwanenpaar rudert um die Insel der Seligen herum, und die alten hohen Bäume wölben sich zu einem Dome, indessen der Weltgeist oben durch ihre Wipfel säuselt: daß alles vergänglich ist, daß auch Fürstenpracht und Größe dem Staube anheim fällt!"[6]

Gotha entstand schon im 12. Jahrhundert, im Spätmittelalter war es ein Mittelpunkt des Handels mit Waid, einem begehrten Blaufärbemittel, das aus dem in der Umgebung angebauten Waidkraut (Isatis) gewonnen wurde. Die große Zeit Gothas begann aber erst 1640, als es Residenz der Herzöge von Sachsen-Gotha wurde. Klein, aber fein – das war hier die Devise. Zählte das Herzogtum knapp 28 Quadratmeilen, so die Stadt kaum 1000 Häuser. Mit Herzog Ernst erhielt das kleine Land einen tüchtigen Residenten, der nicht nur seinen Beinamen „der Fromme" verdiente, sondern ebensogut „der Sparsame" hätte genannt werden können. Seine Devise lautete: „Nicht reichliches Einnehmen, sondern sparsames Ausgeben macht reich." Wie der Kalif in den Märchen aus 1001 Nacht mischte er sich unerkannt unter seine Bauern, kümmerte sich um ihr Wohlergehen, sorgte sich um Schulen und Volksbildung und ließ sogar die Erwachsenen über Katechismusfragen und Religion prüfen. Kein Wunder, daß in ganz Thüringen das Sprichwort umging: „Ein Gothascher Bauer hat zehnmal mehr Mores, als anderswo Adlige oder Doctores".

Nur den Damen des Adels und des wohlhaben-

Herzog Ernst der Fromme. Alabasterrelief

Conrad Ekhof. Stich nach Gemälde von Anton Graff

den Bürgertums ging es unter seiner Herrschaft nicht so gut; denn er verordnete, „daß sie alle Arten der Tracht, welche zu Üppigkeit und unziemenden Entblößung des Leibes an Hälsern, Brüsten und Armen erfunden werden und an sich selbst zu Wohl der Ehrbarkeit und christlicher Zucht zuwider als der Gesundheit schädlich sind, gänzlich vermeiden und forthin dermaßen bedeckt gehen sollen, damit wir und die nachgesetzten Obrigkeiten nicht zu ernstem Einsehen und Strafe bewogen werden".

Bald nach seinem Regierungsantritt ließ er mit dem Bau des Schlosses Friedenstein beginnen. Der Name hat symbolische Bedeutung, ist es doch die erste deutsche Schloßanlage, die nach den Jahrzehnten des Dreißigjährigen Krieges im Frieden errichtet wurde. Und wenn wir vom Markt aus zum Schloß hinaufsteigen, können wir vor dessen Fassade am Denkmal des frommen und tüchtigen Herzogs seinem Andenken eine Reverenz erweisen. Verdient hat er es jedenfalls mehr als seine Nachfolger in den nächsten drei Generationen, die sich durch Bauleidenschaft, Kunstliebe, aber auch durch Vorliebe für Soldatenspiel auszeichneten und die Mittel dafür nicht wie der Ahnherr durch Sparsamkeit, sondern durch Truppenhandel zu erwirtschaften suchten. Unter Herzog Friedrich I. wurde im Westturm des Schlosses das erste ständige Hoftheater in einem deutschen Fürstentum eingerichtet. Noch heute kann man dort die originalgetreue Bühnenkulisse von 1683 bewundern. Das kleine Theater trägt aber zu Recht den Namen Conrad Ekhofs, der als einer der Erneuerer des deutschen Theaters gilt. 1774 war er mit seiner Truppe aus Weimar hierher nach Gotha gekommen. Er bot ein festes Programm, spielte Molière und Lessing in anspruchsvoller Inszenierung, sorgte sich aber auch um die soziale Absicherung seiner Schauspieler. Der berühmte Schauspieler August Wilhelm Iffland hat Ekhof in Gotha erlebt und in seinen Erinnerungen berichtet:

„In älteren Zeiten hielt man die Theaterproben mit großer Genauigkeit, ja mit solcher Pünktlichkeit, welche an Pedanterie grenzte. Damit waren aber manche Punkte der Darstellung gesichert, welche jetzt oft vergessen scheinen – um nicht zu sagen, daß sie vernachlässigt werden.

Auf dem Hoftheater zu Gotha war eine Probe von dem Trauerspiel ‚Ines de Castro' angesagt. Zwei jungen Schauspielern wurde jedem die Rolle eines Grand'Espagne zugeschickt, welche in der Mitte des Stückes vorkommen, aber nichts zu reden, sondern nur zu erscheinen hatten. Es war einer der ersten angenehmen Frühlingsmorgen, die beiden Schauspieler verloren sich in die angenehmen Promenaden um Gotha und dachten, für stumme Personen würden sie genug getan haben, wenn sie der Verfassung die Achtung bewiesen, vor gänzlicher Endigung der Probe sich einen Augenblick auf dem Theater sehen zu lassen.

Herzogin Louise Dorothee

Sie erschienen mit etlichen leichten Entschuldigungen, ungemein freundlich vorgetragen, vor Ekhof, der sie ganz ausreden ließ, sich dann umwandte, die Damen und Herren herbeirief und nun also begann: ‚Meine Herren, Sie haben weniger aus üblem Willen gefehlt als aus Unverstand; damit Sie die unangenehmen Folgen davon nicht tragen mögen, habe ich die Herren und Damen gebeten noch da zu bleiben, damit Sie lernen, was Sie heute abend zu tun haben, in Gegenwart von Zuschauern zu tun.‘

Die von der vorhergegangenen Probe anwesenden Mitglieder wurden nun vorn auf der Bühne verteilt. Die beiden Schauspieler sehr entrüstet über das, was ihnen nach ihrer Empfindung zur Ungebühr widerfuhr, meinten, es sei ja in ihren Rollen nichts zu reden.

Ekhof: ‚Aber zu tun! Und wie werden Sie das tun?‘

Die Schauspieler sahen in ihre Rollen: ‚Wir haben aus einem Zimmer zu kommen und über die Bühne zu gehen; belieben Sie uns anzuzeigen, von welcher Seite wir kommen, so ist die Sache abgetan.‘

Ekhof: ‚Nicht völlig. Denn wie werden Sie durch das Zimmer gehen?‘

Die Schauspieler: ‚Wie? Wir gehen eben durch das Zimmer und ...‘

Ekhof: ‚Nicht so! Sie haben Ihre Rollen nicht gelesen, oder nicht begriffen. (Ein ernster Blick gebietet Schweigen.) Dort stellen Sie sich beide hin, dort ist die Tür, wo Sie herauskommen.‘“[7]

Und Iffland berichtet im Folgenden weiter, wie Ekhof die beiden Herrchen noch eine Stunde lang plagte, bis sie ihren Part endlich begriffen hatten.

Daß der Hof von Gotha seit der Mitte des 18. Jahrhunderts hohes Ansehen als eine Pflegestätte von Kunst, Literatur und Musik genoß, verdankte er der Herzogin Louise Dorothee, der Gattin des Herzogs Friedrich III., einer der „anmutigsten Frauengestalten des deutschen 18. Jahrhunderts“ (Redslob). Sogar Voltaire weilte gerne als ihr Gast in Gotha. Sie mag auch das Erscheinen jenes Hofkalenders angeregt haben, der erstmals 1765, zwei Jahre vor ihrem Tode, erschien und fortan als „Der Gotha“ alljährlich die familiären Veränderungen aller deutschen Fürstenhäuser registrierte und zusammen mit dem „Taschenbuch des deutschen Adels“ unentbehrliches Nachschlagewerk in Fragen des Adels wurde.

Wir lächeln heute vielleicht über den hier manifestierten Adelsstolz, aber nachdem das kleine Fürstentum 1826 mit dem um nichts größeren Herzogtum Sachsen-Coburg vereinigt wurde, erwies sich das Herrscherhaus erstaunlich aktiv in einer geschickten Heiratspolitik, und es bedarf schon des genauen Studiums der Stammbäume, um alle Verbindungen aufzuzeigen, die auf den belgischen Thron ebenso führten wie auf den portugiesischen oder den bulgarischen und vor allem natürlich nach England, wo die Mutter der Queen Victoria und Prinz Albert, der Gemahl Victorias, beide aus diesem deutschen Fürstenhaus stammten.

1785 eröffnete der Buchhändler Justus Perthes in Gotha einen Verlag, der innerhalb kurzer Zeit den Rang des bedeutendsten kartographischen Instituts in Deutschland gewann und von 1816 an auch die Herausgabe der genealogischen Taschenbücher übernahm. Die in diesem Verlag seit 1855 erschienenen „Petermanns Mitteilungen“ blieben jahrzehntelang das führende Organ der geographischen Wissenschaft. Es gab kaum einen bedeutenden deutschen Entdecker in der zweiten Hälfte des 19. Jahrhunderts, der nicht die Ergebnisse seiner Forschungsreisen zuerst in dieser Zeitschrift vorstellte. Schenkte der Verlag Perthes Weltoffenheit, so erwies sich die kleine thüringische Residenz auch in anderer Hinsicht höchst fortschritt-

Friedrich Christoph Perthes, der Neffe von Justus Perthes, richtete in Hamburg die erste Sortimentsbuchhandlung Deutschlands ein

lich, wurde hier doch schon 1818 die erste deutsche Handelsschule und 1820 die erste Feuerversicherungsanstalt gegründet, die als „Gothaer Feuer-Versicherungsbank“ auch heute noch – wenn auch mit dem Sitz in Köln – ebenso fortlebt wie die 1827 gegründete „Gothaer Lebensversicherung“. In einer Zeit, in der wir buchstäblich alles versichern lassen und jedes Risiko auszuschalten suchen, kann man kaum mehr ermessen, was die Gründung dieser beiden Versicherungsinstitute bedeutete! Es ist kein Zufall, daß in Gotha schon 1863, viel früher als in allen anderen thüringischen Ländern, die Gewerbefreiheit verkündet wurde. 1857 war hier auch der erste Arbeiterverein entstanden, und als sich 1875 die Anhänger der „Sozialdemokratischen Arbeiterpartei“ unter August Bebel mit dem von Ferdinand Lassalle gegründeten „Allgemeinen Deutschen Arbeiterverein“ zur „Sozialistischen Arbeiterpartei Deutschlands“ zusammenschlossen, bedeutete der hier gefundene Kompromiß des „Gothaer Programms“ einen ersten Schritt zu einer neuen politischen Entwicklung der jungen Sozialdemokratie.

Im Ortsteil Gotha-Siebleben erinnert ein Wohnhaus daran, daß hier von 1851 bis zu seinem Tode 1879 der aus Schlesien stammende Dichter Gustav Freytag lebte. Hier entstanden seine „Bilder aus der deutschen Vergangenheit“ (1859-67), die heute noch zu den besten deutschen Kulturgeschichten zählen, hier schrieb er seine Romane „Soll und Haben“, „Die verlorene Handschrift“ und sein breit angelegtes Familienepos „Die Ahnen“, das in sechs Bänden die deutsche Geschichte von der Germanenzeit bis ins 19. Jahrhundert, von Thüringen bis nach Ostpreußen und Oberschlesien aufzuarbeiten sucht. Mag das einmal ungemein beliebte Werk auch manche gestalterischen Schwächen aufweisen, so hat es doch nicht verdient, völlig vernachlässigt zu werden und heute in Vergessenheit zu geraten. Der zweite Teil des Romans, das „Nest der Zaunkönige“, führt zurück an den Beginn des 11. Jahrhunderts, und zu seinen Schauplätzen gehört auch die Mühlburg südöstlich von Gotha, die zusammen mit Burg Gleichen und der Wachsenburg das Burgenensemble der Drei Gleichen bildet. Selbst der eiligste Reisende auf der Autobahn wird nicht versäumen, einen Blick auf diese reizvoll-romantische Kulisse zu werfen. Vielleicht rasten wir am Fuß der Berge oder oben im Hotel auf der Wachsenburg; denn wieder lohnt es sich, ein paar literarischen Spuren zu folgen und die entsprechenden Texte nachzulesen. Eigentlich sollte es hier das ganze „Nest der

Gustav Freytag. Gemälde (1878) von Karl Stauffer-Bern

Die Drei Gleichen. Stahlstich

Zaunkönige" sein, wie die Mühlburg in Freytags Roman genannt wird, aber wir begnügen uns mit einer Szene, dem Streit der Brüder vor der Burg um das Erbe:

„Auf einem Vorsprunge des Mühlbergs waren die streitbaren Söhne Irmfrieds versammelt, dazu die Dienstmannen, welche die Burg und die Warttürme der nächsten Höhen besetzt hielten. Hinter den Männern erhob sich die starke Burgmauer, welche die beiden Türme und das hohe Dach eines Herrensaals umschloß, seitwärts ragten die Gipfel und Bergleiten des langgezogenen Ringwalls. Gerade unter dem Vorsprung war der Ring gegen das Tal geöffnet, gegenüber dem Mühlberg stand ein hoher Vorberg, die beiden Höhen beschützten gleich Schanzen den Zugang. Durch die Talöffnung dazwischen warf die Abendsonne ihr Licht in die umschlossene Tiefe, auf Ackerstücke und Wiesen, und auf den großen mit hohem Rohr bewachsenen Teich, über welchem dichte Schwärme von Staren und Wasservögeln auf- und niederflogen in unaufhörlichem Schwatzen und Zanken. Hoch aber über ihnen zogen zwei Bergadler ihre Kreise, bis sie in die Wolken der flatternden Vögel hinabstießen, ihre Beute zu holen, dann schrie und rauschte der ungeheure Schwarm und stob in wildem Getümmel auseinander.

Immo stand seinen Brüdern gegenüber. Er sagte ihnen, daß er für die Tage seiner Zukunft den Schwertgurt gewählt habe statt der Stola, und er bat sie mit herzlichen Worten, ihn als Bruder in ihre Genossenschaft zu nehmen und ihm als sein Recht die Ehren des Ältesten zu gewähren und seinen Anteil am Erbe. Er gestand ihnen auch, daß er dem König zuziehen wolle, und daß seine Ehre nicht gestatte, als Landloser unter den anderen Edlen zu reiten.

Als er seinen Willen verkündete, ein Kriegsmann zu werden, riefen ihm die Dienstmannen Heil und schlugen ihre Waffen zusammen, die Brüder aber standen mit umwölbter Stirn und waren nicht willig, ihm nachzugeben. Endlich begann Odo: ‚Hat sich dein Sinn so gewandelt, daß du gegen den Willen der Eltern ein Kriegsmann werden willst, so siehe zu, wie du dich vor unserer Mutter entschuldigst. Darüber mit dir zu rechten, steht uns Brüdern nicht zu. Die Teilung des Vatererbes aber vollbringen wir erst in Jahr und Tag, wenn das Kind Gottfried sein Schwert trägt und bei der Teilung als Jüngster sein Recht ausüben darf, vorweg zu wählen. Denn so ist es beschlossen, und wir alle haben uns seither in der Gemeinschaft wohl befunden. Die Mühlburg hatten wir widerwillig auf das Bitten der Mutter von dem Erbteil ausgeschieden, doch nur für den Fall, daß du die Pflicht der Weihen über dich nimmst, welche das Geschlecht dir aufgelegt hat. Weigerst du dich, dein Haupt zu scheren, so bestehen wir anderen darauf, daß die Burg uns allen gemeinsam bleibe bis zur Teilung. Die Herrschaft aber im Geschlechte, über Dienstmannen und Höfe gestehen wir dir nicht zu, obgleich du an Jahren der Älteste bist, denn aus dem Kloster kommst du, fremd dem Lande und fremd kriegerischer Sitte, und wir vermögen keinem, der von der Schülerbank entlief, die Sorge um unser Wohl und Wehe zu übergeben. Ziehe du dem Heer des Königs zu, wenn dich der Wunsch übermächtig treibt, versuche, ob du dort als Ältester Ehre gewinnst. Im Walde aber und im Tal der Heimat behaupte ich bis zur Teilung mein Recht, die Brüder und Mannen zu führen.'

Immos Hand ballte sich, und das Blut schoß ihm zum Haupte, aber Berthold, der alte Dienstmann, welcher in der Mühlburg gebot, trat schnell in den Ring und begann gegen Odo: ‚Traurig ist dieser Tag für einen Alten, der euch beide auf dem Arme hielt, als ihr noch lachende Kinder waret. Euch Herrensöhnchen steht wohl an, heiß nach Ehre und Macht zu streben, doch hörte ich den Mann noch höher rühmen, der sich friedlich mit seinem Geschlecht verträgt. Aber deiner Rede, Herr Odo, muß ich widerstehen. Denn nicht zwischen euch allein schwebt der Streit, auch uns verdirbt er das Leben. Das Erbe der Väter mögt

„Wart Berg, du sollst mir eine Burg werden!" Diesen Ausspruch soll Graf Ludwig der Springer (Grabstein in der Georgenkirche) getan haben, der 1067 mit dem Bau der Wartburg oberhalb von Eisenach begann. Die Anlage, die auf Veranlassung Goethes seit 1838 grundlegend aus romantischem Geist erneuert wurde, geht in großen Teilen (Torbau) auf den romanischen Bau des 12. Jh. und Ergänzungen des 14. Jh. (Vogtei mit Lutherstube und Erker) zurück und ist in seiner Gesamtheit das Idealbild einer mittelalterlichen Burg.

Die Lutherstube zeigt den Raum, in dem der Reformator seit Mai 1521 in drei Monaten das Neue Testament ins Deutsche übertrug.

Das Fresko „Der Sängerkrieg auf der Wartburg“, das Moritz von Schwind 1854-55 mit weiteren Bildern im Obergeschoß des Pallas malte, erinnert an die Zeit der Minnesänger, die unter Landgraf Hermann I. 1206/07 auf der Wartburg einen Sängerwettstreit austrugen. Schwind malte auch Szenen aus dem Leben der ungarischen Königstochter Elisabeth, die 1221 mit dem Landgrafen Ludwig IV. vermählt wurde.

Der junge Martin Luther besuchte bis 1501 die Lateinschule bei der Georgenkirche in Eisenach. Er wohnte in dieser Zeit im Haus des Ratsherrn Cotta, dem heutigen Lutherhaus, dessen Einrichtung das Wirken des Reformators museal präsentiert. Links: Eine Ausgabe von Luthers Tischreden.

Rechts: Die hl. Elisabeth von Thüringen. Idealporträt vom Elisabethschrein (um 1235) in der Marburger Elisabethkirche. Diese Patronin der christlichen Caritas und Nächstenliebe wurde nach dem Tod Ludwigs beim Kreuzzug von 1227 von der Wartburg vertrieben, setzte in Marburg ihr caritatives Wirken fort und wurde schon vier Jahre nach ihrem Tod 1231 heiliggesprochen.

Neben der Landgräfin Elisabeth, von der sich in Eisenach fast keine Spuren finden, und Martin Luther ist Johann Sebastian Bach der dritte weltberühmte Bürger Eisenachs.

Der große Musiker, der die Musik der Reformationszeit entscheidend prägte, wurde am 21. März 1685 im heutigen Bach-Haus geboren, das mit seiner Einrichtung an den späteren Thomaskantor erinnert.

Die gotische Georgenkirche, deren barockisierter Turm dem Marktplatz Eisenachs einen Akzent gibt, ist baugeschichtlich vor allem durch den Einbau der Emporen – ein deutliches Zeichen für den protestantischen Predigtraum – gekennzeichnet. Der feierliche Raum sah das Wirken Martin Luthers und Johann Sebastian Bachs. Durch die Grabsteine der Landgrafen, die aus dem Kloster Reinhardsbrunn in die Kirche überführt wurden, nimmt die Georgenkirche in der Geschichte Eisenachs und Thüringens einen besonderen Platz ein.

Die älteste Erwähnung Gothas findet sich in einer Schenkungsurkunde Karls d. Gr. aus dem Jahre 775. Doch ist das heutige Bild der Stadt geprägt von Bauten aus dem 16. und 17. Jh., als Gotha seit 1640 Residenzstadt der Herzöge von Sachsen-Gotha war. Herzog Ernst der Fromme mußte seinen Hofstaat zunächst in dem Kaufhausgebäude unterbringen, das heute mit seiner Fassade in prächtigen Renaissance- und Barockformen als Rathaus den Marktplatz beherrscht.

Auch die alte Burg Gothas, Grimmenstein genannt, die 1547 zum Teil zerstört worden war, wurde vom Herzog durch eine neue Schloßanlage ersetzt, wobei alte Teile, wie das reichverzierte Schloßportal von 1553, in den Neubau integriert wurden.

Das Gothaer Schloß, das als erster deutscher Schloßbau nach dem Dreißigjährigen Krieg den bezeichnenden Namen „Friedenstein" erhielt, wurde von 1643-45 als dreiflügelige Anlage mit mächtigen Ecktürmen im Barockstil errichtet. Im Westturm ließ der theaterbesessene Herzog Friedrich I. 1683 einen Theatersaal einbauen, dessen originale Bühnenkulisse erhalten ist.

Im Bereich einer mittelalterlichen Wasserburg ließ Graf Gustav Adolf Gotter, Gesandter Gothas in Wien und später im Dienst Friedrichs d. Gr., 1736-48 in dem Ort Molsdorf bei Gotha ein Lustschloß errichten. Mit einer erlesenen Einrichtung, an der auch der Maler Antoine Pesne mitwirkte, ist es ein Kleinod des Rokoko und entspricht glücklich der Devise des Erbauers „Es lebe die Freude".

Auf der Fahrt von Gotha nach Erfurt bietet der Blick des Burgenensembles „Drei Gleichen“ einen landschaftlich wie historisch bedeutsamen Eindruck. Unser Bild zeigt links die Ruine der Burg Gleichen mit dem mächtigen Bergfried. Die weitläufige, im 12./13. Jh. entstandene Festungsanlage wurde vom Mainzer Erzbischof als Lehen den Grafen von Gleichen gegeben und verfiel seit dem 17. Jh. Auf einem Bergkegel im Bildmittelgrund liegt die Wachsenburg, die im 19. Jh. von Bodo Ebhardt, einem Spezialisten für die Erneuerung mittelalterlicher Burgen, restauriert wurde und heute auch ein Hotel beherbergt. Von den mit der Geschichte und Sagenwelt Thüringens eng verbundenen Burgen (nicht im Bild die Mühlburg) hat vor allem die Burg Gleichen und sein Graf, der gleichzeitig zwei Frauen besitzen durfte, reichen literarischen Niederschlag gefunden. – Der Grabstein des „bigamistischen“ Grafen mit seinen Frauen befindet sich im Erfurter Dom.

Die Geschichte Erfurts, der größten Stadt und heutigen Hauptstadt Thüringens, reicht bis ins 8. Jh. zurück. Hier gründete Bonifatius, der Apostel der Deutschen, 742 ein Bistum, und in seiner Glanzzeit im Mittelalter besaß die Stadt 36 Pfarrkirchen und 15 Klöster, was ihr den Namen „die Turmreiche" eintrug. Den Blick von der Festung Petersberg auf die Stadt mit ihren Hochhäusern und Kirchtürmen gibt diesem Beinamen selbst heute noch eine gewisse Berechtigung.

Der Dom bildet zusammen mit der benachbarten Severikirche das Wahrzeichen Erfurts. Der heutige Bau, in den Teile des romanischen Domes einbezogen sind, ist ein Meisterwerk der hohen Gotik, an dem zweifellos an der französischen Kathedralbaukunst geschulte Meister mitwirkten. Der „Triangel", ein Doppelportal über dreieckigem Grundriß, das den Zugang in das nördliche Seitenschiff bildet, ist auch mit seinen reichen Maßwerkformen ein einmaliges Beispiel für den Einfallsreichtum der gotischen Baumeister. Die Dreiturmgruppe (rechts) über dem Querhaus des Doms erhielt ihre heutige Gestalt erst im 19. Jh.

Neben den Gewändefiguren der Triangel-Portale – hier Christus mit Aposteln (um 1340) – sind es vor allem die zwischen 1370 und 1420 entstandenen Chorfenster – hier Szenen aus der Mosesgeschichte –, die den Ruhm des Doms als Schatzkammer der Gotik ausmachen. Daneben finden sich aber überall im Dom erlesene Kunstwerke wie die romanische Leuchterfigur des hl. Wolfram oder der Barockaltar mit der „Verlobung der hl. Katharina“, die Lucas Cranach d.Ä. 1522 malte.

Die Ausstattung des Erfurter Doms reicht bis in die Barockzeit. 1697 wurde der prachtvolle barocke Hochaltar im Chor eingebaut. Zwischen seinen ragenden Aufbauten schimmern die gotischen Chorfenster mit ihren Edelsteinfarben.

Edle Formen der Frühgotik (ab 1278) zeigen die Rippengewölbe der Dominikaner- oder Predigerkirche in Erfurt. Hier predigte Meister Eckhart, einer der Großen der deutschen Mystik.

Kostbarer Besitz der gotischen Severikirche, deren Dreiturmgruppe (1495) zusammen mit den Türmen des benachbarten Doms diesem Bauensemble den Ehrennamen „Akropolis der Gotik“ eintrug, ist der Sarkophag (um 1365) des Kirchenpatrons mit Szenen aus dem Leben des Heiligen.

Den Reichtum Erfurts als wichtige Handelsstadt dokumentieren die oft fünfgeschossigen Bürgerhäuser am historischen Fischmarkt, denen z.T. reichdekorierte Renaissancegiebel vorgeblendet sind. Eine der schönsten dieser Renaissancefassaden hat das Haus „Zum breiten Herd“ (rechts), das um 1584 wohl von niederländischen Handwerkern dekoriert wurde. Vor diesem Haus steht in der Platzmitte auf einem Pfeiler die Gestalt des „Roland“ (1591), eines gepanzerten Ritters, die sich in vielen Städten Deutschlands als Symbol der städtischen Gerichtsbarkeit findet.

ihr teilen, wann es euch gefällt, über die Ehre des Ältesten aber müßt ihr euch zur Stelle entscheiden.'"[8]

Aber mehr noch als an den jungen Ritter Immo und seine Kämpfe erinnern wir uns hier wohl an die Sage vom Grafen von Gleichen. Dieser war 1227 ins Heilige Land gegen die Ungläubigen gezogen und hatte sein Weib und seine beiden Kindlein allein zurückgelassen. Er geriet in Gefangenschaft des Sultans von Ägypten und wurde erst nach sieben Jahren durch dessen Töchterlein unter der Bedingung befreit, daß er sie heirate. Der Graf willigte in der Hoffnung ein, seine rechtmäßige Gemahlin und vor allem die Kirche werde dieser aus der Not erwachsenen Bigamie zustimmen, und tatsächlich willigten Ehefrau und Papst ein – letzterer, nachdem sich die Prinzessin hatte taufen lassen –, und die drei lebten nach der Rückkehr des Grafen in die Heimat glücklich miteinander auf der Burg Gleichen.

Carl August Musäus hat in seinen „Volksmärchen der Deutschen" die Sage unter dem Titel „Melechsala" schon 1782 zu einem heiteren Märlein umgestaltet, dessen Höhepunkt gut hier in die Gegend paßt:

„Die Vermählung wurde mit Prunk und Pracht vollzogen, Frau Ottilia, welche die Stelle der Hochzeitsmutter vertrat, hatte reichlich zugeschickt, und alle thüringischen Grafen und Ritter kamen weit und breit zusammen, diese ungewöhnliche Hochzeitsfeier mitbegehen zu helfen. Ehe der Graf die schöne Braut zum Altare führte, tät sie ihr Schmuckkästlein auf und verehrte ihm den ganzen Schatz der Juwelen, so viel ihr die Dispensationsspesen davon übriggelassen hatten, zum Heiratsgute, und er beleibzüchtete sie dafür auf Ehrenstein zur Gegensteuer. Die keusche Myrte schlang sich am Vermählungstage um eine güldene Krone, welchen Hauptschmuck die Tochter des Soldans als ein Dokument ihrer hohen Geburt beibehielt auf ihre Lebenszeit, weshalb sie auch von den Untertanen nur die Königin genannt und von ihrem Hofgesinde als eine Königin bedient und geehrt wurde.

Wer für fünfzig Guineen die teure Wohllust erkauft hat, eine Nacht in Doktor Grahams himmlischem Bett in London zu rasten, nur der kann sich das Entzücken träumen, welches Graf Ernst von Gleichen empfand, als die dreischläfrige Bettsponde ihren elastischen Rumpf öffnete, den Verlobten zweier Geliebten nebst seinem Komitat aufzunehmen. Nach so vielen kummervollen Nächten drückte ein bescheidener Schlummer der Gräfin Ottilia an der Seite ihres wiedergefundenen Eheherrn bald die Augen zu und verstattete ihm die unbeschränkte Freiheit, mit der zärtlichen Angelika nach aller Bequemlichkeit den Endreim auf Muschirumi zu suchen. Sieben Tage lang dauerte das hochzeitliche Wohlleben, und der Graf gestund, daß er dadurch reichlichen Ersatz für die sieben traurigen Jahre, die er im vergitterten Turm zu Großkairo zubringen mußte, erhalten habe, welches kein höfisches Kompliment zu sein scheint, das er seinen beiden getreuen Gattinnen machte, wenn anders der Erfahrungssatz richtig ist, daß ein einziger froher Tag den bitteren Gram und Harm eines trüben Jahres versüßet."[9]

Carl August Musäus

Neugierigen sei versichert, daß es hier auf den Gleichen heute das erwähnte dreischläfrige Bett nicht mehr gibt, im Hotel Wachsenburg aus allgemein verständlichen Gründen sowieso nicht, aber leider auch nicht mehr auf der Burg Gleichen; denn dort wurde das berühmte Möbelstück, das angeblich echte, in der napoleonischen Zeit ausgerechnet von den Franzosen zu Feuerholz zerspalten!

Die Burg Gleichen hat auch Ludwig Bechstein zum Schauplatz seines Märchens „Seline" gewählt, in dem er von der Liebe eines Ritters zu einer Nixe erzählt. Das Motiv des Grafen von Gleichen, also der glücklichen Liebe und Ehe zu dritt, suchte 1776 auch der junge Goethe in seiner „Stella" zu gestalten, aber die Ablehnung des von den Zeitgenossen als frivol empfundenen Stoffes veranlaßte ihn, dieses „Schauspiel für Liebende" in einer zweiten Fassung dreißig Jahre später in ein Trauerspiel mit tragischem Ausgang umzuwandeln.

Von den Drei Gleichen aus ist es nicht mehr weit bis nach Erfurt, doch lohnt es sich, auf halbem Wege noch in Molsdorf eine kurze Pause einzulegen, erinnert doch das Lustschloß, das hier im Bereich einer spätmittelalterlichen Wasserburg angelegt wurde, samt seinem schönen barocken Garten an eine interessante Figur des 18. Jahrhunderts. Gustav Adolf Gotter war, wie schon der Vorname andeutet, Sproß einer Pfarrersfamilie, sein Vater brachte es zum Kammerdirektor am Hofe in Gotha, der Sohn aber wurde sogar Vertreter des Herzogs am Kaiserhof in Wien, wo er dank seiner charmanten, lebenslustigen Art vor allem die Damen für sich gewann, bald auch als einer der fähigsten Diplomaten in Wien galt. Friedrich Wilhelm I. von Preußen übertrug ihm daraufhin die Vertretung Preußens am Kaiserhofe. Er wurde 1740 zum Grafen erhoben, von Friedrich dem Großen nach Berlin geholt und mit Ämtern geradezu überhäuft. Gotter hatte inzwischen in seiner thüringischen Heimat das Rittergut Molsdorf erworben und dort das reizvolle Schloß erbaut, in dem er getreu seiner im Festsaal angebrachten Devise „Vive la Joie" lebte.

Dann aber erreichen wir Erfurt, heute die größte und bedeutendste Stadt Thüringens und ihr administratives Zentrum im weiten Talbogen der Gera, die hier früher einmal von einer Furt durchquert wurde. Diese begegnet uns wieder im Namen jener bäuerlichen Siedlung „Erphesfurt", die schon 742 erstmals urkundlich erwähnt wird, als Bonifatius hier ein Bistum gründete. Es wurde zwar schon bald in das Bistum Mainz überführt, aber die Siedlung selbst blühte zu einer der bedeutendsten deutschen Städte des Mittelalters auf und erlebte vom 14. bis 16. Jahrhundert ihren Höhepunkt. Wie in Gotha, so spielte auch hier der Waidhandel eine wichtige Rolle und bildete die Grundlage des bürgerlichen Reichtums. Noch heute erinnert die Krämerbrücke an die alte Furt durch die Gera. Zweiundsechzig Häuser standen hier einmal, doppelt so viele als heute. Die wohlhabende Stadt imponierte auch den deutschen Königen, immer wieder wurde sie zum Schauplatz von Reichstagen – allein sechsmal unter Friedrich Barbarossa, und auch Rudolf von Habsburg begünstigte sie besonders und wählte sie als Ausgangspunkt für seine Unternehmen gegen die im thüringischen Raum besonders zahlreichen Raubritter. Neunundzwanzig von ihnen starben in Erfurt unter dem Schwert des Henkers.

In einem Klima des Wohlstandes gediehen auch Kirchen und Klöster, ihren 36 Pfarrkirchen und 15 Klöstern verdankte die Stadt den Beinamen „die Turmreiche" – Erfordia Turrita. Sie alle aber wurden übertroffen von der „Akropolis der Gotik", wie man den Domhügel mit Dom und Severikirche einmal zu Recht genannt hat, gehören die beiden Gotteshäuser doch zu den schönsten Zeugnissen der Gotik. Wenn wir ihre Architektur und die Fülle der Kunstwerke bewundert haben, bleibt uns sicher noch Zeit, hier sozusagen auch einen alten Bekannten zu besuchen; denn im Dom steht an der rechten Seitenwand des Langschiffs der Grabstein des Grafen von Gleichen mit seinen zwei Frauen, und ein wenig enttäuscht werden wir den Worten des Domführers entnehmen, daß dieser Stein die unschuldige Ursache für die Sage wurde, weil der Graf zwar mit zwei Frauen vermählt war, aber nicht gleichzeitig, sondern nacheinander!

Zu den großen Predigern, die im Mittelalter in Erfurt wirkten, gehört der Dominikaner Meister Eckhart. Er war ein Sohn Thüringens, ausgebildet an der Ordensschule in Köln und seit etwa 1295 Prior des Predigerklosters in Erfurt. Sein Werk auszuloten, fällt auch heute noch schwer; denn er gilt als der wohl bedeutendste religiöse Denker an der Wende vom 13. zum 14. Jahrhundert in Deutschland. Die Zeitgenossen haben ihn nie voll erfaßt, und seine Schriften wurden bald nach seinem Tode als ketzerisch verurteilt. Und doch schrieb er in Erfurt so nachdenkenswerte Sätze:

„Gott ist nirgends. Von Gottes Geringstem sind alle Kreaturen voll, seine Größe aber ist nirgends. Gott ist weder hier noch da, weder in der Zeit noch im Raume. Die Gottheit ist eine Stätte der Seele, namenlos ... Kommt die Seele in diese namenlose Stätte, da empfängt sie ihre Ruhe. Wo

Dom und Severikirche in Erfurt, die Akropolis der Gotik. Holzstich (1853)

alle Dinge in Gott sind, da ruht sie. Die Stätte der Seele, Gott, ist namenlos. Wer etwas in Gott hineindenkt und ihm Namen anklebt, das ist Gott nicht. Gott ist über Namen und Natur. Wir lesen von einem guten Manne, der zu Gott betete und ihm Namen geben wollte. Da sagte ein Bruder: Schweige, du erniedrigst Gott! In der Tat wir können keinen Namen finden. Ich sage: Gott ist unaussprechlich. Sankt Augustin sagt indessen: Gott ist nicht einmal unaussprechlich; denn wäre er unaussprechlich, das wäre ja schon ein Spruch über ihn. Er ist eben eher ein Schweigen, als ein Sprechen."[10]

Schon 1392 erhielt Erfurt eine Universität, die sich bald zu einem bedeutenden geistigen Zentrum in Deutschland und zu einer weltoffenen Bildungsstätte entwickelte. 1501-1505 studierte Martin Luther in Erfurt und lehrte hier bis 1511 als junger Dozent. Vom alten Hauptgebäude dieser Universität hat nur das Eingangstor den Zweiten Weltkrieg überdauert, erhalten blieb aber der Lehrsaal der Theologischen Fakultät über dem östlichen Kreuzgang des Domes, das „Auditorium Coelium" – das Himmelsauditorium – mit seiner Sternendecke, in dem auch Luther seine Antrittsvorlesung hielt.

Es ist wohl kein Zufall, daß gerade die Erfurter Universität und ihre Studenten ausdrücklich in den Volksbüchern von Till Eulenspiegel und von Doktor Faustus erwähnt werden, denn sie waren auch den einfachen Leuten im Reich bekannt. In Erfurt lehrte Eulenspiegel bekanntlich einem Esel das Lesen, und Doktor Faustus führte den Studenten die Gestalten der Homerischen Epen leibhaftig vor Augen.

Die Universität war auch die Heimat jener Männer, die mit den „Epistolae virorum obscurorum – den Briefen der Dunkelmänner" 1515 und 1517 eine köstliche Satire auf mönchische Engstirnigkeit und Dummheit verfaßten. Sie sind in einem holprigen Kirchenlatein, wie es die Ungebildeten sprachen und schrieben, abgefaßt, Zeugnisse für die zunehmenden Spannungen zwischen den Humanisten und den Vertretern der alten Kirche am Vorabend der Reformation. Der spottsüchtige Rektor der Universität Crotus Rubanus gehörte ebenso zu den Verfassern wie der junge Ritter Ulrich von Hutten. Das Gelächter des gelehrten Deutschlands war willkommener und verdienter Lohn. Der Dichter Conrad Ferdinand Meyer hat in seinem Epos „Huttens letzte Tage" dieses Treiben in Erfurt lebendig nachempfunden:

„Wir scharten uns zu lustgem Mummenschanz,
Kapuzen über vollem Lockenkranz!
Wir trugen Pfaffenlarven, heuchlerisch
Und blitzten draus mit Augen jugendfrisch.
Wir schlurften tappig mit Sandalentritt,
Wir äfften nach bis auf der Kutte Schnitt.
Gründlich studierten wir beim Becherklang
Der Mönchlein närrischen Gedankengang.
Die Dummheit haben wir mit Witz verziert,
Die Torheit mit Sentenzen ausstaffiert!
Wir haben sie zum Spott der Welt gemacht,
Wir haben uns und sie zu Tod gelacht!
Zu Tode? Nein. Wir haben sie geweiht
Aristophanischer Unsterblichkeit.
Schleiferius! Caprimulgius! Ochsenhorn!
Schlaraff! Der saubre Täufling Pfefferkorn!
Wir brachen keck in ihre Zellen ein,
Wir hausten schlimm in ihrem Bücherschrein.
Wir sprachen ihr Latein – ergötzlich Spiel! –
Und schrieben Briefe wir im Klosterstil:
‚Laetificor archiangelicae
Cum una speciosa virginae!'
Hellauf! Der Narren Glöcklein schriller Schall!
Und heissa, hussa, Jagd und Peitschenknall!
Die Pfaffen sprangen über Stock und Stein,
Der Esel bockte, grunzend lief das Schwein.
..."[11]

Es ist merkwürdig, daß eine so wohlhabende, weltoffene und der Reformation gegenüber aufgeschlossene Stadt politisch stets eine Art Fremdkörper in Thüringen darstellte, da sie seit Auflösung des Bistums im 18. Jahrhundert mehr oder minder fest offiziell jahrhundertelang zum Erzbistum Mainz gehörte. Als sie nach dem Dreißigjährigen Krieg ihre Selbständigkeit zu erringen suchte, griff 1664 der Erzbischof von Mainz energisch ein und eroberte die Stadt. Sie erhielt zwar völlige Religionsfreiheit für ihre Bürger, aber gleichzeitig auch einen katholischen Statthalter. Daß dies nicht unbedingt ein Schaden sein mußte, bewies der letzte Statthalter Karl Theodor von Dalberg, unter dessen Verwaltung Erfurt zu einem Mittelpunkt aufgeklärten Geisteslebens in Thüringen wurde.

Wenn man am Anger spazierengeht und diese so schön restaurierte Prachtstraße Erfurts mit ihren stattlichen Bürgerhäusern genießt, dann erin-

Karl Theodor von Dalberg

Caroline von Humboldt. Gemälde von Gottlieb Schick

nert einen das Dacherödensche Haus (37/38) mit seinem schönen Renaissanceportal zugleich auch an diese Dalberg-Zeit, traf sich doch der Statthalter mit Goethe, Schiller, Herder und Wilhelm von Humboldt, der hier Caroline von Dacheröden kennenlernte, die seine Frau wurde. Und beglückt schrieb er die folgenden Zeilen:

„Im kleinen Raum von Erfurts reichen Auen
Bis wo aus Schwarzburgs engem Felsenthale,
Sich lieblich windend, rauschend strömt die
Saale,
Vermocht ich wohl, mein keimend Glück zu
schauen.

Ich sah den Morgen dort des Lebens grauen,
Wenn Morgen heißet, wann zum ersten Male
Hernieder aus der Liebe goldner Schale
Dem Geist des tiefen Sinnes Perlen thauen.
…“[12]

Nur ein paar Schritte weiter liegt am Ende des Angers die ehemalige Statthalterei, die 1711-1720 aus zwei Bürgerhäusern als Repräsentativbau für den Vertreter des Erzbischofs errichtet worden war. Hier bezog Kaiser Napoleon während seines Aufenthalts in Erfurt 1808 Quartier. Für kurze Zeit machte er die thüringische Stadt während des Erfurter Fürstentages zum Mittelpunkt der großen Politik. Er traf sich hier mit den deutschen Fürsten und mit dem Zaren Alexander I., dem er im Kreise der Verbündeten seine Macht demonstrieren wollte. Hier empfing er auch am 2. Oktober 1808 Goethe, und dieser berichtet selbst über das denkwürdige Zusammentreffen:

„Ich wurde um elf Uhr vormittags zu dem Kaiser bestellt. Ein dicker Kammerherr, Pole, kündigte mir an, zu verweilen. Die Menge entfernte sich. Präsentation an Savary und Talleyrand. Ich werde in das Kabinett des Kaisers gerufen. In demselben Augenblick meldet sich Daru, welcher sogleich eingelassen wird. Ich zaudere deshalb.

Werde nochmals gerufen.

Trete ein. Der Kaiser sitzt an einem großen runden Tische frühstückend; zu seiner Rechten steht, etwas entfernt vom Tische, Talleyrand, zu seiner Linken ziemlich nah, Daru, mit dem er sich über die Kontributionsangelegenheiten unterhält. Der Kaiser winkt mir heranzukommen.

Ich bleibe in schicklicher Entfernung vor ihm stehen.

Nachdem er mich aufmerksam angeblickt, sagt er: ‚Vous êtes un homme.' Ich verbeuge mich. Er fragt: ‚Wie alt seid ihr?' ‚Sechzig Jahr.' ‚Ihr habt euch gut erhalten' – ‚Ihr habt Trauerspiele geschrieben.'

Ich antwortete das Notwendigste. Hier nahm Daru das Wort, der, um den Deutschen, denen er

Kaiser Napoleon, zwischen dem Zaren und Herzog Carl August von Weimar, erklärt den Gästen des Erfurter Fürstentags auf der Karte das Schlachtfeld von Jena. Stich von Schwerdtgeburth

so wehe tun mußte, einigermaßen zu schmeicheln, von deutscher Literatur Notiz genommen. Er sprach dem Kaiser von meinen Werken und fügte hinzu, daß ich auch aus dem Französischen übersetzt habe und zwar Voltaires ‚Mahomet'. – Der Kaiser versetzte: ‚Es ist kein gutes Stück!' und legte sehr umständlich auseinander, wie unschicklich es sei, daß der Weltüberwinder von sich selbst eine so ungünstige Schilderung mache. Er wandte sodann das Gespräch auf den Werther, den er durch und durch mochte studiert haben. Nach verschiedenen ganz richtigen Bemerkungen bezeichnete er eine gewisse Stelle und sagte: ‚Warum habt ihr das getan? Es ist nicht naturgemäß!' Welches er weitläufig und vollkommen richtig auseinandersetzte."[13]

Der Fürstentag hatte noch einmal einen Höhepunkt in der Stadtgeschichte bedeutet, von da an führte der Weg in die bescheidene Mittelmäßigkeit. 1815 fiel Erfurt an Preußen, ein Jahr später wurde die altehrwürdige Universität geschlossen. Ein neuer Aufschwung gründete sich auf Blumen. Schon zu Luthers Zeiten hatten die Erfurter als die „Gärtner des Heiligen Römischen Reiches" gegolten. Erfurter Brunnenkresse hatte auch der Feinschmecker Napoleon eigens in Versailles anbauen lassen. Ende des 18. Jahrhunderts hatte man mit der Intensivierung der Samenzucht begonnen, 1838 fand die erste Gartenbauausstellung statt, und bis heute wird diese Tradition erfolgreich weitergepflegt, wie sich jeder Besucher unschwer auf dem Gelände der Internationalen Gartenbauausstellung von 1961 überzeugen kann. Dem Ruf Erfurts als Garten- und Blumenstadt konnte auch die wachsende Industrialisierung seit dem letzten Drittel des 19. Jahrhunderts nichts anhaben. Dank der vielen Arbeiter gewann Erfurt, ähnlich wie Gotha, in der Geschichte der Sozialdemokratie Bedeutung, als 1891 hier auf einem Parteitag jenes Programm der „Sozialdemokratischen Partei Deutschlands" beschlossen wurde, in dem sich die marxistischen Tendenzen durchsetzten und das bis 1921 die sozialdemokratische Politik bestimmte.

Weimar

Weimar – das ist heute eine Stadt mit rund 64 000 Einwohnern. Die gründlichsten Pläne in den Fremdenführern vermögen nicht mehr als maximal rund dreißig Sehenswürdigkeiten anzumerken, und selbst der interessierte Tourist wird sich im allgemeinen mit einem guten Dutzend begnügen. Im Gegensatz zu einer ganzen Reihe anderer Orte in Thüringen ist Weimar überhaupt erst seit siebenhundert Jahren als Stadt bezeugt, von denen die ersten fünfhundert recht bescheiden verliefen, wenn sie auch schon seit 1547 Residenz des Herzogtums Sachsen-Weimar war. 575 Häuser lassen sich ohne Schwierigkeit auf dem ältesten Stadtplan von 1593 zählen, dazu natürlich ein Schloß; etwa 3200 Menschen wohnten in dem Städtlein, vorwiegend Bauern, Handwerker und Hofbeamte. Bis zur Mitte des 18. Jahrhunderts verdoppelte sich etwa die Einwohnerzahl, und die Zahl der Häuser wuchs auf etwas mehr als 800. Das ist alles so klein, so bescheiden, fast dürftig, an unserem heutigen Lebenszuschnitt gemessen, und doch hat keine Stadt Thüringens, kaum eine andere Stadt Deutschlands eine solche symbolhafte Bedeutung erlangt wie dieses kleine Weimar. Sein Name war und ist Hoffnung für ein besseres, für ein geistiges Deutschland, daran haben das nationalsozialistische und das SED-Regime nichts ändern können, die beide den Ruf und das Anse-

Weimar. Stich (um 1650) von M. Merian in der „Topographia Germaniae“

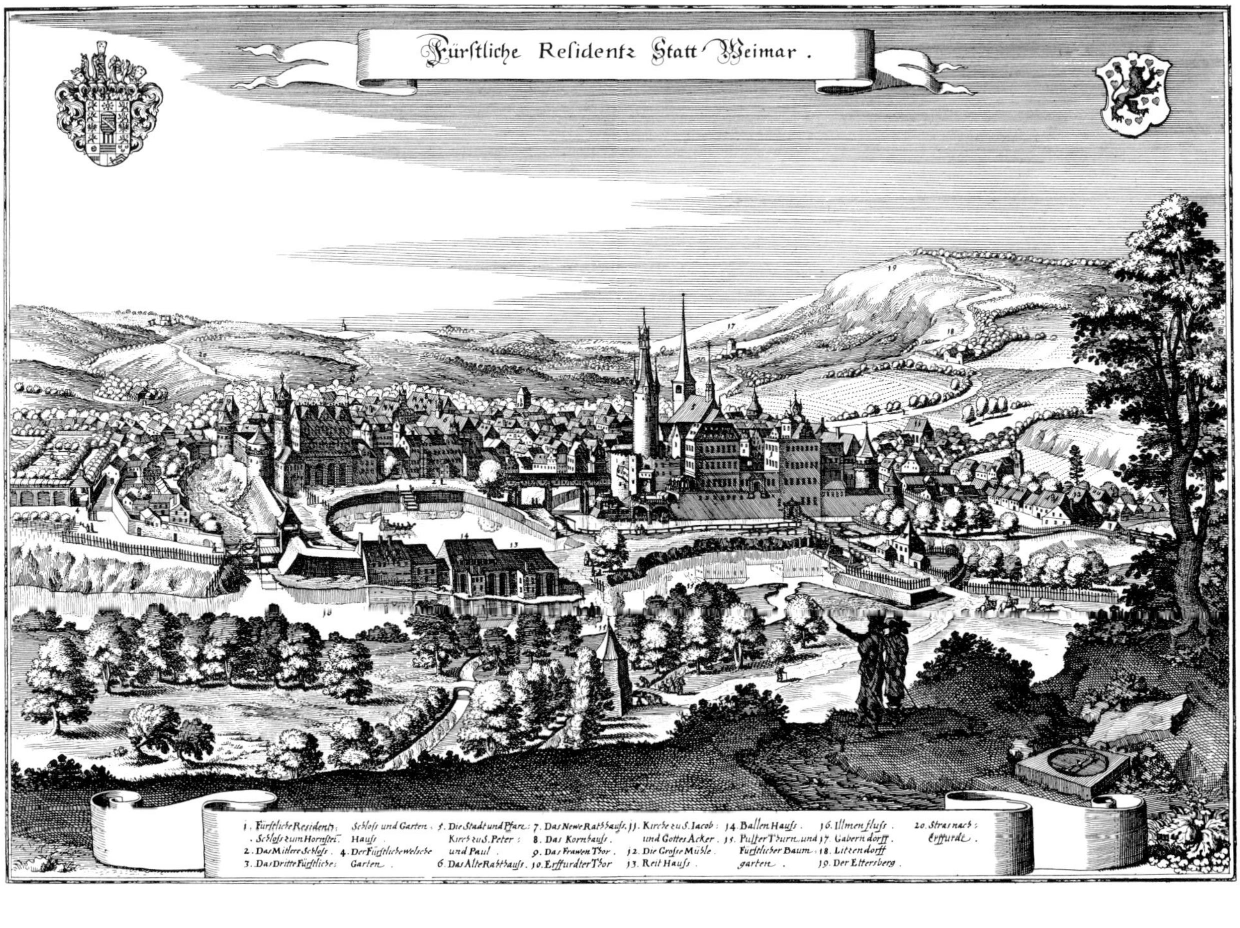

hen dieser Stadt für ihre Zwecke zu nutzen suchten. Wenn auch zu befürchten ist, daß die Touristenmassen in den nächsten Jahren Weimar mehr und mehr erobern werden, so bleibt doch zu hoffen, daß die Stadt Kraft genug besitzt, um ihr geistiges Erbe zu bewahren und zu verteidigen.

In den vergangenen einhundertfünfzig Jahren ist eine Vielzahl von Büchern, Aufsätzen, Berichten über dieses Weimar erschienen. Man kann in ihnen und mit ihnen die Stadt und ihre jüngere Geschichte so lebendig nach- und miterleben wie bei keiner anderen in Thüringen. Sie lassen das alte Weimar in seinem Alltag, vor allem aber natürlich in der Ausstrahlung des Musenhofes, der Goethezeit und des Silbernen Zeitalters lebendig werden. Und manche der Reisenden oder Augenzeugen sind deshalb auch gute Begleiter durch die Stadt zu den Sehenswürdigkeiten.

Die eigentliche Geschichte Weimars beginnt 1758, als die kaum zwanzigjährige verwitwete Herzogin Anna Amalia, eine Nichte Friedrichs des Großen, nach dem überraschend frühen Tode ihres Gatten die Regentschaft für ihren einjährigen Sohn Carl August übernahm. Zwar hatten die Herzöge schon seit der Mitte des 17. Jahrhunderts gewisse kulturelle Impulse gesetzt, war unter ihrem Protektorat 1617 der „Palmenorden" gegründet worden, eine der bedeutendsten deutschen Sprachgesellschaften, hatten sie seit 1696 ein eigenes Hoftheater eingerichtet, aber insgesamt waren das eben doch nur bescheidene kulturelle Ansätze.

Trotzdem dominierten stets und überall das Schloß und der Hof, wie schon 1789 der russische Reisende Nikolai Karamsin berichtete:

„Die Lage Weimars ist artig. Die umliegenden Dörfer mit ihren Feldern und Gehölzen gewähren eine anmutige Aussicht. Die Stadt ist nur klein, und außer dem herzoglichen Palast gibt es hier weiter keine großen Gebäude. Als man mich am Stadttor befragt hatte, befragte ich auch meinerseits den wachhabenden Sergeanten: ‚Ist Wieland hier? Ist Herder hier? Ist Goethe hier?' – ‚Hier, hier, hier', antwortete er, und ich befahl dem Postillion, nach dem Gasthof ‚Zum Elefanten' zu fahren. Der Lohnlakai wurde nun sogleich abgefertigt, um sich zu erkundigen, ob Wieland zu Hause sei. ‚Nein', war die Antwort, ‚er ist bei Hofe.' – Ob Herder zu Hause sei? – ‚Nein, er ist bei Hofe.' – Ob Goethe zu Hause sei? – ‚Nein, er ist bei Hofe.' – ‚Bei Hofe, bei Hofe', spottete ich halb bürgerlich den Bedienten nach, nahm meinen Stock und ging in den dicht an der Stadt liegenden Park."[1]

Hier ist auch vom „Elefanten" die Rede. Welcher Reisende hätte die Renommierherberge am Markt in Weimar nicht gekannt? Literarischen Ruhm hat sie allerdings erst durch Thomas Mann erfahren, der den „Elefanten" in seinem Roman „Lotte in Weimar" zum Schauplatz wählt und dabei eingangs die Ankunft der Frau Rat Kestner, Goethes „Lotte", in Weimar beschreibt:

„Der Kellner des Gasthofes ‚Zum Elefanten' in Weimar, Mager, ein gebildeter Mann, hatte an einem fast noch sommerlichen Tage ziemlich tief im September des Jahres 1816 ein bewegendes, freudig verwirrendes Erlebnis. Nicht, daß etwas Unnatürliches an dem Vorfall gewesen wäre; und doch kann man sagen, daß Mager eine Weile zu träumen glaubte.

Mit der ordinären Post von Gotha trafen an diesem Tage, morgens, kurz nach acht Uhr, drei Frauenzimmer vor dem renommierten Haus am Markte ein, denen auf den ersten Blick – und auch auf den zweiten noch – nichts Sonderliches anzumerken gewesen war. Ihr Verhältnis untereinander war leicht zu beurteilen: Es waren Mutter, Tochter und Zofe. Mager, der, zu Willkommensbücklingen bereit, im Eingangsbogen stand, hatte zugesehen, wie der Hausknecht den beiden ersteren von den Trittbrettern auf das Pflaster half, während die Kammerkatze, Klärchen gerufen, sich von dem Schwager verabschiedete, bei dem sie gesessen hatte und mit dem sie sich gut unterhalten zu haben schien. Der Mann sah sie lächelnd von der Seite an, wahrscheinlich in Gedanken an den auswärtigen Dialekt, den die Reisende gesprochen, und folgt ihr noch in einer Art von spöttischer Versonnenheit mit den Augen, indes sie, nicht ohne Windungen, Raffungen und Zierlichkeiten, sich vom hohen Sitz hinunterfand. Dann zog er an der Schnur sein Horn vom Rücken und begann zum Wohlgefallen einiger Buben und Frühpassanten, die der Ankunft beiwohnten, sehr empfindsam zu blasen.

Die Damen standen noch, dem Hause abgekehrt, bei dem Postwagen, die Niederholung ihres übrigens bescheidenen Gepäcks zu überwachen, und Mager wartete den Augenblick ab, wo sie, beruhigt über ihr Eigentum, sich gegen den Eingang wandten, um ihnen sodann, ganz Diplomat, ein verbindliches und gleichwohl leicht zögerndes Lächeln auf dem käsfarbenen, von einem rötlichen Backenbart eingefaßten Gesicht, in seinem zugeknöpften Frack, seinem verwaschenen Halstuch im abstehenden Schalkragen und seinen über sehr großen Füßen eng zulaufenden Hosen, auf den Bürgersteig entgegenzukommen."[2]

Natürlich war der „Elefant" nicht das einzige gute Haus am Markt, der daneben gelegene „Erbprinz" hatte einen ebenso guten Ruf, hier wurde beispielsweise 1848 der Freundschaftsbund zwischen Richard Wagner und Franz Liszt geschlossen. Heute interessiert uns der „Elefant" eigentlich auch nur noch vom Namen her, denn mit dem alten Weimar hat er nichts mehr gemeinsam. Aber an das erinnert am Markt noch der schöne Renaissancebau des sogenannten Cranach-Hauses, das der Kanzler Christian Bruck 1547-49 hatte bauen lassen. In ihm verbrachte sein Schwiegervater, der Maler Lucas Cranach d. Ä., die letzten Lebensjahre bis zu seinem Tode 1553.

Die herzogliche Familie residierte im Schloß, bis es ein großer Brand 1774 bis auf die Außenmauern in Schutt und Asche legte. Die nächsten achtundzwanzig Jahre wohnten die hohen Herrschaften im „Fürstenhaus", der heutigen „Hochschule für Musik", nur wenige Schritte vom Marktplatz entfernt. Während sich die Hofgesellschaft kaum von den anderen Fürstenhöfen des 18. Jahrhunderts unterschied, entfaltete sich das geistige Leben dank der Aufgeschlossenheit der Herzogin Anna Amalia weit reger als anderswo. Schon 1772 berief sie Christoph Martin Wieland, damals schon ein bekannter Dichter und Verfasser des sozialpolitischen Romans „Der goldene Spiegel", als Erzieher ihres Sohnes von Erfurt, wo er an der Universität gelehrt hatte, nach Weimar. Seine verantwortungsvolle Tätigkeit dauerte zwar nur drei Jahre, in dieser Zeit beeinflußte er aber ent-

Die Tischrunde der Herzogin Anna Amalia. Aquarell von Georg Melchior Kraus

scheidend das geistige Leben nicht nur der herzoglichen Familie, sondern ganz Weimars. Nach dem Regierungsantritt Carl Augusts konnte sich der damals erst Dreiundvierzigjährige, wohlversehen mit einer Pension, ins Privatleben zurückziehen und sich fortan ganz seinen schriftstellerischen Neigungen und seiner großen Familie widmen. Der Theologe und Schriftsteller V. Wölfling erzählt 1796 von einem Besuch bei ihm:

„Dieser Mann, den Deutschland verehrt und das Ausland schätzt, lebt hier mit einer Simplizität, welche des großen Mannes würdig ist – ohne Glanz und Geräusche. Ein kleines, einfach gebautes Haus ist seine Wohnung; ein gutes schwäbisches Hausmütterchen seine Gattin; Kleidung und Lebensart einfach und seine Bibliothek der Aufenthalt, in welchem er den größten Teil seines Lebens zubringt. Es fällt schwer, ihn zu sehen oder zu sprechen, wenn er sich einmal in das Heiligtum seines Musentempels verschlossen hat. Aber wenn man so glücklich ist, so findet man einen schlichten Deutschen, der wenig spricht, bevor nicht erst eine interessante Materie seine Ideen in Fluß gebracht hat, der ungleich besser schreibt, als er spricht, und dessen Physiognomie außer einem gewissen Scharfblick im Auge, der erhabenen Stirne und der griechischen Nase wenig Auszeichnendes hat. Kein Schriftsteller war imstande, die Welt zugleich mit Produkten seines Geistes und seiner Lendenkraft zu beschenken wie Wieland. Die Zahl seiner Kinder wird der Zahl seiner Werke ziemlich gleichkommen.“[3]

Allein schon generationsbedingt, stand er dem Kreis um die Herzoginmutter nahe, die sich nach dem Regierungsantritt des Sohnes in das sogenannte Wittumspalais am heutigen Theaterplatz zurückgezogen hatte, wo sie hofhielt und einen geistig aufgeschlossenen Kreis von Gleichgesinnten um sich sammelte. Hier lassen sich heute auch die Spuren Wielands in Weimar am besten verfolgen; im Kleinen Festsaal hielt Goethe seine berühmte Trauerrede auf ihn, und das Palais selbst birgt auch ein Wieland-Museum. Dagegen ist es mühsam, die Wohnungen Wielands aufzusuchen, da dieser während seines vierzigjährigen Aufenthalts in Weimar insgesamt sechsmal die Wohnung wechselte, die letzte lag in der heutigen Wielandstraße 1, nahe am Wittumspalais.

Kurz nach seinem Regierungsantritt hatte 1775 der erst achtzehnjährige Herzog Carl August den um acht Jahre älteren, durch seine frühen Dichtungen schon bekannten Johann Wolfgang Goethe aus Frankfurt zu einem Besuch nach Weimar eingeladen. Niemand konnte ahnen, daß aus dem Besuch eine lebenslange Freundschaft erwachsen und Goethe bis zu seinem Tode 1832 in Weimar bleiben sollte. Wie kein anderer hat er den Geist der Stadt um 1800 geprägt, so daß man diese häufig mit ihm gleichsetzt. Aber sie hat auch ihr Eigenleben, und deshalb ist umgekehrt Goethe schlecht denkbar ohne dieses Weimar, ohne seine Weggefährten, Freunde und Feinde, an deren Lebenswelt heute noch eine Reihe von Bauten und Gedenkstätten erinnert.

Wir sind gewohnt, nur das Haus am Frauenplan als Wohnung Goethes zu sehen, aber auf der Suche nach dessen früheren Unterkünften läßt sich ein schöner Rundgang durch die Stadt absolvieren. Nach seiner Ankunft am 7. November 1775 wohnte er erst einmal als Gast im Hause des Kammerpräsidenten von Kalb, in der ehemaligen Deutschordens-Komturei am damaligen Töpfermarkt, dem heutigen Herder-Platz. Von da waren es ja nur ein paar Schritte hinüber zum Schloß, und manchmal nahmen die neuen Freunde das Essen auch gemeinsam in der Komturei ein. Im März 1776, als feststand, daß er in Weimar bleiben würde, mietete Goethe eine eigene Wohnung in einem alten Ritterhaus neben der Hauptwache und gegenüber dem „Gelben Schloß“. „Er hat sich ein Haus gemietet, daß wie eine kleine Burg aussieht, und es macht ihm großen Spaß, daß er mit seinem Philipp ganz allein sich im Notfalle etliche Tage gegen ein ganzes Corps darin wehren könnte“, berichtete Wieland an einen Freund. Aber hier blieb der Dichter nur ein Jahr bis Ostern 1777, dann übersiedelte er in das Gartenhaus an der Ilm, das er für 600 Taler gekauft hatte. Er liebte das Häuschen und den Garten von der ersten Minute an und behielt es sein ganzes Leben lang. Noch am 20. Februar 1832, vier Wochen vor seinem Tode, hat er es das letzte Mal besucht. Selbst die Bäume hier gehörten zu seinen Vertrauten:

„Sag' ich's euch, geliebte Bäume,
Die ich ahndevoll gepflanzt,
Als die wundervollsten Träume
Morgenrötlich mich umtanzt?
Ach, ihr wißt es, wie ich liebe!
Die so schön mich wiederliebt! ...“

Goethe und Herzog Carl August

Goethe und sein Sekretär John

Wenn man Glück hat, kann man gerade am Morgen oder am Abend hier eine stille Stunde genießen und fernab von allem Trubel Begegnungen mit dem Dichter halten. Rings um das Haus entstand nach und nach der Park im englischen Landschaftsstil, auf dessen Gestaltung Goethe maßgebenden Einfluß nahm. J. P. Eckermann hat ihn im März 1824 zusammen mit Goethe besucht und gibt darüber einen stimmungsvollen Bericht:

„Mit Goethe vor Tisch nach seinem Garten gefahren. Die Lage dieses Gartens, jenseits der Ilm, in der Nähe des Parks, an dem westlichen Abhange eines Hügelzuges, hat etwas sehr trauliches. Von Nord- und Ostwinden geschützt, ist er den erwärmenden und belebenden Einwirkungen des südlichen und westlichen Himmels offen, welches ihn, besonders im Herbst und Frühling, zu einem höchst angenehmen Aufenthalte macht. Der in nordwestlicher Richtung liegenden Stadt ist man so nahe, daß man in wenigen Minuten dort sein kann, und doch, wenn man umher blickt, sieht man nirgends ein Gebäude oder eine Turmspitze ragen, die an eine solche städtische Nähe erinnern könnte; die hohen dichten Bäume des Parks verhüllen alle Aussicht nach jener Seite. Sie ziehen sich links nach Norden zu, unter dem Schutz des Sternes, ganz nahe an den Fahrweg heran, der unmittelbar vor dem Garten vorüberführt …

Auf den Wiesen waren kaum einige grünende Stellen sichtbar, die Bäume des Parks standen noch in braunen Zweigen und Knospen; doch verkündigte der Schlag der Finken, so wie der hin und wieder vernehmbare Gesang der Amsel und Drossel das Herannahen des Frühlings. Die Luft war sommerartig, angenehm; es wehte ein sehr linder Südwestwind. Einzelne kleine Gewitterwolken zogen am heiteren Himmel herüber; sehr hoch bemerkte man sich auflösende Cirrus-Streifen …

Wir traten in die Nähe des Hauses, das er seinem Diener aufzuschließen befahl, um mir später das Innere zu zeigen. Die weißabgetünchten Außenseiten sah ich ganz mit Rosenstöcken umgeben, die, von Spalieren gehalten, sich bis zum Dach hinaufgerankt hatten. Ich ging um das Haus herum und bemerkte zu meinem besonderen Interesse an den Wänden in den Zweigen des Rosengebüsches eine große Zahl mannigfaltiger Vogelnester, die sich von vorigem Sommer her erhalten hatten und jetzt bei mangelndem Laube dem Blick frei standen. Besonders Nester der Hänflinge und verschiedener Art Grasemücken, wie sie höher oder niedriger zu bauen Neigung haben. Goethe führte mich darauf in das Innere des Hauses, das ich vorigen Sommer zu sehen versäumt hatte. Unten fand ich nur ein wohnbares Zimmer, an dessen Wänden einige Karten und Kupferstiche hingen; desgleichen ein farbiges Porträt Goethes in Lebensgröße … Wir gingen die Treppe hinauf in die oberen Zimmer; ich fand deren drei und ein Kabinettchen, aber alle sehr klein und ohne eigentliche

Bequemlichkeit. Goethe sagte, daß er in früheren Jahren hier eine ganze Zeit mit Freuden gewohnt und sehr ruhig gearbeitet habe. Die Temperatur dieser Zimmer war etwas kühl, und wir trachteten wieder nach der milden Wärme im Freien ...

Die Kaiserkronen und Lilien sproßten schon mächtig, auch kamen die Malven zu beiden Seiten des Weges schon grünend hervor. Der obere Teil des Gartens, am Abhange des Hügels, liegt als Wiese mit einzelnen zerstreut stehenden Obstbäumen. Wege schlängeln sich hinauf, längs der Höhe hin und wieder herunter, welches einige Neigung in mir erregte mich oben umzusehen. Goethe schritt, diese Wege hinansteigend, mir rasch voran und ich freute mich über seine Rüstigkeit.

Oben an der Hecke fanden wir eine Pfauhenne, die vom fürstlichen Park herübergekommen zu sein schien; wobei Goethe mir sagte, daß er in Sommertagen die Pfauen durch ein beliebtes Futter herüberzulocken und herzugewöhnen pflege. An der anderen Seite den sich schlängelnden Weg herabkommend, fand ich von Gebüsch umgeben einen Stein mit den eingehauenen Versen des bekannten Gedichtes:

> ‚Hier im Stillen gedachte der Liebende
> seiner Geliebten',

und ich hatte das Gefühl, daß ich mich an einer klassischen Stelle befinde. Ganz nahe dabei kamen wir auf eine Baumgruppe halbwüchsiger Eichen, Tannen, Birken und Buchen. Unter den Tannen fand ich ein herabgeworfenes Gewöll eines Raubvogels; ich zeigte es Goethe, der mir erwiderte, daß er dergleichen an dieser Stelle häufig gefunden, woraus ich schloß, daß diese Tannen ein beliebter Aufenthalt einiger Eulen sein mögen, die in dieser Gegend häufig gefunden werden."[4]

Goethe besaß aber zwischen 1779 und 81 noch eine Stadtwohnung in der Seifengasse. Gleich anschließend an das Haus der Familie Stein hatte er sich für fünf Taler im Vierteljahr ein paar hübsche Zimmer gemietet, die vor allem im Winter manchmal behaglicher gewesen sein mochten als die des Gartenhauses. Die Seifengasse mündet in den Frauenplan; dort mietete Goethe im Hause des Konsistorialrates Helmershausen eine Wohnung, die er auch während seiner Italienreise beibehielt. Im November 1789 bezog er ein Quartier im Jägerhaus, das bisher nur herzoglichen Forstleuten

Christiane Vulpius, Goethes Frau, mit ihrem Sohn August

als Unterkunft gedient hatte. Es lag schon außerhalb der Stadt vor dem Frauentore im Süden, Goethe kam es gerade recht, hatte er doch damals Christiane Vulpius zu sich genommen, und so saß er mit seinem „Bettschatz" wenigstens nicht unmittelbar im Zentrum unter den Blicken der gesamten Gesellschaft.

Aber im Sommer 1792, kurz vor dem Feldzug in die Champagne gegen die französischen Revolutionstruppen, kaufte der Herzog für 6000 Gulden das Haus am Frauenplan, in dem Goethe ja schon einmal gewohnt hatte, und schenkte es dem Freund.

Vierzig Jahre – bis zu seinem Tode – wohnte hier nun der Dichter. „Das Haus am Frauenplan" wurde schon bald ein feststehender Begriff und geistiger Mittelpunkt Weimars. Hier schuf sich Goethe das ihm angemessene Zuhause, hier lebte er mit seiner Familie. Eine der schönsten Beschreibungen dieses Hauses stammt wohl aus der Feder des Schriftstellers Karl Leberecht Immermann, der es fünf Jahre nach Goethes Tode besuchte:

„An einem freien Platze, den ein Brunnen lebendig macht, zeigt sich in graurötlicher Tünche, die Fenster mit schwarzen Einfassungen umgeben, ein zweistöckiges Haus, geräumig dem Ansehen nach, aber durch nichts über das Maß der Wohnung eines wohlhabenden Bürgers hinausgestellt. Wir treten über die Schwelle und befinden uns in einem Hausflur, den eine gelbliche Steinfarbe hell und heiter erscheinen läßt. Wir steigen die mit massiv gemauerten Wangen versehene Treppe hinan, die sich mit breiten Stufen in der sachtesten Hebung emporschwingt. Ihre Größe muß uns überraschen, sie steht in keinem Verhältnis zu den übrigen Dimensionen des Gebäudes und nimmt das Unterhaus zumeist für sich weg...

Im oberen Vestibüle blicken uns aus Mauernischen die Gestalten des Schlafs und des Todes und das kolossale Haupt der Juno entgegen. Auch römische Prospekte, die über die Treppe hangen, erinnern an jenes Land, nach dessen Verlassen er, wie er zu sagen pflegte, nie wieder ganz glücklich geworden ist. Ein längliches, gelbes Sälchen tut sich auf. Darin speiste er mit seinen Gästen. Meyersche Zeichnungen antiker oder Poussinscher Gegenstände bedecken die Wände; hinter einem grünen Vorhange verwahrte er die Aquarellkopie der Aldobrandinischen Hochzeit von Meyer, die er für seinen köstlichsten Schatz hielt. Auch die Nebenräume rechts und links zeigen nur Dinge, die dieser Richtung und Periode der Kunst angehören ... Jetzt tat der Bibliothekssekretär Kräuter, der frühere Schreiber Goethes, bevor er John zum Kopisten annahm, der treue Wächter des Allerheiligsten, die Tür des Arbeitszimmers auf, und da wurde mir ein rührender Anblick. Ich erinnere mich aus Eckermanns Gesprächen der angelegentlichen Äußerungen Goethes, die mich wohl Simplizität hier erwarten ließen, aber wieder war die Wirklichkeit anders. Dieses kleine, niedrige, schmucklose, grüne Zimmerchen mit den roten Rouleaus von Rasch, den abgeschabten Fensterbrettern, den zum Teil morsch gewordenen Rahmen war also der Ort, von dem aus sich eine solche Fülle des glänzendsten Lichtes ergossen hatte! Ich fühlte mich tief bewegt, ich mußte mich zusammennehmen, um nicht in eine Weichheit zu geraten, die mir die Kraft zur Anschauung geraubt hätte.

Nichts ist von seiner Stelle gerückt; Kräuter hielt mit frommer Strenge darauf, daß jedes Blättchen, jeder Federschnitzel am Ort bleibe, wo er lag, da der Meister entschlief. Noch zeigt die Uhr die Todesstunde, halb zwölf, sie stockte damals, der Zufall schuf ein Wunder-Ähnliches. Neben ihr steht am Fenster rechts das kleine Schreibtischchen, welches der Großvater für die Enkel machen ließ, die er nach dem Tode des Vaters wieder unter die eigene Obhut und in seine nächste Nähe nahm ... Hier ist jeder Fleck heiliger Boden, und tausend Gegenstände, von denen das Zimmerchen erfüllt ist, reden von dem Wesen und Weben des Geistes, ringsumher an den Wänden laufen niedrige Schränke mit Schiebfächern, in denen Skripturen aufbewahrt wurden, darüber befinden sich Repositorien, worein Goethe die Sachen stellte, mit denen er sich eben beschäftigte. Das Holzwerk ist alterbraun, ein Schrank von poliertem und glänzendem Kirschbaum sticht dagegen ab; die Schwiegertochter redete ihm denselben auf, Goethe mochte lange das gleißende Möbel nicht leiden, ‚das ihn zerstreute'. – Darum ist auch kein Kunstwerk im Zimmer, wie man auch vergeblich sich nach einem Spiegel und Sofa umsieht. Letzteres bedürfe er schon deshalb nicht, weil er den ganzen Tag über ging oder stand. Er las stehend, er schrieb stehend, er verzehrte selbst sein Frühstück an einem hohen Tische stehend. Ein gleiches Verhalten empfahl er jedem, für den er sich interessierte, als lebenderhaltend angelegentlich sowie, daß die Hände auf den Rücken gehalten würden, wodurch, wie er sagte, die Brust vor jeder Verengung und Zusammenpressung bewahrt werde ... In der Mitte des Zimmers steht ein großer runder Tisch. Daran saß der Kopist, dem Goe-

Goethes Schlaf- und Sterbezimmer.
Aquarell (1832) von Friedrich von Germar

the diktierte, während er den Tisch unaufhörlich umwandelte. Die Arbeit begann um acht Uhr morgens und dauerte oft bis zwei Uhr nachmittags, ohne Unterbrechung.

Abends, wenn Goethe sich wieder, wie er in den letzten Jahren immer tat, in dieses stille Zimmer zurückgezogen hatte, sah ihm der Bediente nach den Augen, ob diese freundlich und aufgeweckt waren. Ließ sich darin ein Begehren nach Mitteilung und Gesellschaft verspüren, so rückte er stillschweigend den Lehnsessel zum Tisch, breitete ihm ein Polster auf demselben, setzte einen Korb zur Seite, in den Goethe sein Tuch legte, und dann nahm Goethe Platz, harrend, ob ihn ein Freund besuchen möge. Den Nächsten war unterdessen Nachricht gegeben worden, und wer wäre nicht gerne, wenn er konnte, gekommen? – Dann saß er mit seinem kleinen Zirkel bis gegen elf in traulicher Unterhaltung, ließ ihnen Wein und kalte Küche geben, er selbst genoß schon seit Jahren am Abend nichts mehr.

Nun sollte ich auch noch seine letzte Lagerstatt sehen! Zwar ist er nicht liegend gestorben, sondern, wenn auch nicht, wie dem Imperator geziemt, stehend, doch wenigstens sitzend. Links an das Arbeitszimmer stößt das Schlafzimmer. Es ist auch ganz klein, schmucklos, noch abgenutzter als das Arbeitszimmer. Nur in seinen höheren Jahren sorgte Goethe in der Art für sich und sein Lager, daß er zwischen dem Bett und den daran stoßenden Wänden eine wollene Decke an Ringen aufziehen ließ, um die Kälte der Wand von sich abzuhalten. Außer dieser Vorrichtung und einem schmalen Karpet vor dem Bett ist auch nichts von Weichlichkeit oder bequemen Wesen hier sichtbar. Das Bett selbst ist niedrig, mit einer alten rotseidenen Decke überlegt, so schmal, daß ich nicht begreife, wie sein großer Körper darin Platz haben konnte.“[5]

Aber auch die letzte Wohnung Goethes müssen wir noch kennenlernen. Südlich des Frauenplans auf dem Alten Friedhof, dem damals „Neuen“, hatte schon 1825 der Großherzog eine Gruft für seine Familie anlegen lassen. Hierher übertrug man zwei Jahre später die Gebeine Schillers, 1828 wurde der Herzog selbst beigesetzt, dann seine Gemahlin und schließlich am 28. März 1832 auch Goethe. Heute stehen die Eichensärge Goethes und Schillers auf gemauertem Sockel in dem schlichten Grabgewölbe. Der Besucher, der ihnen

Charlotte von Stein. Eigenhändige Silberstiftzeichung von 1790

einen Augenblick des Gedenkens geschenkt hat, wird anschließend bei einem stillen Rundgang über den aufgelassenen Friedhof noch manchem bekannten Namen begegnen; die Weggefährten Eckermann, Riemer, Kanzler v. Müller, Charlotte von Stein sowie manche bekannte Schauspieler des Weimarer Theaters ruhen hier.

Goethe lockte ja schon bald nach seiner Ankunft die ersten Freunde und Bekannten in die kleine Residenz, manche blieben nur kurze Zeit, andere wurden ansässig und prägten mit ihm zusammen das geistige Leben der Stadt. Die alteingesessenen Bürger begegneten einigen mit Mißtrauen, andere gewannen mit Goethes Unterstützung rasch Amt und Würden, wie etwa Johann Gottfried Herder, der 1776 nach Weimar kam und fast dreißig Jahre als Prediger, Oberkonsistorialrat und schließlich in den letzten zwei Jahren vor seinem Tode 1803 als Präsident des Oberkonsistoriums wirkte. Die Stadtpfarrkirche St. Peter und Paul, seine Wirkungsstätte, trägt heute als Herder-Kirche seinen Namen, und hier steht unter der Orgelempore im Westchor sein Sarkophag. Vor der Kirche erinnert ein Denkmal an den gestrengen Herrn Pfarrer, dessen Predigten die Einwohner sehr rasch schätzenlernten, wie Wieland einmal vermerkte. Die Herdersche Wohnung lag unmittelbar nördlich hinter der Kirche in der Jakobstraße. Johann Georg Müller hat einen Besuch dort im Jahre 1780 beschrieben:

„Auf dem großen Marktplatz fragte ich: man wies mich hinter die Kirche. Furcht und Hoffnung lag auf mir: der Gedanke in einigen Minuten siehst du Herder! war mir unausdenklich.

Hinter der Kirche steht ein großes modernes Haus mit halberhobnen Säulen bis obenauf; es hat vor den andern etwas antikern Häusern etwas Stolzes. Hart dran ist eines Obristen Haus: da stand eine Schildwacht; ich fragte an – ‚Gehen sie gleich daneben ein!' Ich öffnete eine Tür und stand in einem Unterhaus, das sich gegen einen Hof und Garten öffnete. Das ist Herders Haus. Es wälzten sich unbekannte Gefühle in mir herum. Bang ging ich hinauf; ‚wenn er nur nicht so plötzlich daherkommt!' war meine dunkle Empfindung. Als ich eine Treppe hoch war, fragte ich die Magd. ‚Ich sollte nur diese gebrochene Treppe hinaufgehen.'

Ich stand auf einer Laube. Eine so ganz sonderbare Empfindung verspürte ich noch nie. Meine Seele ist ganz wieder darin. Eben itzt drängt sich mein Blut wieder zum Herzen und mit Heftigkeit an diese Fingerspitzen; ich meinte – das ist gewiß wahr –, alles sei ganz anders um mich; es umschwebe mich ein dunkler fremder Geist. Alles ahnte den geheimen Sinn und unausgesprochene Worte. Endlich bopperte ich an eine Tür rechter Hand an, eine große hellblaue Türe mit zwei Flügeln – einmal, zweimal; keine Antwort; so wend' ich mich zu den Heiden und ging zur linken ebenso gestalteten Türe, klopfte auch an; vergebens. – ‚Wie wird's mir gehen? Er wird mich kalt wie ein Theolog empfangen und höflich wie ein Staatsmann wieder gehen lassen! Ich will herunter!'

Das tat ich schleichend; da kommt der Bediente. ‚Belieben sie in dies Zimmer, der Herr Generalsuperintendent werden sogleich ihre Aufwartung machen.' So ging ich zwischen Himmel und Erde. Ich ging hinein, linker Hand; ein hübsches Zimmer, fein tapeziert, Kanapee, Kupferstiche, Cleopatra der Angelika Kaufmann, Samma und Benoni, einige von Schmidt und dgl. Ich stand vor der Cleopatra und mochte wohl gezittret haben. Endlich hörte ich jemand gehen. Zum letzten Mal der Donner auf alle meine Nerven, die Tür auf –

Johann Gottfried Herder. Stich von Moritz Steinla

da stand Herder! Voll Huld und Milde, lächelnd wie ein Frühlingsmorgen. Weg wie ein Blitz alle Silhouetten, Kupferstiche, Beschreibungen u. dgl.

Das Zimmer gegenüber war geöffnet. Er gab mir, glaub' ich, die Hand, führte mich hinein und setzte mich auf's Kanapee, nahm einen Sessel und setzte sich hart an mich bei dem kleinen Tischgen. Ich gab ihm Häfelys Brief; er las ihn, wie alles, mit vielem Bedacht; ich war so voll Freuden, daß ich den Mund fast gar nie in seinen gewöhnlichen Falten halten konnte. Ich sah auch geradeaus wie ein Pilger. – Währenddem er las, gaffte ich mit Ruhe umher; ein geschmackvolles Zimmer. Gleich gegen mir über einem Schreibtisch stand eine herrliche Büste der Minerva von schwarzem Stein, die ihm die Herzogin Luise geschenkt, und wonach Goethe ein sehnliches vergebliches Verlangen hat ... Endlich war er fertig, wir drückten uns stark die Hände und ich bezeugte ihm mehr mit Blicken als mit Worten, wie sehr's mich freue, ihn zu sehen ... Nun sagte er, er wolle seine Frau rufen. Das war mir recht und doch nicht recht. Ich hatte ihre Silhouette in der Physiognomik gesehen und eben kein gutes Omen d'raus gezogen. Ich hielt sie für sehr gelehrt und ihre Gelehrsamkeit fühlend. Er ging in ein Nebenzimmer und blieb eine gute Weile aus. Endlich kam er wieder, und bald hinter ihm sie, – oh! Das ist nun gar ein herrlicher, freundlicher Engel! Sie schwebte daher, leicht und sanft, und so milde, so freundlich und lieblich, so zart und treu und vertraulich, nahm gleich einen Sessel, setzte sich auf meine linke Seite, fragte mich tausend Dinge aus; ich saß mitten inne, wie einer aus ihnen. Auch mußten ein paar Buben kommen, weiß nicht mehr, welche; die waren auch freundlich und strotzten in ihrer Jugendkraft ... Nun spazierten wir ganz vertraulich wohl eine Stunde, bis Zwölfe, die Stube auf und ab und redeten über eine Menge Dinge, die aber meistens ihn und seine Schriften betrafen und mir nur durch Gespräche wieder beifallen können. Alle Bande waren gelöst. Er hatte alles Hohe, Wunderbare für mich verloren, und Höhe und Tiefe waren durch sanfte Bande verbunden worden ... Um zwölf Uhr gingen wir zum Essen. Wir hatten Eiersuppe, Rübli, Braten, Fleisch, Karpfen, Wein, Trauben, Nüsse ... Eine fröhliche Mahlzeit für Geist und Leib, alles mit Salz gewürzt. Ich mußte ihnen von Häfelys Hausregiment erzählen, das sie sehr delektierte, und von einem jeden seiner Züricher Freunde besonders. Man horchte sehr aufmerksam, und am Ende wurde für allseitiges Wohlsein ein Glas Wein ausgestürzt. Der hiesige Wein will mir aber nicht behagen ... Nun tranken wir Kaffee. S. Hochwürden schmauchten dabei ein halbes Pfeifgen Tobak; denn sie sagen, sobald's über die Hälfte sei, tauge es nicht mehr. Herder raucht des Tages, wie ich glaube, nur zwei- höchstens dreimal, macht aber dann ein sehr suffisantes Mündchen dazu."

Goethe und Schiller im Gespräch.
Zeichnung von Johann Christian Reinhardt

Es dauerte lange, bis auch Schiller in Weimar ansässig werden konnte, und so selbstverständlich und eng verbunden wie heute auf dem berühmten Goethe-Schiller-Denkmal Rietschels vor dem Nationaltheater waren die beiden keineswegs immer. Ein erster Versuch Schillers, schon 1787 in Weimar Fuß zu fassen, war gescheitert. Nachdem er sich aber seit 1788 mit Goethe in zunehmendem Maße befreundet hatte, war er erst nach Jena und 1799 ein zweites Mal, diesmal für immer, nach Weimar umgezogen. Da seine finanzielle Lage in dieser Zeit sehr schlecht war, wohnte er anfangs etwas beengt in der Windischen Gasse, parallel zur heutigen Schillerstraße, in Miete; erst 1802, also drei Jahre vor seinem Tode, konnte er sich das Haus an der Esplanade (heute Schillerstraße) leisten. Die Familie wohnte im Obergeschoß, er selbst behielt die Mansarde für sich. Hier schrieb er den „Wilhelm Tell", „Die Braut von Messina", begann mit dem „Demetrius", den er nicht mehr vollenden konnte, und hier starb er am 9. Mai 1805.

Damals wurden die Toten noch auf dem Jakobsfriedhof im Norden der Stadt beigesetzt, den man 1818 aufließ. Hier fand Schillers Sarg in der Nacht vom 11. auf den 12. Mai in einem merkwürdig stillen, hastigen Begräbnis im sogenannten Kassengewölbe seine letzte Ruhe. Elf Jahre später suchte man unter dem Moder der dort zerfallenden Särge nach seinen Gebeinen, um sie nun würdig in der neuen Fürstengruft beizusetzen. Die Suche erwies sich als unerwartet schwierig, und selbst bis heute ist nicht völlig geklärt, ob man seinerzeit wirklich die richtigen gefunden hat.

Hier auf dem Alten Friedhof, der nur selten von den Touristen besucht wird, finden sich unter anderem auch die Grabstätten von Lucas Cranach d. Ä., von Goethes Frau Christiane und von Carl August Musäus. Gerade letzterer erinnert uns ja daran, daß der Kreis um Herzog Carl August und Goethe nicht auf wenige berühmte Persönlichkeiten beschränkt war, sondern uns in den

In Weimar, seit 1547 Residenz der Herzöge von Sachsen-Weimar und schon seit dem 10. Jh. als Siedlung bezeugt, erwartet den Besucher vor allem eine Begegnung mit der deutschen Klassik der Goethezeit. Goethes Gartenhaus im Park an der Ilm (vorige Seite) und die Räume seines Hauses am Frauenplan (oben Goethes Sterbezimmer, rechts der Garten hinter dem Haus) ziehen jährlich Zehntausende von Besuchern an.

Auch das Haus Schillers, des zweiten Dichterfürsten der deutschen Klassik, an der Windischenstraße, das der Dichter 1802 erwerben konnte, wobei er sich tief verschulden mußte, ist mit seiner erlesenen Einrichtung eine Gedenkstätte von besinnlich stimmendem Reiz.

Vor dem Deutschen Nationaltheater, das 1907/08 an der Stelle des früheren Hoftheaters in klassizistischen Formen errichtet wurde, steht das Denkmal Goethes und Schillers, die gemeinsam den Dichterlorbeer tragen.

Gemeinsam ruhen die beiden Dichter auch in dem Mausoleum auf dem Weimarer Hauptfriedhof (oben) in der Fürstengruft, in der Goethes Freund, Herzog Carl August, 1828 beigesetzt worden war.

Das Deutsche Nationaltheater, dessen Vorgängerbauten die Wirkungsstätte Goethes als Theaterleiter und Uraufführungsort vieler Dramen Schillers war, sah 1919 die Tagung der Mitglieder der Nationalversammlung, die hier für die erste deutsche Republik die „Weimarer Verfassung“ erarbeiteten.

Auf dem Friedhof neben der Jacobskirche ruhen viele Weimarer Berühmtheiten, darunter der Maler Lucas Cranach d. Ä. und Goethes Frau Christiane. Seine Freundin Charlotte von Stein (links) ruht in der Nähe der Fürstengruft.

Am weitläufigen Marktplatz Weimars, auf dem im Mittelalter auch Ritterturniere stattfanden, liegt neben dem Stadthaus mit prächtigem Blendgiebel das Cranach-Haus, ein schöner Renaissancebau (1547-49), in dem der Maler der Reformation seine letzten Lebensjahre verbrachte.

Das Reiterdenkmal des Herzogs Carl August (rechts) beherrscht den von Fürstenhaus und Grünem Schloß flankierten Platz. Das von Adolf von Donndorf 1875 geschaffene Bronzewerk zeigt den Freund Goethes und Förderer des Weimarer Musenhofes in der Pose eines römischen Imperators.

Das Weimarer Schloß fügt sich aus Bauteilen des 15.-18. Jh. zusammen und ist in seinen jüngsten Teilen ein Werk des Klassizismus. Wahrzeichen ist der aus dem Mittelalter stammende Rundturm mit dem 1728 entstandenen barocken Aufbau.

Die frühere herzogliche Bibliothek, über die gleichfalls Goethe die Oberaufsicht hatte, ist ein edler Ovalraum mit Renaissance- und Rokokoformen, dessen umlaufende Galerie mit Dichter- und Künstlerbüsten geschmückt ist. Die Bibliothek liegt im „Grünen Schloß“ und beherbergt heute die Zentralbibliothek der deutschen Klassik mit über 600 000 Bänden (links).

Das Rokokoschloß Belvedere im Süden Weimars (rechts) und das Wittumspalais am Theaterplatz (unten) sind eng mit dem Namen der Herzoginmutter Anna Amalie verknüpft. Im Palais, das die Herzogin 1774 erwarb, fanden die berühmten „Tafelrunden" der Herzogin mit den musischen Geistern Weimars statt. Heute befindet sich in dem erlesen eingerichteten Bau ein Wieland-Museum. Die reich ausgestatteten Räume des Belvedere, das von einem vielformigen Landschaftsgarten umgeben ist, beherbergen heute auch das Rokoko-Museum der Weimarer Kunstsammlungen.

Nebenstehende Seite:
Die spätgotische Weimarer Stadtkirche St. Peter und Paul, die seit Herders Tätigkeit als Prediger der Kirche auch „Herderkirche" genannt wird, hat als kostbaren Besitz einen Flügelaltar Lucas Cranachs d.J. (1555). Auf dem Mittelbild, einer Kreuzigung Christi, hat der Maler neben der Gestalt des Täufers Johannes auch die Porträtfiguren des Reformators Martin Luther und seines Vaters Lucas Cranach d.Ä. gemalt.

Das Mahnmal für die Opfer des Konzentrationslagers Buchenwald, ein Werk des Bildhauers Fritz Cremer, erinnert an die 56 000 Menschen aus 18 Ländern, die hier, nur wenige Kilometer von der Musenstadt Weimar entfernt, den Tod fanden.

zeitgenössischen Texten, den Briefen, Tagebuchnotizen, Erinnerungen noch manche andere begegnen, deren Lebensspuren sich allenthalben in Weimar auffinden lassen. Gleich in der Nähe des Jakobsfriedhofs liegt beispielsweise das Haus des Unternehmers, Verlegers, herzoglichen Schatullenverwalters Friedrich Johann Justin Bertuch, eines gebürtigen Weimarers, der in der Vaterstadt dank seiner vielseitigen literarischen und kaufmännischen Begabung und vor allem seines Organisationstalents bald Ansehen und Vermögen gewann und zu den einflußreichsten Bürgern zählte. Er gab Bücher, Journale und eine Literaturzeitung heraus, war an den verschiedensten geschäftlichen Unternehmungen beteiligt, hatte 1782 eine Fabrik zur Herstellung künstlicher Blumen gegründet, in der er armen Mädchen eine Beschäftigung bot. Auch Christiane Vulpius war dort beschäftigt gewesen, bevor sie Goethe kennenlernte. Es ist verständlich, daß es bei seiner Geschäftstüchtigkeit nicht immer ohne Spannungen mit den Weimarer literarischen Größen abging. Schiller hat sein kaufmännisches Geschick neidlos anerkannt; er beschreibt zugleich das stattliche Wohnhaus, das heute das sehenswerte Stadtmuseum beherbergt:

„Bertuchen habe ich kürzlich besucht. Er wohnt vor dem Tore und hat ohnstreitig in ganz Weimar das schönste Haus. Es ist mit Geschmack gebaut und recht vortrefflich möbliert, hat zugleich, weil es doch eigentlich nur ein Landhaus sein soll, einen recht geschmackvollen Anstrich von Ländlichkeit. Nebenan ist ein Garten, nicht viel größer als der Japanische, der unter 75 Pächter verteilt ist, welche 1 bis 2 Taler jährlich für ihr Plätzchen erlegen. Die Idee ist recht artig, und das Ökonomische ist auch dabei nicht vergessen. Auf diese Art ist ewiges Gewimmel arbeitender Menschen zu sehen, welches einen fröhlichen Anblick gibt. Besäße es einer, so wäre der Garten oft leer. An dem Ende des Gartens ist eine Anlage zum Vergnügen, die Bertuchs Geschmack wirklich Ehre macht. Durch ein wildes buschreiches Wäldchen, das vielleicht nicht größer als der Raum ist, den das Japanische Palais einnimmt, ist ein Spazierweg angelegt, der acht bis zehn Minuten dauert, weil er sich in Labyrinthen um sich herumschlingt... Die Bertuchs müssen in der Welt doch überall Glück haben. Dieser Garten, gestand er mir selbst, verinteressiert sich ihm zu 6 pro Cent und dabei hat er das reine Vermögen umsonst! Wie hoch mußt du dieses anschlagen!“[7]

So schön konnte C. A. Musäus, dessen Grab wir ja eben auf dem Jakobskirchhof besucht haben, nicht auftreten. Er war zur Goethezeit Gymnasiallehrer in Weimar, ein sehr beliebter sogar, aber auch ein armer Teufel, wie es sich eben für einen richtigen Pädagogen gehört. Um sein Häuslein zu erreichen, müssen wir quer durch die ganze Stadt wieder zurück in die Seifengasse, wo wir es gegenüber von Goethes ehemaliger Stadtwohnung finden. Kaum zu glauben, daß er die wenigen Räume, die er hier besaß, noch an Kostgänger vermieten und sich auf einen einzigen beschränken mußte, in dem er mit seiner Frau und seinen zwei Kindern wohnte. Schreiben konnte er nur nachts bei Kerzenschein, wenn er endlich die nötige Ruhe hatte – und doch entstanden hier so schöne Geschichten wie die uns schon bekannte „Melechsala“, die Geschichte vom Grafen von Gleichen und seinen zwei Frauen.

Wenn man von seiner Haustür die Gasse überquert, gelangt man zum Hintereingang des Hauses, in dem die Familie des Oberstallmeisters von Stein wohnte, weshalb es in der üblichen Verkürzung heute nur das „Haus der Frau von Stein“ genannt wird. Ursprünglich war es ein Vorwerk gewesen und hatte die Pferdeställe für die herzoglichen Husaren beherbergt. Unter Goethes Mitwirkung wurde es 1776 umgebaut, und hier erhielt im Obergeschoß die Familie von Stein eine Wohnung, während unten bis zu einem weiteren Umbau 1795 die Stallungen erhalten blieben. Goethe war zumindest bis zu der Italienischen Reise ein gern gesehener und häufiger Gast bei der Familie, insbesondere bei Frau von Stein, und bestimmt werden sich respektlose Besucher beim Anblick des Hauses an Eugen Roths Verse aus der „Frau in der Weltgeschichte“ erinnern:

Doch ungern leuchten wir hinein
In die Affäre Frau von Stein,
Wo sich die Welt den Kopf zerbricht:
Hat er nun oder hat er nicht?

Weimarer Leben in der Goethe-Zeit war ein geselliges Leben. Unbelastet vom Druck der Massenmedien, die unseren Alltag und unser Freizeitverhalten heute so stark beeinflussen, konnten die wohlhabenden Bürger und die Mitglieder des Hofes sich den verschiedenartigsten Unterhaltungen widmen. Goethe selbst hat ja einmal nachsichtig das bunte Treiben seiner Frau und ihres Freundeskreises verspottet:

„Donnerstag nach Belvedere,
Freitag geht's nach Jena fort:
Denn das ist, bei meiner Ehre,
Doch ein allerliebster Ort!

Samstag ist's, worauf wir zielen,
Sonntag rutscht man auf das Land;
Zwäzen, Burgau, Schneidemühlen
Sind uns alle wohlbekannt.

Montag reizet uns die Bühne;
Dienstag schleicht dann auch herbei,
Doch er bringt zu stiller Sühne
Ein Rapuschchen frank und frei.

Mittwoch fehlt es nicht an Rührung:
Denn es gibt ein gutes Stück;
Donnerstag lenkt die Verführung
Uns nach Belveder' zurück

Und es schlingt ununterbrochen
Immer sich der Freundeskreis
Durch die zweiundfunfzig Wochen,
Wenn man's recht zu führen weiß.

Spiel und Tanz, Gespräch, Theater,
Sie erfrischen unser Blut;
Laßt den Wienern ihren Prater;
Weimar, Jena, da ist's gut!"[8]

Als er das schrieb, war er selbst aber schon vierundsechzig und stand etwas über derartigen Vergnügungen. In früheren Jahren war es dagegen schon nach dem Motto „Keine Feier ohne Goethe" gegangen, er hatte sommers wie winters selbst Bälle, Treffen, Maskenfeste inszeniert, sich vor allem dem Theater gewidmet. Was wäre Weimar ohne seine Bühne gewesen! Nach dem Brand des ersten Hoftheaters ließen Carl August und Anna Amalia gegenüber dem Wittumspalais ein Komödien- und Redoutenhaus erbauen. In diesem Theater wirkte Goethe bis 1817 als Direktor. Das Innere beschreibt W. G. Gotthardi, der 1813 als Siebenjähriger das Theater erstmals besuchen durfte:

„Die Größe der Räume mochte der früheren numerisch um mehrere tausend geringeren Einwohnerzahl Weimars ganz angemessen sein. Der Eindruck, den dieselben machten, war der des im höchsten Grade Gemütlichen, Freundlichen, Traulichen, Anheimelnden. Der Zuschauerraum hatte eine hübsche Höhe; Breite und Tiefe reichten ziemlich aus. Zwei Galerien liefen um den oberen Teil des Saales; die untere für die Elite der Gesellschaft bestimmt, in der Mitte die herzogliche Loge enthaltend; die obere, wie alle oberen Theatergalerien, der geringeren Volksklasse zugeteilt. Das Parterre war durch einen nicht zu schmalen Zwischenraum in eine rechte und linke Reihe geschieden, teilte indes nicht die Eigenschaft, oder, wenn man lieber will, das Vorrecht des Balkons, in eine ‚adelige' und ‚bürgerliche' Seite zu zerfallen. Jedem, der seine acht guten Groschen zahlte, stand die beliebige Wahl zwischen rechts und links darin frei. Jene erwähnte und zwar sonst gestrenge Geschiedenheit des adeligen und bürgerlichen Balkons hätte man unter dem Regiment eines so liberalen, von verknöchertem Aristokratismus gänzlich freien Fürsten, wie Carl August war, kaum für möglich halten sollen; und doch verhielt sich's in Wahrheit so. Die Logenreihe beschränkte sich – die zwei Logen auf beiden Seiten des Balkons über der Bühne ausgenommen – lediglich auf die der Bühne gegenüberliegende Seite des Parterre, und unter diesen geringzähligen Parterrelogen befand sich auch die Goethesche. Die Seitenabteilungen des Parterre, von den mit rotem Tuch beschlagenen Sitzen desselben durch viereckige, hölzerne Träger getrennt, gab Stehplätze ab ..."[9]

Hier fanden die Uraufführungen einiger Werke Goethes und vor allem Schillers statt, aber auch zahlreiche Rührstücke für ein breites Publikum gingen über die Bühne. Natürlich lockten Goethe und Schiller die bedeutendsten Schauspieler ihrer Zeit an, die ihrerseits hier weit höheres Ansehen als in anderen Städten genossen. 1825 brannte dieser Bau nieder, ein Neubau, der so gar nicht Goethes Vorstellungen entsprach, konnte schon im Jahre darauf eingeweiht werden und blieb bis 1907 in Betrieb. Inzwischen war das gegenwärtige viel größere Hoftheater vollendet worden. Beide Häuser, das alte wie das neue, setzten die große mit Goethe begonnene Tradition fort, nicht nur im Bereich des Schauspiels, sondern seit der Jahrhundertmitte auch im Musiktheater.

Goethe war 1832 gestorben. „Mit Weimar ist es nun aus“, soll ein bekannter Bürger nach Erhalt der Todesnachricht gesagt haben. Es ist ein großartiges Phänomen, daß die Stadt aber keineswegs in eine Art musealen Dornröschenschlafs versank, sondern mehrfach die Kraft zur Erneuerung fand. Sicher war es dabei die große Tradition der klassischen Zeit, auf der diese geistige Erneuerung basierte, aber sie war durchaus eigenständig und keineswegs nur epigonal. Das bewies schon Franz Liszt, der 1848 nach Weimar übersiedelte. Er führte hier zum ersten Male Richard Wagners „Tannhäuser“ (1849) und den „Lohengrin“ (1850) auf und sammelte bedeutende Künstler und Musikfreunde um sich. Liszt wohnte in den ersten Jahren gemeinsam mit der Fürstin Wittgenstein in der „Altenburg“, einer Villa im Süden der Stadt, und von 1869 bis zu seinem Tode 1886 in dem heute nach ihm benannten Haus am Rande des Parks, in dem nun auch eine kleine Ausstellung die Erinnerung an ihn wachhält.

Natürlich waren die Weimarer stolz auf ihre großen Mitbürger und pflegten ihr Andenken. 1849 feierte man mit großem Aufwand Goethes 100. Geburtstag, 1850 erhielt als erster Herder ein Denkmal auf dem Platz vor der heutigen Herder-Kirche, 1857 wurden am gleichen Tage das Wieland- und das Goethe-Schiller-Denkmal enthüllt. Wieland steht auf dem nach ihm benannten Platz nur etwa hundert Meter südlich des Frauenplans. Was aber wäre Weimar ohne sein Goethe-Schiller-Denkmal von Ernst Rietschel, das die beiden Dichter so einträchtig und heroisch zeigt, wie es den Idealvorstellungen des deutschen Bildungsbürgertums entsprach? Auch heute noch bilden die beiden wohl das am häufigsten fotografierte Motiv in Weimar. Eduard Genast, ein alter Schauspieler, der Goethe noch gekannt hatte, berichtete als Augenzeuge über die Einweihung:

„Der Festzug nahm seinen Weg über den Goetheplatz, durch die Schillerstraße nach dem Theater, vor welchem die Doppelstatue von Goethe und Schiller aufgestellt war und ihrer Enthüllung harrte. Dem Standbilde gegenüber war eine mächtige Tribüne, mit Teppichen und Blumen geschmückt, errichtet, zu der acht Stufen führten und auf welcher die verwitwete Großherzogin Maria Paulowna, der regierende Großherzog und seine Gemahlin, Herzog Bernhard mit seinen Söhnen, die Prinzeß Heinrich der Niederlande und die Nachkommen Goethes, Schillers und Wielands Platz nahmen. Gymnasialdirektor Heylen hielt eine herrliche, oft von lautem Beifall unterbrochene Weiherede …

Auf die Doppelstatue hinweisend schloß der Redner mit den Worten: ‚Der Kranz, der sie verbunden hält, ist zugleich dein Kranz, mein deutsches Volk, der Kranz, mit dem sie dich königlich

Franz Liszt am Klavier. Gemälde von J. Danhauser

geschmückt haben vor allen Völkern der Erde. Schaue selbst und kränze deine Dichter mit neuer Verehrung und neuer Liebe!'

Bei diesen Schlußworten enthüllte sich das Meisterwerk von Rietschel und Miller. Die Totenstille wurde zunächst durch ein staunendes, leises ‚Ah!' unterbrochen, dann aber brach ein endloser Jubel aus, womit man den Redner und die Meister ehrte. Gleich darauf rief der Großherzog von der Tribüne herab: ‚Rietschel! Rietschel! kommen sie zu mir!' Rietschel, der bisher ziemlich verborgen in seiner angeborenen Bescheidenheit unter den Künstlern, Dichtern und Literaten gestanden hatte, bestieg die Stufen der Tribüne, auf denen ihm Carl Alexander mit ausgebreiteten Armen entgegenkam und ihn begeistert an das Herz drückte."[10]

1885 starb Walter von Goethe, der letzte Enkel des Dichters. In seinem Testament vermachte er das Haus und die Sammlungen dem Staat und setzte die Großherzogin Sophie als Erbin des literarischen Nachlasses ein. Als die Erben Schillers ebenfalls dessen Nachlaß der Großherzogin übertrugen, ließ sie bis 1896 das Goethe-Schiller-Archiv jenseits der Ilm im Norden der Stadt erbauen. Heute umfaßt es als eines der größten deutschen Literaturarchive die Nachlässe von sechzig Dichtern, darunter Herder, Wieland und Otto Ludwig. Mit ihm begann der Ausbau der Museen und Sammlungen, zu denen die Zentralbibliothek der Deutschen Klassik im Grünen Schloß ebenso gehört wie das große Goethe-Nationalmuseum neben Goethes Wohnhaus, das Wieland-Museum im Wittumspalais oder – als jüngstes – das erst 1988 eingeweihte Schiller-Museum neben dessen Wohnhaus.

Mit dem Regierungsantritt des jungen Großherzogs Wilhelm Ernst begann 1901 eine dritte kulturelle Blüte des nachklassischen Weimar. Eine Reihe bekannter Schriftsteller hatte sich, angezogen vom Genius loci, in der Stadt niedergelassen, unter ihnen Paul Ernst, Wilhelm von Scholz und Johannes Schlaf. 1902 kam der belgische Baumeister Henri van de Velde, einer der maßgebenden Künstler des „Jugendstils", nach Weimar und begründete hier die kunstgewerblichen Lehrstätten, aus denen 1907 die Kunstgewerbeschule hervorging. In seinen Erinnerungen zeichnete er ein Bild auch des literarischen Lebens in Weimar am Vorabend des Ersten Weltkrieges:

„Nach Gide kamen die deutschen Dichter Richard Dehmel, Gerhart Hauptmann, Hugo von Hofmannsthal und später auch Rainer Maria Rilke nach Schloß Belvedere. Diese Dichterlesungen fesselten durch ihre Lebendigkeit und geistige Freiheit die Großherzoginmutter Pauline mehr als die Gespräche, die sie in Rom mit Gelehrten, Professoren und Prälaten zu führen pflegte. Die Großherzoginmutter war literarisch und künstlerisch an sich nicht gebildeter als ihr Sohn, aber sie genoß mit lebhaftem Interesse den geistigen Austausch, der bei diesen Zusammenkünften entstand, bei denen sie sich doch als eine Art Mittelpunkt empfand. Bald versammelte man sich im Freien, im Schatten der üppigen Bäume, bald in einem der Salons des Schlosses. Nur die Dienerschaft mit ihren starren, ausdruckslosen Zügen erinnerte uns an die Vorschriften der Etikette, die unsere freimütigen Diskussionen kaum behinderten. Der Besuch Gerhart Hauptmanns ist mir besonders in Erinnerung geblieben. Die Großherzoginmutter erkundigte sich unbefangen nach den Anfängen von Hauptmanns Laufbahn als Dramatiker. Hauptmanns Bericht über seine Entwicklung und seine ersten Dramen machte auf uns, die wir einigermaßen orientiert waren, einen ebenso tiefen Eindruck wie auf sie. Hauptmann war an jenem Tage ausgezeichnet aufgelegt und von der Natürlichkeit der Großherzoginmutter und unserem Interesse geradezu hingerissen. Er redete nicht nur von seinem ersten Stück, sondern auch von den ‚Webern', von ‚Florian Geyer' und den anderen Dramen ... Es war ein langer Monolog; wir hingen buchstäblich an seinen Lippen, bis uns der Hufschlag der Pferde im Schloßhof und das Erscheinen der Lakaien daran erinnerten, daß wir Abschied zu nehmen hatten. Mit großem Geschick meisterte die Großherzoginmutter die Situation, erhob sich und dankte Hauptmann in ihrem und unser aller Namen mit schlichter, bezaubernder Liebenswürdigkeit."[11]

Unmittelbar nach Kriegsende rückte die kleine Stadt an der Ilm in den Mittelpunkt der deutschen Politik. Nach schweren inneren Unruhen entschlossen sich die deutschen Politiker gegen Berlin als Tagungsort einer Nationalversammlung und wählten dafür das ruhige Weimar. Das geistige Klima der Stadt, so hofften sie, sollte sich zugleich prägend auf die Beratungen zur Fertigstellung einer ersten demokratischen Verfassung der neuen deutschen Republik auswirken. Sieben Monate rangen die Vertreter der Parteien im Nationaltheater um das Verfassungswerk, das schließlich am 11. August 1919 beschlossen wurde. Damit verband sich der Name Weimars mit dieser jungen Republik. Daß die Verbindung nicht glücklich wurde, lag weder an dem von den Politikern immer wieder gern beschworenen „Geist von Weimar" noch an der staatsrechtlichen Qualität des Verfassungswerkes, sondern an der verfahrenen allgemeinen politischen Lage.

Die Stadt erlebte noch einmal neue beachtenswerte künstlerische Impulse durch Walter Gropius und die Gründung des „Bauhauses". Der damals schon bekannte Architekt war durch Henri van de Velde nach Weimar empfohlen worden, und hier forderte er schon 1919 in einem Manifest die Einheit aller bildenden Künste unter der Führung der Baukunst, zugleich betonte er aber auch die Einheit von Kunst und Handwerk. Seinem Ziel glaubte Gropius durch Zusammenschluß der Weimarer Hochschule für Bildende Kunst und der Kunstgewerbeschule praktisch näher zu kommen. Zu seinen Mitarbeitern zählten damals die bedeutendsten modernen Künstler wie etwa Lionel Feininger, Gerhard Marcks, Paul Klee, Wassily Kandinsky und andere. Wie dabei gearbeitet wurde, schildert Lothar Schreyer:

„Die pädagogische Neuerung, die Gropius einführte, war die enge Verbindung zwischen bildender Kunst und Handwerk zu gegenseitiger Befruchtung. Jeder Werkstatt, deren Lehrgang mit der Meisterprüfung abschließen sollte, stand gleichzeitig ein bildender Künstler als Formmeister und ein Handwerksmeister als Werkmeister vor. Dieses Novum begeisterte uns und war maßgebend dafür, daß wir die Berufung an das Bauhaus annahmen, zumal aus der früheren Kunstgewerbeschule Persönlichkeiten übernommen werden konnten, zu denen wir menschlich und sachlich volles Vertrauen hatten. Wir hatten das Glück, unter uns in Johannes Itten nicht nur einen führenden Künstler des Expressionismus, sondern auch einen schöpferischen Pädagogen höchsten Ranges zu haben. Die ‚Vorlehre', die er als Grundlage der Bauhauspädagogik einrichtete, zielte in lebendiger Weise auf die harmonische Entwicklung der handwerklichen und künstlerischen Möglichkeiten der Schüler; die Wirkung und der Erfolg waren, wie stets im ‚Lehren', völlig abhängig von der Persönlichkeit des Lehrers und an ihn gebunden. In die Vorlehre und die Werkstätten zog eine kleine, aber aufgeschlossene Schar junger Menschen als Schüler und Lehrlinge ein. Alles schien uns so verheißungsvoll wie möglich, trotz der Schwere der Zeit und der sogleich einsetzenden Angriffe gegen das Bauhaus und jeden einzelnen von uns."[12]

Schon 1925 übersiedelte das Bauhaus aber nach Dessau, in Weimar wurde es still. Noch kamen weiterhin Besucher aus aller Welt, jeder suchte „sein Weimar", kritisch die einen, voll Begeisterung die anderen, sie sprachen von der „guten Stube des Kleinbürgers", vom „Naturschutzpark der Geistigkeit", der „Dichterstadt". Die Nationalsozialisten suchten Weimar für ihre Zwecke ebenso zu vereinnahmen wie danach die Kulturschaffenden des Sozialismus. Was wird aber aus diesem Weimar? Wird der Moloch Tourismus es schlukken? Wenn man die neuesten Zahlen liest, muß man sorgenvoll in die Zukunft blicken …

Wer Weimar kennenlernen will, muß aber auch seine Umgebung kennen. Da sind die Schlösser, das barocke Jagdschloß in Ettersburg als das älteste, sein Landschaftspark wurde mit Unterstützung des Gartennarren Fürst Pückler gestaltet. Da sind, etwas näher an der Stadt gelegen, die Schlösser Belvedere und Tiefurt. Hier traf sich die Hofgesellschaft der Goethezeit in den Sommermonaten, hier wurde vor allem begeistert Theater gespielt. Goethes Singspiel „Die Fischerin" war eigens für Tiefurt gedacht und auf die Landschaft dort berechnet.

Nördlich von Weimar erhebt sich weithin sichtbar der 478 m hohe Ettersberg. Eckermann hat ihn am 26. September 1827 mit dem damals schon achtundsiebzigjährigen Goethe besucht und dort ein paar ungetrübte Stunden in der Natur genossen, wie er erzählt:

„Wir waren jetzt oben auf der Höhe und fuhren rasch weiter. Rechts an unserer Seite hatten wir Eichen und Buchen und anderes Laubholz. Weimar war rückwärts nicht mehr zu sehen. Wir waren auf der westlichsten Höhe angelangt; das breite Tal der Unstrut, mit vielen Dörfern und kleinen Städten, lag in der heitersten Morgensonne vor uns.

‚Hier ist gut seyn!' sagte Goethe, indem er halten ließ. ‚Ich dächte, wir versuchten, wie in dieser guten Luft uns etwa ein kleines Frühstück behagen möchte.'

Wir stiegen aus und gingen auf trockenem Boden am Fuße halbwüchsiger von vielen Stürmen verkrüppelter Eichen einige Minuten auf und ab, während Friedrich das mitgenommene Frühstück auspackte und auf einer Rasenerhöhung ausbreitete. Die Aussicht von dieser Stelle, in der klaren Morgenbeleuchtung der reinsten Herbstsonne, war in der That herrlich. Nach Süden und Südwesten hin übersah man die ganze Reihe des Thüringer Wald-Gebirges; nach Westen, über Erfurt hinaus, das hochliegende Schloß Gotha und den Inselberg; weiter nördlich sodann die Berge hinter Langensalza und Mühlhausen; bis die Aussicht, nach Norden zu, durch die blauen Harzgebirge abschloß. Ich dachte an die Verse:

> Weit, hoch, herrlich der Blick
> Rings ins Leben hinein!
> Von Gebirg zu Gebirg
> Schwebt der ewige Geist,
> Ewigen Lebens ahndevoll.

Wir setzten uns mit dem Rücken nach den Eichen zu, so daß wir während dem Frühstück die weite Aussicht über das holde Thüringen immer vor uns hatten. Wir verzehrten indes ein paar gebratene Rebhühner mit frischem Weißbrot und tranken dazu eine Flasche sehr guten Wein, und zwar aus einer biegsamen feinen goldenen Schale, die Goethe in einem gelben Lederfutteral, bei solchen Ausflügen gewöhnlich bei sich führt."[13]

Hundertzehn Jahre später errichteten auf dem Ettersberg die nationalsozialistischen Machthaber das bald berüchtigte Konzentrationslager Buchenwald, und während sie scheinheilig das Kulturerbe von Weimar in einem „Ewigen Deutschland" beschworen, folterten und töteten ihre Schergen im Angesicht der nahen Stadt. 1954-58 wurde an der Stelle des Lagers eine Gedenkstätte an die 56 000 Menschen aus 18 Ländern, die hier den Tod fanden, errichtet. Auch sie ist ein Stück deutscher Geschichte, wie sie Ernst Wiechert in seinem „Totenwald" beschwört:

„Am nächsten Tag lud man sie dann am Vormittag wieder in einen Transportwagen, und gegen zwei Uhr hielten sie in Weimar. Unzählige Polizisten mit dem Karabiner unter dem Arm nahmen sie in Empfang. Der Unterlagerführer in SS.-Uniform gab ihnen die ersten Anweisungen derart etwa, daß sie bei einem Fluchtversuch oder der geringsten Widersetzlichkeit sofort ‚abgeschossen' würden, daß sie ihre ‚Schnauzen' geradeaus zu nehmen hätten, daß man diesen ‚Schweinen' schon Schliff beibringen würde, und ähnliche Äußerungen einer neuen, Johannes noch unbekannten Kultur. Wieder stand eine dichte Menschenmenge auf dem Vorplatz, aber schweigend, mit ernsten Gesichtern. Einen Blick noch warf Johannes auf das Bild der ihm so vertrauten Stadt, in der er so viel an Erhebung, an Glück, an stiller Hingabe erfahren hatte. Dann stieß man sie in einen geschlossenen Polizeiwagen, der vielleicht für zwölf Menschen Raum bot und in dem sie nun zweiundzwanzig waren, gebückt stehend die meisten, da das Dach niedrig war, bis eine Reihe von ihnen ohnmächtig wurde und so etwas Platz machte.

Die Türen schlugen zu, der Motor sprang an, und dann fuhren sie die Strecke nach Ettersberg hinaus, demselben Berg, von dem Goethe mit Charlotte von Stein über das thüringische Land geblickt hatte, und wo nun hinter den elektrischen Drahtverhauen das Lager auf sie wartete …

Schon an diesem ersten Tag sahen sie, daß ‚Vater Hermann', es nicht überstehen würde. Sie halfen ihm nach Kräften, aber er fiel immer wieder in die Knie, und seine Augen sahen mit einer verstörten Ratlosigkeit in die Runde, als sei dies alles ein böser Traum und es müsse doch nun endlich das Erwachen kommen.

Auch hörten sie von Zeit zu Zeit, zumal aus der Richtung des Steinbruches, den scharfen Schlag eines Schusses hinter den Waldstücken, und die älteren unter ihnen sahen sich verstohlen an und hoben auf eine leise Frage nur die Schultern. Es gab Tage, an denen es den Posten Spaß machte, nach der Scheibe zu schießen, und niemand zog sie zu einer besonderen Verantwortung, wenn es lebende Scheiben waren."[14]

Im Banne des Thüringer Waldes

Wer den Thüringer Wald zur Erholung nach langer Arbeit, zum Genusse in der schönen freien Waldluft, zur Belehrung in einem Gebiete der Natur oder einem Zweige des Gewerbswesens, oder überhaupt um mit den Eigentümlichkeiten seiner Gegend wie seiner Bewohner Bekanntschaft zu machen, besuchen will, dem rate ich, wenn er gesund und rüstig ist, mit seiner Zeit nicht zu geizen hat und seine Wanderungen bequem, nützlich und wohlfeil einrichten will, seinen Reisesack zu schnüren, den Stock in die Hand zu nehmen und mir zu Fuße durch die schönen tiefen Täler, die herrlichen, wasserreichen Waldgründe, die schattigen Hochforste, auf die Felskämme und aussichtsreichen Bergspitzen und in die freundlichen Städte und Dörfer zu folgen.

Nur wer zu Fuße diese Gebirgs- und Waldgegenden durchwandert, ist imstande, all' das Sehenswerte auf die genußreichste Weise zu mustern; er kann aus dem tiefen Tale die steile Felswand erklimmen, die schattigsten Waldpfade einschlagen, jeden Aussichtspunkt ersteigen, nach Belieben auf dem moosigen Tannen- oder Buchengrund rasten, die zerstörten Burgen besuchen, und unter ihren Trümmern sich dem Gedanken an die Vergangenheit hingeben, in dem klaren Gewässer des einsamen Waldbaches ein stärkendes Bad nehmen, zur Erquickung einkehren, wo es ihm gefällt, das Schöne und Interessante jeder Stadt und jedes Dorfes nach Muße und Gefallen betrachten, kurz es hängt, wenn der Himmel seiner Wanderung günstig ist und ihn mit schlechter Witterung verschont, nur von seinem Willen, seiner eigenen Kraft ab. Kein schwerer Wagen, kein zerbrochenes Rad, kein lahmes Pferd, kein mürrischer Kutscher, kein schlechter Weg hemmt sein Ziel."[1]

Wehmütig oder nachsichtig lächelnd wird man diese Ratschläge aus einem Wanderführer von 1832 lesen. Noch immer ist ja der Thüringer Wald ein beliebtes Wander- und Erholungsgebiet, mehr noch als vor eineinhalb Jahrhunderten, aber gerade deshalb ist es vielfach auch mit Idylle und Ruhe vorbei, die hier so gepriesen werden. Schon in der DDR-Zeit wuchs die Zahl der Erholungsstätten, und sie dürfte sich bald noch steigern, wenn auch die Touristen aus den westlichen Bundesländern den Reiz dieser Landschaft entdecken werden. Es ist ja ein im wahrsten Sinne des Wortes überschaubares und erwanderbares Gebirge. Rund hundert Kilometer zieht es sich vom Werratal bei Eisenach im Nordwesten bis zum Frankenwald im Südosten, anfangs nur etwa zehn, später bis zu dreißig Kilometer breit, ein Kammgebirge, wie man es nennt, von durchschnittlich etwa 450 m Höhe. Auf seinem Untergrund aus Sandstein und Rotliegendem bildeten sich vor 250 Millionen Jahren Kuppen aus vulkanischem Gestein, die bis über 900 m emporragen, so etwa der Große Beerberg (982 m), der Große Inselberg (916 m) oder der Kickelhahn (861 m). Romantische Täler schneiden tief in das Gebirgsland ein, in dessen Südostteil die neuangelegten großen Talsperren reizvolle landschaftliche Kontraste bilden. Noch dominiert hier überall der Wald, und ein im allgemeinen rauhes Klima bedingt regenreiche kurze Sommer und lange schneereiche Winter.

Mit dem Auto läßt sich heute jeder Ort im Thüringer Wald rasch und bequem, zu bequem fast, erreichen, und vom richtigen und falschen Wandern am Rennsteig wird noch die Rede sein. Aber ob mit dem Auto oder zu Fuß, zu sehen und zu genießen gibt es überall im Gebirge selbst und in den Städten und Dörfern an seinen Rändern noch genug.

Eigentlich sollte unsere Reise durch den Thüringer Wald in Eisenach beginnen, doch die Stadt am Rande des Gebirges haben wir schon als Station an „des Reiches Straße" kennengelernt. Deshalb wählen wir Ruhla als Ausgangspunkt, das seinen Namen dem gleichnamigen Bach verdankt, der das ehemalige Dorf gleichzeitig zu einem Kuriosum und einem Musterbeispiel für das Elend der thüringischen Kleinstaaterei machte. Denn

1640 wurde er durch eine Landesteilung zu einem „Erbstrom", einer viel zu hochtrabenden Bezeichnung für einen Bach, der fortan den Ort in zwei Hälften teilte, deren eine zu Sachsen-Gotha und die andere zu Sachsen-Eisenach gehörte. Zwar war das kein „Eiserner Vorhang", doch trotzdem schlimm genug in einer Zeit dynastischer Eigenbrötelei. Beide Ortsteile wuchsen jahrhundertelang selbständig und wurden erst 1921 zu einer Stadt zusammengeschlossen. Die beiden Kirchengemeinden brauchten sogar noch sechs Jahre länger, um sich zu einigen! Aber es ist nicht dieses Kuriosum, das den Namen Ruhla berühmt gemacht hat, sondern ein Handwerker, der „Schmied von Ruhla", wie ihn die Sage nennt. Auf der Wartburg stellte sie Moritz von Schwind in einem Wandgemälde dar, und Ludwig Bechstein hat sie in seinem „Deutschen Sagenbuch" nacherzählt:

„Graf Ludwig ... strafte nicht gern und hörte nicht gern klagen, hatte zu allen Menschen das beste Vertrauen und wußte nicht, daß die Edeln seine Untertanen schmählich bedrückten, und daß Bürger und Bauern von ihnen viel böse Gewalt erleiden mußten, zumal die, so um ihn waren, zu verhindern wußten, daß Beschwerden an den Herrn gelangten.

Da geschah es, daß der junge Landgraf eines Abends auf einem Jagdritt sich im Forste verirrte und in die Nähe des Ortes Ruhla kam, da sah er das helle Feuer einer Waffenschmiede durch die Nacht leuchten, ging darauf zu und bat den Schmied um Herberge. Der Schmied kannte ihn nicht und fragte ihn, wer er sei. – Ich bin eures Herrn, des Landgrafen, Jäger einer. – Pfui des Landgrafen! rief der Schmied und spuckte aus und wischte sich. Wer ihn nennt, muß sein Maul wischen, daß er es nicht verunreinigt mit dem Namen, pfui des übelbarmherzigen Kunzenherrn! Um deines Herrn willen beherberge ich dich wahrhaftig nicht! ... Der Landgraf, ganz verwundert ob dieser groben Rede, schwieg ganz still, ging und brachte sein Pferd unter Dach und kam wieder in die Schmiede. Der Schmied kümmerte sich so viel als gar nicht um ihn, schürte sein Feuer, zog den Blasebalg, hitzte und hetzte, glühte sein Eisen, hämmerte und rief bei den Schlägen fort und fort: Landgraf Ludwig, werde hart, werde hart! Und schlug mit dem gewichtigen Hammer, daß die Funken stoben, und erzählte alles nach der Schnur her, worüber die Untertanen klagten, und schob alle Schuld und alles Unrecht, was im Lande geschah, auf den Landgrafen und verwünschte und verfluchte ihn in die unterste Hölle ... Dem Landgrafen erschrak das Herz im Leibe, als er aus dieser harten Stimme des Schmiedes des Volkes Stimmung gegen sich vernahm, und er nahm sich vor, dem Unfug, den seine Edeln verübten, ein Ende mit Schrecken zu machen. Ganz hart geschmiedet verließ er, nachdem er kein Auge zugetan, die Ruhlaer Waldschmiede, und sein milder Sinn war in einen eisernen verkehrt. Er nahm die Zügel der Regierung in die eigene Hand und zog sie so straff, daß die edeln Rosse schäumten und knirschten und sich bäumten, aber das Volk atmete freier auf, und ward ihm wohler, denn die ritterlichen Vasallen durften es nicht mehr placken und schinden."[2]

Der Reisende oder Wanderer wird wahrscheinlich von Ruhla aus den 916 m hohen Großen Inselberg besuchen, glücklicherweise ist ja die Auffahrt zum Gipfel gesperrt, und so bleibt selbst für den Wandermuffel noch ein Aufstieg von 1,5 Kilometern, will er vom Gipfel aus den herrlichen Rundblick über den Thüringer Wald genießen, wie ihn schon vor hundertfünfzig Jahren Ludwig Bechstein in seinen „Wanderungen durch Thüringen" ausführlich beschrieben hat. Der Aufstieg war damals zwar noch länger, lohnte sich aber nicht nur wegen des Rundblicks, sondern auch wegen der Vesper, denn seit 1810 stand dort oben ein Gasthaus, das damals fein säuberlich in eine sächsisch-coburgische und eine preußische Hälfte geteilt war, weil die Grenze zwischen den beiden Ländern genau über den Gipfel verlief. Kenner wußten solche wirtschaftliche Zweiteilung, die Genuß aus beiden Ländern versprach, wohl zu schätzen.

Der Leser aber, der ja nicht auf Straße oder Wanderungen angewiesen ist, sollte von Ruhla aus erst einmal im Geiste auf die östliche Seite des Waldes hinüberspringen und Waltershausen besuchen. Zum ersten Male begegnen uns hier die Puppen, die wir im Thüringer Wald noch mehrfach treffen werden. Wer die Geschichte der Puppenherstellung kennenlernen möchte, sollte deshalb das Heimatmuseum im Schloß Tenneberg besuchen, aber eigentlich ist es nicht das Spielzeug, das uns hierher gelockt hat, sondern eine Schule im Ortsteil Schnepfenthal. Sie trägt als „Salzmann-Oberschule" heute noch den Namen

Der Rennsteig ist ein alter Verkehrsweg, der mit rund 168 km Länge über die Höhen des Thüringer Waldes führt. Heute ist diese Straße zwischen Eisenach und der Saale als Wanderweg erschlossen und bietet – gut beschildert – den zahllosen Besuchern zu jeder Jahreszeit lohnende Ausflugsmöglichkeiten.

Die Herstellung von Puppen gab den Bewohnern des Thüringer Waldes Gelegenheit, sich in Heimarbeit einen Zusatzverdienst zu schaffen. Das kleine Museum in Finsterbergen zeigt in seinen Beständen, daß die liebenswürdige Kunst der Puppenmacherei auf eine lange Tradition zurückblickt. Bis nach Rußland wanderten thüringische Puppenmacher und entwickelten dort Puppen im Russenlook.

Thüringische Gartenzwerge, wie sie in Grafenroda gefertigt werden (rechts), können zwar nicht auf eine so lange Tradition zurückblicken wie die Puppen; dafür aber sind die „Zwergenbäcker" aus Grafenroda stolz darauf, daß ihre in die ganze Welt exportierten lustigen Gartenbewohner aus Ton bestehen und von Hand bemalt sind. Gartenzwerge aus dem billigeren Plastikmaterial werden hier mit Verachtung gestraft.

Mit 916 m Höhe bildet die Kuppe des Inselberges bei Botterode einen der höchsten Punkte der Bergkette des Thüringer Waldes (linke Seite). Hier wie im weiter südlich gelegenen Oberhof mit seinen lieblichen Tälern (oben) entwickelten sich Zentren der Erholung. Oberhof, seit Ende des vorigen Jahrhunderts ein Luftkurort, ist heute ein Mekka des Wintersports in Thüringen.

Der mächtigen Schillerbuche am Rennsteig bei Winterstein merkt man nicht an, daß auch der Thüringer Wald von den Schäden der Umweltverschmutzung bedroht ist.

Zentrum der thüringischen Spielzeugindustrie ist Sonneberg am Südrand des Thüringer Waldes. Im Sonneberger Spielzeugmuseum, das rund 70 000 Spielzeuge aus aller Welt besitzt, gibt die Sonderschau „Thüringer Kirmes“ (oben und rechts) eine reizvolle Anschauung vom Leben in der „guten alten Zeit“.

Ähnliche Eindrücke vermittelt auch die Puppenstadt „Mon plaisir“ im Schloßmuseum von Arnstadt mit ihren aus Wachs geformten Figuren, aus der wir einen Ausschnitt aus einer herrschaftlichen Küche zeigen, deren Ausstattung bis ins letzte Detail liebevoll nachgebildet ist (links außen).

Bei Friedrichsroda liegt im Ortsteil Schnepfenthal die Erziehungsanstalt, die der Pfarrer und Philosoph Christian Gotthilf Salzmann für eine natürliche Ausbildung von Geist und Körper 1780 eingerichtet hatte. Der 1785 eingerichtete Turnplatz ist der älteste in Deutschland. Hier wirkte Friedrich GutsMuths. Eine Gedenktafel zählt die Übungsgeräte auf, die rekonstruiert werden konnten und einen Eindruck von der Modernität dieser frühen Turngeräte vermitteln.

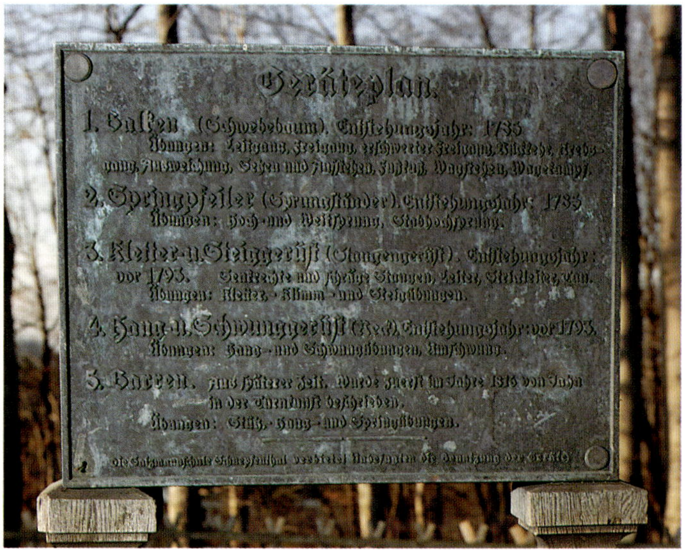

Die idyllischen Orte des Thüringer Waldes beherbergen vielfach auch Industrieanlagen. So blickt die Stadt Ruhla auf eine Tradition von Messerschmieden zurück – der legendäre Schmied von Ruhla erinnert daran –, ehe hier im späten 19. Jh. eine Uhrenindustrie entwickelt wurde.

Das neugotische Schloß Reinhardsbrunn, das seit 1964 als Hotel dient, liegt an der Stelle, an der Ludwig der Springer, der Begründer der Wartburg, 1085 das Kloster Reinhardsbrunn stiftete.

Im großen Beerberg erreicht der Thüringer Wald mit 982 m seine größte Höhe (links). Berühmter noch ist die 861 m hohe Erhebung Kickelhahn (oben) durch Goethes Gedicht „Über allen Wipfeln ist Ruh". Von Ilmenau führt der „Goethe-Wanderweg" hierher und erreicht über das Jagdhaus Gabelbach (Museum) den Ort Stützerbach, in dem ein weiteres Museum das Gedenken Goethes pflegt.

Arnstadt, an der Nordostflanke des Thüringer Waldes gelegen, gilt als die älteste Stadt des Landes. Die Siedlung wird schon 704 urkundlich erwähnt. Zahlreiche Kirchen aus gotischer Zeit dokumentieren den Reichtum der Stadt im späten Mittelalter, der aus der Tuchherstellung und vom Handel stammte, den die Lage der Stadt an einer Handelsstraße begünstigte. Zeugnisse sind die Handelshäuser am Ried, einem langgestreckten Platz, der als Markt diente.

Das Waidhaus, ein schöner Fachwerkbau des 16./17. Jh. in der Nähe der Liebfrauenkirche, weist schon mit seinem Namen auf eine Quelle des Arnstadter Reichtums hin: die Verwendung und den Handel mit der Waidpflanze (links), die vor der Entdeckung des Indigo bei den Färbern als Grundstoff zum Färben blauer Stoffe begehrt war.

Das Rathaus von Arnstadt wurde 1583 in niederländischen Renaissance- und Frühbarockformen errichtet, wie die prachtvoll dekorierten Portalbauten (oben) dokumentieren.

Am angrenzenden Marktplatz erinnern die Galerien der Tuchgaden (links) noch einmal an Arnstadts Bedeutung als Handels- und Tuchmacherstadt.

Linke Seite: Die spätgotische, im Innern barockisierte Bonifatiuskirche wird heute Bachkirche genannt und erinnert so an Johann Sebastian Bach, der hier von 1703-07 als Organist wirkte.

Die Stadt Suhl verdankt ihre Bedeutung als Waffenschmiede dem seit dem 15. Jh. hier betriebenen Abbau von Eisenerz. Das Waffenmuseum in dem alten Fachwerkbau (17. Jh.) des Malzhauses am Hauptplatz (oben) erinnert – ebenso wie das Denkmal des „Waffenschmieds“ auf dem Marktplatz (rechts) – an die Bedeutung des weltbekannten Büchsenmacherhandwerks in Suhl.
Im Süden des Thüringer Waldes entwickelte sich in Lauscha seit 1597 eine bedeutende Glasmacherindustrie, die das Glasbläserdenkmal dokumentiert.

Christian Gotthilf Salzmann

ihres Begründers. Christian Gotthilf Salzmann (1744-1811), der aus dem nördlich von Erfurt gelegenen Sömmerda stammte, hatte hier 1784 seine rasch berühmt gewordene Erziehungsanstalt gegründet. Ein neuer Geist ging von ihr aus, durch den die Pädagogik in ganz Deutschland Anregungen empfing, das spürt man auch beim Lesen der Werke Salzmanns. In dem für junge Menschen gedachten Buch „Die Reisen der Salzmannschen Zöglinge“, das die Erlebnisse und Erfahrungen einer Gruppe seiner Schüler hier in Schnepfenthal und der Umgebung schildert, findet sich beispielsweise folgendes Zwiegespräch über die Juden:

„Aber die Juden sind doch sehr sonderbare Leute, essen kein Schweinefleisch, keinen Hasenbraten, wer kann denn mit solchen Leuten umgehen?

Das ist freilich wahr. Und ich muß euch noch mehr sagen; sie essen und trinken fast gar nichts mit uns. Ich habe oft meine jüdischen Freunde, wenn sie zu mir kamen, gebeten, daß sie an meiner Mahlzeit teilnehmen, oder wenigstens ein Glas Wein mit mir trinken sollten. Sie haben mich aber alle Zeit gebeten, daß ich sie mit solchen Zumutungen verschonen sollte, weil ich wohl wüßte, daß ihnen ihr Gesetz dies untersage. Das war mir freilich nicht lieb, aber böse konnte ich deswegen doch nicht auf sie sein. Sie taten ja weiter nichts, als was sie von ihren lieben Eltern gesehen und gehört hatten. Warum essen wir denn nicht auch Pferdefleisch, wie die Tataren tun? Ist's nicht wahr, deswegen, weil unsere Eltern Abscheu gegen dasselbe bezeigt haben. Handeln wir also nicht ebenso wie die Juden? Und wenn der Jude nicht mitessen und trinken will, darf ich denn deswegen nicht mit ihm essen und trinken?

Aber sie sind doch Betrüger?

Nein, meine Lieben, das gebe ich euch durchaus nicht zu. Ich habe so manchen braven Juden kennengelernt, den ich nie auf einer schlechten Tat antraf, der mir viele Beweise von Ehrlichkeit und Dienstwilligkeit gegeben hat. Und solche Leute sollten Betrüger sein? Das kann ich schlechterdings nicht zugeben. Daß es unter ihnen Betrüger gibt, leugne ich nicht. Ich selbst bin einige Male betrogen worden. Gibt es aber nicht auch Betrüger unter den Christen? Seid ihr nicht selbst bisweilen von ihnen betrogen worden? Wäre es mir nun wohl recht, wenn ein Jude geradezu sagen wollte: die Christen sind Betrüger?

Das wäre nun freilich nicht recht. Man hat ja aber gar viele Exempel, daß die Juden gegen die Christen sehr tückisch und boshaft sind. Sie haben ja bisweilen die Brunnen vergiftet, Christenkinder ermordet, und ihr Blut getrunken.

Das ist alles erlogen, meine Lieben! Das haben alles boshafte Christen erdacht. Und wenn nun Christen solche boshaften Verleumdungen den Juden nachsagen, wäre es da wohl Wunder, wenn mancher Jude tückisch und boshaft würde?“[3]

Das wurde 1784 geschrieben, zu einer Zeit, als in Deutschland zögernd und nur unter den Gebildeten ein allmähliches Verständnis für die Juden und ihre Probleme aufkeimte.

Aber noch andere Spuren von Salzmanns pädagogischen Ideen und seinem Schulbetrieb lassen sich in Schnepfenthal verfolgen; denn noch existiert der Turnplatz mit den rekonstruierten Geräten, den er 1785 anlegen ließ und den sein Mitarbeiter GutsMuths zur ersten modernen Sportanlage umwandelte, ein weiterer Beweis für den fortschrittlichen Geist, der von Schnepfenthal ausging.

Nur wenige Kilometer südlich von Waltershausen liegt Friedrichsroda, die „Waschküche Thüringens“, wie es einmal genannt wurde, nicht etwa wegen seines neblig-trüben Wetters, das ist dort im Gegenteil so gut, daß die Stadt zu den ältesten und beliebtesten Sommerfrischen Thüringens zählte, sondern wegen der Garnbleichereien. Sie bildeten seit dem 17. Jahrhundert zusammen mit dem Bergbau einen wichtigen Erwerbszweig, heute sind es die zahlreichen Gäste, die alljährlich nach Friedrichsroda kommen und Erholung suchen. Für sie bietet die Umgebung genug Attraktionen, allen voran die Marienglashöhle. Die seltenen durchscheinenden Gipskristalle, die wir hier bewundern, wurden im 19. Jahrhundert gern zum Schmuck von Marienbildern verwendet, und so erhielt die Höhle ihren Namen. Und natürlich gehört auch das Schloß Reinhardsbrunn dazu, ein neogotischer Bau, den sich die Gothaer Herzöge 1827-35 als Jagdschloß erbauen ließen und der heute ein Hotel beherbergt. Der Gast kann dort davon träumen, daß sich unter dem gleichen Dach schon die junge Queen Victoria mit dem Prinzen Albert von Coburg-Gotha, ihrem späteren Gemahl, traf und sich eine Romanze anbahnte, die heute der Regenbogenpresse ausreichend Stoff für aufregende Berichte bieten würde.

Aber weit wichtiger als königliche Liebesgeschichten ist in Reinhardsbrunn die Erinnerung an ein Kloster, das wichtigste einst in Thüringen. Ludwig der Springer hatte es schon 1085 hier in der Nähe der Schauenburg, des Stammsitzes des ludowingischen Geschlechts, gegründet. Benediktinermönche aus Hirsau im Schwarzwald übernahmen es und förderten seinen Aufstieg. Das wiederum ließ die den Ludowingern benachbarten Grafen von Schwarzburg-Käfernburg nicht ruhen, die in dem nur sieben Kilometer entfernten Georgenthal ihrerseits ein Zisterzienserkloster gründeten. Die beiden Klostergemeinschaften rivalisierten miteinander – durchaus zum Vorteil der Bevölkerung. Ihre große Zeit aber endete mit der Reformation, im Bauernkrieg wurden sie beide von den Mönchen verlassen und verfielen allmählich. Die wenigen erhaltenen Grabsteine der Ludowinger wurden 1952 nach Eisenach in die Georgenkirche überführt, und auch in Georgenthal erinnern nur noch ein paar Ruinen und das gotische Kornhaus an seine einstige Größe.

Südlich Friedrichsroda liegt Finsterbergen. Wer von den zahlreichen Touristen, die auch diesen Ferienort alljährlich bevölkern, denkt schon daran, daß er jahrhundertelang zu den bekanntesten Fuhrmannsdörfern im Thüringer Wald gehörte und daß hier später wie in Waltershausen die Puppenmacherei für kärglichen Verdienst sorgte? Der dänische Schriftsteller Martin Andersen-Nexö, der Finsterbergen 1911 als Kurgast besucht hatte, wählte den Ort zum Schauplatz seiner Erzählung „Die Puppe“, in der er die soziale Not seiner Bewohner beschrieb:

„In der Gegend um Finsterbergen werden hauptsächlich Puppen hergestellt. Es bedarf großer Fingerfertigkeit, mit dieser Arbeit einigermaßen Brot ins Haus zu schaffen; deshalb ist der Mann die am wenigsten wichtige Person des Haushalts. Die Frau bedeutet etwas mehr, aber die Kinder sind die eigentlichen Versorger, hier bedeuten viele Kinder ausnahmsweise einmal gutes Auskommen. Das Ehepaar Gässert hatte nur ein einziges Kind, obendrein einen Spätling ... Sie wohnten hoch oben im Leinetal, an der ersten Berglehne, über welche die Leine hinweg muß; die Hütte war auf allen Seiten von dichtem Tannenwald umgeben. Durch die beiden kleinen Fenster der Stube hatte man anfänglich weit das Tal hinuntersehen können und – durch einen Einschnitt in den entfernteren Waldbergen – noch weiter hinaus bis in die Ebene mit dem Erfurter Dom in der Ferne. Aber die Tannen säten sich selber vor der Hütte aus, und Gässert ließ sie wachsen. Wenn die Frau sie beseitigen wollte, schalt er. ‚Was sollen wir mit der Aussicht?‘ fragte er. ‚Wir bringen es ja doch nie zu was. Mag nur der schwarze Wald uns einschließen!‘

Und der Wald schloß sich um sie. Wenn der kleine Junge einen Schimmer der Welt erhaschen wollte, mußte er sich weiter und weiter von der Hütte entfernen. Auf diese Weise machte er sich frühzeitig mit dem Gedanken vertraut, daß es zu Glück und Freude ein weiter Weg ist. Er hatte immer seltener Zeit, bis zu der Lichtung zu laufen und in die offene, freie Welt hinauszuspähen, denn schon von seinem vierten Jahr an mußte er für sein Brot arbeiten. Er mußte die halben Puppenleiber wenden, die eben aus den Steinformen herausgenommen worden waren und zum Trocknen auf den Felsplatten hinter der Hütte lagen; und bald mußte er mit seinen kleinen Fingern die aufgeweichte Pappmasse in die Formen pressen, während die Mutter die Ränder sauber beschnitt und die Masse wieder vorsichtig aus der Form nahm. Dies war eine Arbeit, die ihm noch nicht anvertraut werden durfte, und darüber war er froh.

Die Arbeit hatte seinen kindlichen Ehrgeiz bereits aufgezehrt; er sah mit Grauen jener Erklärung entgegen, daß er nun zu diesem oder jenem groß genug sei.

Es ist nicht gut, einziges Kind zu sein, wenn das Auskommen von einer großen Kinderschar abhängt; und wenn sich der kleine Heinz durch den Hunger verführen ließ, Roggenmehlkleister zu naschen, bekam er vom Vater Prügel."[4]

Um von hier nach Oberhof im Herzen des Thüringer Waldes zu gelangen, wählen wir den Weg über Georgenthal nach Ohrdruf. Hier hatte 732 Bonifatius, der „Apostel der Deutschen", seine Missionsarbeit in Thüringen aufgenommen und eine Kirche gegründet, die vielleicht an der Stelle des heutigen Schlosses Ehrenstein stand. Auf der Weiterfahrt nach Oberhof wird kein an Technikgeschichte interessierter Tourist versäumen, vor der Stadt den Tobiashammer zu besichtigen, der von 1482-1977 als Hammerwerk in Betrieb war und heute zu einem sehenswerten Technikmuseum umgebaut ist. Noch funktionieren die beiden von vier Wasserrädern angetriebenen Hammerstellen wie seit fünf Jahrhunderten. Über Luisenthal und vorbei an der landschaftlich reizvoll gelegenen Ohra-Talsperre geht es nach Oberhof auf der Paßhöhe der Straße, die Erfurt mit Meiningen und dem Fränkischen Grabfeld verbindet. Hier lag schon im ausgehenden Mittelalter der Obere Hof, eine Herberge, wo Fuhrleute ausspannen und rasten konnten. Noch zu Beginn des 18. Jahrhunderts lebten in der kleinen Gemeinde erst 150 Einwohner, aber schon Ende des 19. Jahrhunderts entwickelte sich Oberhof rasch zu einem Luftkurort und seit den zwanziger Jahren zu einem Wintersportplatz. Sein Wahrzeichen sind moderne Hotels, allen voran die Pyramide des Interhotels.

Aber für die rund eine Million Tagestouristen, die im Laufe eines Jahres hierher kommen, gibt es immer noch genug Wandermöglichkeiten; denn gleich hinter dem Ort quert der Rennsteig die Autostraße. In rund 168 Kilometer Länge verläuft dieser alte Verkehrs- und moderne Wanderweg über die Höhen des Thüringer Waldes. Seinen Namen als „Rynstig" hat er von der „Rynne", der Grenze zwischen den zahlreichen kleinen Fürstentümern, die hier am Kamm entlang lief. Viktor von Scheffel, der Thüringen mehrfach besuchte, hat ihm in seinem „Biterolf" ein literarisches Denkmal gesetzt:

„Ein deutscher Bergpfad ist's! Die Städte flieht er
Und keucht zum Kamm des Waldgebirgs hinauf,
Durch Laubgehölz und Tannendunkel zieht er
Und birgt im Dickicht seinen scheuen Lauf.
Das Eichhorn kann von Ast zu Ast sich
schwingen,
So weit er reicht, und nicht zum Boden springen.
Der Rennstieg ist's: die alte Landesscheide,
Die von der Werra bis zur Saale rennt
Und Recht und Sitte, Wildbann und Gejaide
Der Thüringer von dem der Franken trennt.
Du sprichst mit Fug, steigst du auf jenem Raine:
Hie rechts, hie links! Hie Deutschlands Süd,
dort Nord ...
Wenn hie der Schnee schmilzt, strömt sein
Gruß zum Maine,
Was dort zu Tal träuft, rinnt zur Elbe fort;
Doch auch das Leben weiß den Pfad zu finden,
Was Menschen trennt, das muß sie auch verbinden.
Verschollner Völker dunkle Wanderungen,
Kampf um den Landhag ... Überfall und
Flucht ...
Kriegswiese ... Mordfleck ... Richtstatt:
Manch verklungen
Geheimnis schwebt um Höhensaum und
Schlucht.
Und wer zu hören weiß in frommem Lauschen,
Wie herrlicher als Lied und Kunstgedicht,
In stundenlangem leisen Wipfelrauschen
Des Waldes Seele mit sich selber spricht,
Der muß, wenn sommerliche Lüfte wehen,
Auf diesem Stieg als Wandrer sich ergehen."[5]

Heute ist der Rennsteig von Hörschel bei Eisenach bis Blankenstein an der Saale überall deutlich durch sein R markiert. Alljährlich wandern hier zahllose Touristen, und es schadet gar nichts, wenn sie dabei gelegentlich einmal von der Route abweichen und die Orte am Rande des Gebirges aufsuchen, wie es jeder Kenner empfiehlt. Ob allerdings der „GutsMuths Rennsteiglauf" so empfehlenswert und sinnvoll ist, der seit 1973 hier von Amateuren durchgeführt wird und längst in eine Massenveranstaltung auszuarten droht, muß jeder selbst je nach Einstellung zu solchen Konditionsübungen entscheiden.

Von Oberhof aus bieten sich zwei Möglichkeiten zur Weiterfahrt; entweder westwärts nach Suhl oder auf die Ostseite des Waldes nach Ilmenau.

Wer Suhl nennt, denkt auch heute noch an Waffen, so sehr hat sich der alte Begriff von der „Thüringischen Gewehrschmiede“ seit Jahrhunderten im Bewußtsein festgesetzt. Schon im ausgehenden Mittelalter hatte im Tal der Lauter und der Hasel die Eisengewinnung einen hohen Stand erreicht, Nürnberger und Augsburger Büchsenschmiede nutzten seit der Mitte des 16. Jahrhunderts die sich bietenden Möglichkeiten und begannen mit der Waffenerzeugung. Schon zu Beginn des 17. Jahrhunderts arbeiteten etwa zweihundert Waffenschmiede in der Stadt und lieferten Gewehre und Pistolen nach ganz Europa, wo immer sich nur gute Absatzmöglichkeiten boten, und da diese in den unruhigen Kriegszeiten überall gleichermaßen gut waren, florierte das Geschäft, bis 1634 kaiserliche Truppen unter Graf Isolani Suhl niederbrannten. Für die Stadt war es ein schwerer Rückschlag, von dem sie sich zwar erholte, aber im Zuge des Wiederaufbaus stellten sich die Waffenschmiede zunehmend auf die Erzeugung von Jagdwaffen um, als deren Herstellungsort Suhl auch heute noch Weltgeltung hat.

Ilmenau, das zweite Ziel von Oberhof aus, liegt am nordöstlichen Hang des Thüringer Waldes im Tal der Ilm. Es gibt wohl nach Weimar keine Stadt in Thüringen, die so eng mit Goethe verbunden ist wie diese alte Bergbausiedlung. Fachleute haben ausgerechnet, daß der Dichter achtundzwanzigmal und insgesamt 220 Tage hier weilte. In seiner Eigenschaft als Staatsminister, dem auch der Bergbaubetrieb unterstellt war, suchte er die wirtschaftlichen Zustände der Gemeinde zu verbessern, und wenn auch seine Pläne, den Bergbau zu erneuern, scheiterten, so half er doch, wo er konnte, schätzte das Städtchen zeitlebens und widmete ihm auch ein berühmtes Gedicht:

„Anmutig Tal! du immergrüner Hain!
Mein Herz begrüßt euch wieder auf das beste.
Entfaltet mir die schwerbehangnen Äste,
Nehmt freundlich mich in eure Schatten ein,
Erquickt von euren Höhn, am Tag der Lieb' und Lust,
Mit frischer Luft und Balsam meine Brust!

Wie kehrt ich oft mit wechselndem Geschicke,
Erhabner Berg, an deinen Fuß zurücke!
O laß mich heut an deinen sachten Höhn
Ein jugendlich, ein neues Eden sehn!
Ich hab' es wohl auch mit um euch verdienet:
Ich sorge still, indes ihr ruhig grünet.

Laßt mich vergessen, daß auch hier die Welt
So manch Geschöpf in Erdefesseln hält,
Der Landmann leichtem Sand den Samen anvertraut
Und seinen Kohl dem frechen Wilde baut,
Der Knappe karges Brot in Klüften sucht,
Der Köhler zittert, wenn der Jäger flucht.
Verjüngt euch mir, wie ihr es oft getan,
Als fing' ich heut ein neues Leben an.

Ihr seid mir hold, ihr gönnt mir diese Träume,
Sie schmeicheln mir und locken alte Reime.
Mir wieder selbst, von allen Menschen fern,
Wie bad ich mich in euren Düften gern!
...“[6]

Selten wird Goethes Verbindung mit der Natur so deutlich wie gerade in Ilmenau und seiner Umgebung, und wenn wir die Gedenkstätte in dem 1616 erbauten Amtshaus am Marktplatz besucht und einen Augenblick vor dem Gasthaus „Zum Löwen“ verweilt haben, wo der Zweiundachtzigjährige den letzten Geburtstag seines Lebens feierte, sollten wir den romantischen Spuren des Goethe-Wanderweges nachgehen – zumindest die Strecke von Manebach oder von Stützerbach auf den Kickelhahn hinauf. Überall ist hier immer noch Goethe gegenwärtig. In Manebach weilte er verschiedentlich im Hause des dortigen Kantors. Vom Ortsrand aus führt der Weg vorbei an der „Helenenruh“ zum Großen Hermannstein mit Goethes Zeichensitz und weiter hinauf auf den 861 m hohen Kickelhahn. Das Goethe-Häuschen dort oben ist zwar nicht mehr das alte, sondern nach einem Brand 1874 in der ursprünglichen Form neu errichtet, aber es erinnert daran, daß Goethe hier am Abend des 6. September 1788 die in ihrer einfachen klaren Sprache so eindrucksvollen Zeilen von „Ein Gleiches“ schrieb. Nicht weniger beeindruckend ist auch ein Bericht, den der Rentamtmann J. Chr. Mahr vom letzten Besuch Goethes am 27. August 1831 auf dem Kickelhahn gibt:

„Wir fuhren bei ganz heiterem Wetter über Gabelbach nach der Bergspitze zu ... Auf dem Gigelhahn angelangt, stiegen wir aus, Goethe ging ziemlich rüstig bis an die nach Ilmenau zu gelegene Aussichtsstelle und rief mehrmals: ‚Herrlich! Herrlich!‘ Dann sagte er zu mir gewendet: ‚Ach hätte doch das Schöne mein guter Durchlauchtigster Großherzog Carl August noch einmal sehen können!‘ Hierauf sagte er: ‚Das kleine Waldhaus muß hier in der Nähe sein? Ich kann zu Fuß dahin gehen, und die Chaise soll hier so lange warten, bis wir zurückkommen.‘ Goethe schritt trotz seines hohen Alters ziemlich rüstig über den mit Heidelbeersträuchern bewachsenen Platz nach dem kleinen, aus nur zwei übereinanderliegenden Stuben von sehr geringer Dimension bestehenden Forstschutz-Häuschen, welches nach drei Seiten mit Fenstern versehen, in früherer Zeit, als die nahestehenden Tannen es noch nicht teilweise überwachsen hatten, eine sehr schöne Aussicht gehabt haben mag. Die zur oberen Stube führende Treppe ist weit außen angebaut, überdeckt, etwas steiler als gewöhnlich. Die untere Stube besah er nicht, sondern ging gleich nach oben. In Anbetracht seines hohen Alters glaubte ich ihm beim Aufgang meine Hilfe anbieten zu müssen, er wies dieselbe freundlich dankend mit den Worten zurück: ‚Das Aufsteigen geht noch recht gut.‘ Beim Eintritt in das obere Zimmer sagte Goethe: ‚Ich habe in früherer Zeit einmal hier im Sommer mit meinem Bedienten acht Tage gewohnt und damals einen kleinen Vers an die Wand geschrieben. Wohl möcht ich diesen Vers nochmals sehen, und wenn der Tag darunter bemerkt ist, an welchem es geschrieben, so haben sie die Güte, mir solchen aufzuzeichnen.‘ Sogleich führte ich ihn an das nach Süden zu gehende Fenster; da stand an der linken hölzernen Fensterbekleidung mit Bleistift

Über allen Gipfeln ist Ruh,
In allen Wipfeln spürest du
Kaum einen Hauch;
Es schweigen die Vöglein im Walde,
Warte nur, balde
Ruhest du auch.
den 7. September 1783. Goethe

Goethe las die Verse und schien tief bewegt. Ganz langsam zog er sein weißes Taschentuch aus seinem dunkelbraunen langen Tuchrock, trocknete sich die Tränen und wiederholte langsam und wehmütig: ‚Ja, warte nur, balde ruhest du auch.‘ Dann schwieg er eine kleine Weile, überflog mit den Augen nochmals durch das südliche Fenster die schöne Waldaussicht nach Stützerbach zu und wandte sich mit den Worten nach mir: ‚Nun wollen wir gehen!‘“[7]

Der etwas längere Abstieg wieder ins Tal hinunter führt am Jagdhaus Gabelbach vorbei nach Stützerbach. Das Jagdhaus war 1783 für den Weimarer Hof errichtet worden. Wer sich über Goethes naturwissenschaftliche Studien im Thüringer Wald informieren möchte, wird in der hier eingerichteten Gedenkstätte eine kleine Ausstellung mit seltenem Material finden. Gegen Ende des vorigen Jahrhunderts hatte hier die „Gabelbachgemeinde“ ihren Sitz, eine heute kaum noch bekannte Schriftstellervereinigung, der unter anderem Viktor von Scheffel und Rudolf Baumbach angehörten. An letzteren erinnert heute noch ein Denkmal gegenüber dem Jagdhaus. Er stammte aus der Nähe von Weimar, wo er 1840 in Kranichfeld geboren wurde, und ist der Schöpfer zahlreicher, auch heute noch beliebter volkstümlicher Lieder wie die „Lindenwirtin“ oder „Hoch auf dem gelben Wagen“. Er starb 1905 in Meiningen.

Stützerbach im Tal war ähnlich wie Ruhla ein Opfer der thüringischen Kleinstaaterei; denn auch hier trennte der Dorfbach jahrhundertelang in eine kurfürstlich-sächsische und eine weimarische Hälfte. In letzterer lag das Haus des Glashüttenbesitzers Gundelach, in dem Goethe rund ein dutzendmal zu Gast weilte. Aber bei einem Besuch hier im Ort sollte man nicht nur an ihn denken, sondern auch an die geschickten Glasbläser, die zum ersten Male in Deutschland Fieberthermometer und Glühbirnen herstellten.

Wenn wir auf dem Rückweg von Stützerbach nach Ilmenau noch einmal über Manebach kommen, sollten wir das „Schöffenhaus“ aufsuchen. Hier weilte der Bildhauer, Metallforscher und Dichter Kurt Kluge häufig zu Gast und wählte den Wirt und Erbauer des Gasthofes Alexander Wörmer zum Vorbild jenes „Herrn Kortüm“, der heute zu den großen kauzigen Romanfiguren der deutschen Literatur zählt. Jenen Kortüm, den das Schicksal von der Waterkant auf eine Paßhöhe des Thüringer Waldes geführt hatte, wo er als Wirt des „Schottenhauses“ seßhaft wurde. In einer an Jean Paul und Wilhelm Raabe erinnernden Sprache erzählt Kluge von Größe und Tragik Kortüms, dieses Genies und Weltverbesserers, der selbst zu einem Stück Thüringer Waldes wird und dem längst hier ein Denkmal gebühren würde, nicht zuletzt auch als ein Stück der von alters her berühmt-gerühmten Thüringer Gastlichkeit. Nur wer erwartete, daß dieser erzene Herr Kortüm dann gestatten würde, daß man an Sommertagen vor seinem Denkmal an einem Stand die nicht weniger berühmten Thüringer Bratwürste verkaufte, der sähe sich getäuscht, legte Kortüm doch stets größten Wert auf gepflegten Umgang mit Speisen und Gästen! Neben ihm sind es die Tagelöhner, Besenbinder, Maskenschnitzer, arme Lehrer, denen Kluges Sympathien gehörten und die er in seinem Roman beschreibt:

„Das Gebirge lag tief im Schnee. Es war kalt, aber die Mittagssonne brachte die dicken Schneebehänge auf den Zweigen zum Tropfen. Bilmes stieg den Heidpfad herauf. Er trug sorgsam ein Päckchen mit Eiern, Speck und einem Pfund Schmalz unter dem Arme. Als er nahe vor seiner Waldhüterstelle am Heidstein war, wandte er sich um und sah unzufrieden hinter sich: die Wege hier oben gehörten ihm und dem Wild. Jetzt zogen Skibahnen durch den Schnee. Seit das Theater im Schottenhaus spielte, war der verborgenste Jägerpfad nicht sicher vor den Festgästen. Am Abend guckten sich die Stadtleute die Komödianten an, und am Tag rutschten sie wie Besessene die Schneebahnen im Wald hinunter. Diese Spuren der wilden Männer und Weiber kränkten Bilmes – trotzdem sah er sie noch einmal an. Seit dem Kriege mußte er immer zurückblicken. Er fühlte etwas hinter sich tappen. Was es war, konnte er nie feststellen. Als ob ihm jemand nachging. Er blickte kopfschüttelnd auf seinen kurzen Mittagsschatten im Schnee. Der Schatten war es nicht: Nein, der tappte nicht.

Vielleicht war es sein Freund Mämpel. Ungeduldig tappte Mämpel in der Heidhütte herum und wartete auf die Eier und den Speck. Er hatte Heu in die Wildraufen gebracht und war hungrig. Die Vorarbeit zum Mittagessen war längst besorgt. Mämpel hatte Holz gespalten, Feuer in dem kleinen Herd gemacht, den Kaffeetopf aufgestellt, die Pfanne mit einer Speckschwarte ausgewischt – jetzt klappte er die obere Hälfte der Tür auf und lugte ins Freie: da stand dieser Evangeliste am Meilerschlag, den Speck unterm Arm, murmelte vor sich hin und fuchtelte mit den Armen.

‚He! Nu komm doch und pred'ge nich!'

Bilmes sah zu ihm hin, besann sich und stapfte durch den Schnee heran. An der Holzstufe schlug er die Schneeklumpen von den Hacken und gab Mämpel die Eier: ‚Sachtchen. Zerbrich se nich.'

Er band sein Wolltuch ab, das er dreimal um den Hals geschlungen hatte, hing die Fellmütze an den Nagel und zog die Handschuhe aus: ‚Schöne warm hier.'

‚Wo warste denn so lange?' fragte Mämpel und schnitt die gekochten Kartoffeln in Scheiben.

‚Im Schottenhaus.'

‚Hä, Kortüm-Geld?'

‚Kortüm-Geld' war ein neues Wort im oberen Ilmtale. Früher verbanden die Leute mit dem Wort Kortüm die Vorstellung Ohnegeld. Jetzt gab es plötzlich Kortüm-Geld im Land. Vom Schottenhaus rieselten nach allen Seiten schmale Geldrinnsale in die Täler hinunter und verschwanden in den Taschen der Einwohner. Der Volksmund sprach wahr: Herr Kortüm hatte dieses Geld gezeugt. Nun der Herr Kortüm – der sah es bloß von hinten: es lief von ihm weg.

‚Wie viel Fuhren Tannzweige hast'n du eigentlich gemacht, Bilmes?'

‚Fünfe nach Esperstedt und dreie nach Besenrode nunter.'

‚Das sin achte. Ich habe bloß sechse.'

‚Du hast dafür de Fahnen aufgezogen.'

Mämpel nickte: ‚Weiste, Herr Kortüm hat's doch in sich, verdammig nochämal. Der wird schöne verdient haben. Die schippen doch's Geld bloß so. Als ich meins holte, hatte er lauter so kleine Rollen aufm Tisch stehn, immer eine neben der andern. Und da knipst er so einem Ding einfach'n Kopp ab, dreht's rum, un nu hähähä liefen de Taler raus. Wie wenn's gar nischt wäre. Du, un wenn er einen dann so auszahlt: Peng peng peng schmeißt er de Taler auf'n Tisch, ganz weit von oben runter.'"[8]

Zwanzig Kilometer sind es nur ilmabwärts in die Vorberge des Thüringer Waldes bis nach Arnstadt, das wir längst schon von Gotha oder von den Drei Gleichen aus hätten aufsuchen können. Immerhin zählt es zu den ältesten Städten Thüringens, sein Name taucht schon 704 in einer Urkunde des fränkischen Herzogs Hedens auf, im 10. Jahrhundert war es schon so angesehen, daß König Otto I. hier einen Reichstag abhielt. Später nahmen es die Grafen von Schwarzburg-Käfernburg in ihren Besitz, und als diese Ende des 17. Jahrhunderts in den Fürstenstand aufstiegen, erhielt Arnstadt mit ihnen den Rang einer fürstlichen Residenz. Damals wirkte auch die Musikerfamilie Bach in der Stadt, und von 1703-05 war der junge Johann Sebastian Organist an der Neuen Kirche, die heute nach ihm benannt ist. Sein Sohn Carl Philipp Emmanuel erzählte später, welche Rolle die Stadt im Leben der Familie gespielt hat:

„Da sie unmöglich alle an einem einzigen Ort beysammen leben konnten, so wollten sie sich doch wenigstens einmal im Jahre sehen, und bestimmten einen gewissen Tag, an dem sie sich sämtlich an einem dazu gewählten Orte einfinden mußten. Der Versammlungsort war gewöhnlich Erfurt, Eisenach oder Arnstadt. Die Art und Weise, wie sie die Zeit während dieser Zusammenkünfte hinbrachten, war ganz musikalisch.

Da die Gesellschaft aus lauter Cantoren, Organisten und Stadtmusikanten bestand, die sämtlich mit der Kirche zu thun hatten, und es überhaupt damals noch eine Gewohnheit war, alle Dinge mit Religion anzufangen, so wurde, wenn sie versammelt waren, zuerst ein Choral angestimmt. Von diesem andächtigen Anfang gingen sie zu Scherzen über, die häufig sehr gegen denselben abstachen. Sie sangen nämlich nun Volkslieder, teils von possierlichem, teils auch von schlüpfrigem Inhalt zugleich miteinander aus dem Stegreif so, daß zwar die verschiedenen extemporierten Stimmen eine Art von Harmonie ausmachten, die Texte aber in jeder Stimme anderen Inhalts waren. Sie nannten die Art von extemporierter Zusammenstimmung Quodlibet, und konnten nicht nur selbst recht von ganzem Herzen dabei lachen, sondern erregten auch ein ebenso herzliches und unwiderstehliches Lachen bey jedem, der sie hörte.“[9]

Auf die Glanzzeit der kleinen Residenz geht auch das Neue Palais zurück und in ihm die berühmte Puppensammlung „Mon Plaisir“. Fast vier Jahrzehnte wurde an ihr gearbeitet, und die sammelwütige, verschwenderische Fürstin Auguste Dorothea spannte ihren ganzen Hofstaat für das Basteln ein, so mußte beispielsweise der Hofprediger, ein Franziskanerpater, die Köpfe der Puppen fertigen. Was dabei herauskam, kann sich bis heute sehen lassen, entstanden doch zweiundachtzig Zimmer mit über vierhundert Puppen, die bis in alle Einzelheiten das Alltagsleben bei Hofe und in den Bürgerhäusern im 18. Jahrhundert spiegeln, eine kulturgeschichtliche Fundgrube ohnegleichen!

Arnstadt erinnert auch an zwei bekannte Erfolgsschriftsteller des 19. Jahrhunderts. So lebte von 1852 bis zu seinem Tode 1871 der aus Breslau stammende G. W. H. Häring hier, der unter dem Pseudonym Willibald Alexis eine Reihe bekannter Romane mit Stoffen aus der brandenburgisch-preußischen Geschichte geschrieben hatte, darunter als den wohl bekanntesten „Die Hosen des Herrn von Bredow“. Auf dem Alten Friedhof liegt er begraben, und ein Gedenkstein in den Gera-Anlagen erinnert an ihn wie auch eine kleine Ausstellung im Schloß. Und 1825 wurde in Arnstadt Eugenie John geboren, die von 1863 an in ihrer Heimatstadt lebte und als Eugenie Marlitt zu einer der populärsten Schriftstellerinnen in der zweiten Hälfte des 19. Jahrhunderts wurde. Ihre Unterhaltungsromane erschienen alle in der Familienzeitschrift „Die Gartenlaube“ und finden auch heute noch in Neuausgaben ihr Schmökerpublikum. Arnstadt ist unschwer als Schauplatz ihres wohl bekanntesten Romans „Das Geheimnis der alten Mamsell“ wiederzuerkennen, und in der „Reichsgräfin Gisela“ schildert sie das Winterende im Thüringer Wald:

„So war der Winter verflossen, ein so strenger und weißer Winter, wie er den Thüringer Wald seit langen Jahren nicht heimgesucht hatte. Das erste lustige Flockengewimmel, das die Pfarrerin von Neuenfels so freudig begrüßt hatte, war der Vorläufer eines ungeheuren Schneefalls gewesen. Vorzüglich droben in den höchsten Gebirgsregionen hatte es monatelang so unermüdlich und fortgesetzt geschneit, daß die Häuser Tag für Tag tiefer einsanken in ihr weißes Grab, bis schließlich nur noch hier und da der schornsteingekrönte Holzfirst wie eine graue Linie auf dem flimmernden Weiß lag; niedrigere Hütten aber ließen nicht einmal diese Spur ihres Daseins auf der Oberfläche zurück. Die Bewohner stiegen durch den Rauchfang aus und ein, und es kam vor, daß Wanderer, die in der unkenntlich gewordenen Gegend den Weg verloren hatten, zu ihrem Entsetzen urplötzlich versanken und mit Blitzesschnelle in einen engen Schacht einfuhren, um sich drunten auf der Herdplatte, inmitten sehr erschrockener Gesichter, wieder zu finden. Warm war’s da unten in der tiefen Finsternis, die der knisternde Kienspan oder das qualmende Öllämpchen matt durchleuchteten – an Feuerung fehlte es nicht; aber der Topf, der im Ofen brodelte, enthielt kaum die Hälfte der gewohnten täglichen Mahlzeiten, ja, öfter noch stand er feiernd auf dem Küchenbrett, und die eingesargten Leute gingen hungrig zu Bette. Der im vergangenen Herbst so kärglich eingeheimste Kartoffelvorrat ging rasch zu Ende, und wehe dem armen Waldbewohner, wenn ihm diese Quelle versiegt! Die Kartoffel vertritt bei ihm Fleisch und Brot; er ißt sie gebraten oder in der Pfanne gebakken zu seinem dünnen, elenden Kaffee, mit dem die erquickende Mokkabohne gewöhnlich nur noch den Namen gemein hat. Damit sättigt er sich oft monatelang, und eine einzige Mißernte läßt sofort das Gespenst der Hungersnot auftauchen.

Nun klangen die Osterglocken durch die weißen Täler, und als ob er nur auf diese ersten Frühlingsstimmen gewartet hätte, flog ein warmer Tauwind auf und streifte hin über die hochgetürmten Schneezinnen der Berggipfel, über die Tausende zackengeschmückten Eispyramiden, die der Fichtenwald hoch hinauf nach den Wolken reckte. Das ist bei hohem Schneefall stets eine verhängnisvolle Zeit für einzelne Täler des Thüringer Waldes… Es tropft leise, leise von den glitzernden Eisnadeln herab auf die Schneedecke, die außen wie ein blanker Schild noch trotzig und scheinbar siegreich die Strahlen der heiteren Märzsonne zurückwirft, während unter ihr bereits kleine Wasseradern pulsieren. Das geräuschlose Durchsickern verwandelt sich allmählich zu Rinnen und Rieseln, zu tausendfältigen schmalen Bächlein, die gnomenhaft wühlend taleinwärts streben. Die häuserhohe Schneeschicht sinkt ein, ihre marmorglatte, zu körnigem Eis erhärtete Oberfläche zerbirst, und aus den Spalten steigen gurgelnd und brodelnd die unterirdischen, schmutziggelben Wasser… Nun dringt auch das Tageslicht wieder durch die Hüttenfenster, aber mit bange klopfendem Herzen sehen die Bewohner den schäumenden Wasserschwall von den Bergen stürzen. Wohl mündet er anfänglich in den kleinen Fluß, der über die Talsohle hinrauscht und friedlich die Mühlen treibt – eine kurze Zeit wälzen sich die trüben, losgerissenen Felsstücke und entwurzelten Bäume mit schleppenden Wogen in dem schmalen Bett, allein sie schwellen und steigen beharrlich.“[10]

Die beiden letzten Stationen unseres Ausflugs in den Thüringer Wald liegen im Südosten, dort, wo das Gebirge in den Frankenwald übergeht. Lauscha ist eine Glashüttensiedlung, die schon 1597 von einem böhmischen und einem schwäbischen Glasmacher begründet wurde, die beide wegen ihres Glaubens ihre Heimat hatten verlassen müssen. Die Glaserzeugung bestimmte das stetig karge Leben hier am Hang des Gebirges, viele wanderten aus, nahmen ihre Kunst mit in andere Länder bis nach Amerika. Im 18. Jahrhundert begannen die Glasmacher mit der Erzeugung von Flaschen, später stellten sie sich auf die Herstellung von Glasperlen um, und 1825 gelang einem Lauschaer Glasmacher die Herstellung lebensgetreuer künstlicher Augen, kleine Meisterwerke, die zwar bald in alle Welt gingen, an denen aber trotzdem nicht viel verdient war, und schließlich kam seit Ende des 19. Jahrhunderts noch die Erzeugung von Christbaumschmuck dazu, der heute längst maschinell hergestellt wird.

In Sonneberg am Südrand des Thüringer Waldes begrüßen uns zum Abschied noch einmal Puppen, die dort seit dem ausgehenden Mittelalter das Wirtschaftsleben des Ortes prägen. Die ältesten waren aus Holz und wurden bemalt. Nürnberger Kaufleute sorgten für ihren Absatz. Nach dem Dreißigjährigen Krieg mußten sich die Sonneberger Händler mehr und mehr selbst um den Vertrieb kümmern. Das Geschäft verbesserte sich, als um die Mitte des 18. Jahrhunderts die Puppen von den sogenannten Bossierern aus einer Mischung aus Schwarzbrotteig, Leim und Wasser hergestellt wurden. Gegen Ende des Jahrhunderts gingen die Hersteller auf Pappmaché über und statteten die Puppen mit beweglichen Gliedmaßen aus. An die Stelle der Heimarbeit trat die fabrikmäßige Herstellung, die der Heimarbeit in den kleinen Orten des Thüringer Waldes überlegen war und das Ansehen Sonnebergs als Spielzeugstadt in aller Welt festigte. Wer die Entwicklung einmal genauer verfolgen möchte, muß nur das berühmte Spielzeugmuseum in der Stadt besuchen. Dort gesellen sich zu den Sonneberger Produkten von den „Reiterlein“ bis zum modernen Spielzeug auch alte und neue Puppen aus aller Welt, und alles gipfelt in dem köstlichen, schon auf der Weltausstellung von 1910 gezeigten Puppendiorama „Thüringer Kirmes“. Und mit diesem vergnüglichen Bild vor Augen verabschieden wir uns vom Thüringer Wald.

Entlang der Saale

Die malerischen Ufer der Saale“ nannte 1848 ein Professor sein Buch über eine Reise entlang der Saale von ihrer Quelle im Fichtelgebirge quer durch Thüringen bis zu ihrer Mündung zwischen Dessau und Magdeburg in die Elbe. Reizvolle Bilder bestätigen, daß dieser Fluß tatsächlich viele malerische Partien aufwies, und unwillkürlich fällt einem dabei das 1826 entstandene Lied „An der Saale hellem Strande ...“ ein, das von Burgen, Rittern und Wanderern singt. Längst ist die alte Romantik vergangen, ist an der unteren Saale eine durch die chemischen Werke geprägte bedrückende Industrielandschaft entstanden, ist dort der Fluß verschmutzt und vergiftet. Aber wenigstens gehört das thüringische Saaletal zwischen Saalfeld im Süden bis etwa Bad Kösen nahe der Unstrut-Mündung immer noch zu den schönsten Flußlandschaften in ganz Deutschland.

Und es ist gar nicht so schwierig, ihr zu folgen, da die Fernstraße an ihrem Ufer entlang trotz des zunehmenden Verkehrs immer noch zu einer besinnlichen Fahrt einlädt. Die Vielfalt der Landschaft und die Spuren der Vergangenheit unmittelbar am Fluß selbst und im Hinterland lohnen die Reise. Wir beginnen sie bei Saalfeld im Süden, dort wo der Fluß das Gebirge verläßt und in einen Talkessel eintritt, der sich zum Thüringer Becken hin öffnet. Ein Blick auf die Karte zeigt dabei die verkehrstechnisch günstige Lage gleichermaßen am Schnittpunkt von Fernhandelswegen wie auch an der Übergangsstelle zwischen Gebirge und Ebene. Das nutzte der Ort Saalfeld seit dem hohen Mittelalter, dazu kamen Erträge aus den nahe gelegenen Kupfer- und Silberbergwerken. Nur politisch konnte er sich nicht frei entfalten, gehörte bald diesen, bald jenen Herren, den Grafen von Schwarzburg, den Wettinern, den Herzögen von Sachsen-Saalfeld, deren Residenz die Stadt sogar von 1735 bis 1826 war, und schließlich den Herzögen von Sachsen-Meiningen. Dabei blieb es bis zur Mitte des 19. Jahrhunderts ein richtiges Kleinstädtchen mit nicht einmal 7000 Einwohnern, erst dann begann im Zuge der Industrialisierung ein wirtschaftlicher Aufstieg.

Noch ist die Stadtbefestigung mit ihren vier Toren und der Mauer gut erhalten; das spätgotische Rathaus am Markt, die Stadtkirche St. Johannes, eine der schönsten gotischen Hallenkirchen Thüringens, und das Schloß lohnen schon die Besichtigung und den Spaziergang durch das Städtchen, vor allem aber auch ihr altes Wahrzeichen, der „Hohe Schwarm“, die Ruine eines mittelalterlichen Wohnturms, in dem einmal die Vögte residierten. Natürlich werden Kenner nicht versäumen, das „Loch“ zu besuchen, zählt es doch zu den ältesten Gaststätten Thüringens, und der Saal, in dem die trinkfreudigen Zünfte ihre Gelage hielten, ist noch in seinem ursprünglichen Zustand erhalten. Kein Wunder, daß Saalfeld den Beinamen „Steinerne Krone Thüringens“ erhielt.

Und wer dazu noch ein besonders schönes Naturdenkmal sehen möchte, wird unbedingt auch die Feengrotten besuchen. Diesen werbewirksamen, romantischen Namen haben die Saalfelder den 1911 in einem ehemaligen Alaunschieferbergwerk entdeckten Tropfsteinhöhlen gegeben. Die Oxydation hat dort die Minerale in den Tropfstein-Kalkzapfen verfärbt und wunderbare Gebilde geschaffen, die als „Venezianische Grotte“ oder „Märchendom“ angepriesen und natürlich auch alljährlich von hunderttausenden Besuchern bewundert werden.

Wer einmal alle Burgen des Saaletals besuchen und darüber genau Buch führen möchte, darf notieren, daß in Saalfeld neben dem Hohen Schwarm und dem Stadtschloß noch das Renaissanceschlößchen Kitzerstein und ein weiteres Schlößchen im Ortsteil Obernitz zu besuchen sind, und vermerken, daß die etwas weiter östlich gelegenen Schlösser wie Könitz, Ranis und Brandenstein erst auf der Fahrt in das Land zwischen Saale und Elster behandelt werden. Auf dem Weg saaleabwärts beachtet der Autoreisende meistens gar nicht das kleine Monument am Straßenrand nördlich von Saalfeld, das auch die meisten Reiseführer nicht erwähnen. Es erinnert an den Prinzen Louis Ferdinand von Preußen, der hier in der Nähe am 10. Oktober 1806 bei einem Gefecht gegen die anrückenden Franzosen tödlich verwundet wurde. Seine Schwester hat es 1823 nach Plänen von Schinkel errichten lassen.

Bald kommt auf der Weiterfahrt die nächste Burg in Sicht. Es ist die Ruine Greifenstein hoch über Bad Blankenburg. Bedeutsamer als sie aber ist für uns die Stadt selbst, genauer gesagt ein Bürger dieser Stadt. Friedrich Fröbel wurde 1782 in dem etwas südwestlich gelegenen Oberweißbach geboren. Der gelernte Forstmann verschrieb sich früh schon der Pädagogik, traf als Sechsundzwanzigjähriger in der Schweiz mit Heinrich Pestalozzi zusammen, dessen Ideen er übernahm. Er widmete seine Aufmerksamkeit besonders den Kindern im vorschulpflichtigen Alter und gründete 1837 in Blankenburg den ersten Kindergarten in Deutschland. So wie Salzmann seinerzeit in Schnepfenthal, so war auch Fröbel seiner Zeit mit seinen pädagogischen Ideen weit voraus. „Kommt, laßt uns unseren Kindern leben!" war sein auch heute noch beherzigenswerter Wahlspruch. Fröbel beschränkte sich nicht allein auf die Arbeit im Kindergarten. Da er die Wichtigkeit der familiären Erziehung für den Lebens- und Bildungsweg der Kinder erkannte und richtig einschätzte, ließ er von Blankenburger Handwerkern „Spielgaben", einfaches Spielzeug wie Kugel, Walze, Würfel, fertigen und verschickte sie mit eigenen Gebrauchsanleitungen. Die Blankenburger wissen, was sie seinem Andenken schulden. Sein Bildnis grüßt von einer Bronzetafel am Rathaus, und zu seinem 200. Geburtstag entstand in der Stadt 1982 ein Fröbel-Museum. Eine Mitarbeiterin beschrieb später den Tageslauf im ersten Kindergarten:

„Mit großer Freude wurde auch von Fröbel bei den Bewegungsspielen jedes neue hinzukommende Kind aufgenommen, begrüßt und ihm ein Platz im Kreise angewiesen. Dem neu hinzugekommenen Kinde gehörte dann seine ganze Aufmerksamkeit. Er beobachtete das Kind unausgesetzt, um zu erforschen, welchen Eindruck der Eintritt in einen solchen geschlossenen Kreis, welchen Eindruck der Gesang, die Bewegungen, das ganze Spiel auf das neue Kind hervorbringen werde. Bei solchen Gelegenheiten übergab er die Leitung des Spiels einem anderen und verließ den Kreis, um sich entweder hinter das Kind zu stellen und auf seine Stimme zu lauschen oder sich ihm gegenüber aufzustellen und seine Mienen zu beobachten. So sehe ich ihn immer noch vor mir, als eines Tages die zwei kleinen Söhne des Hotelwirts Weise, Leonhard und Oskar, in den Kindergarten traten und der ältere, Leonhard, im Namen der Mutter kindlich freundlich um Aufnahme in den Kindergarten bat und der kleine, Oskar, herzig zu ihm aufschauend, fragte: ‚Ich auch?' Man sah Fröbel an, wie ihm die Kinder wohlgefielen und wie er von den Kindern und ihrem artigen Benehmen zurück auf Mutter und Elternhaus schloß. Als sich die beiden Knaben in den Kreis gestellt hatten und beide gleich fröhlich und mutig mitspielten, holte Fröbel einen nach dem anderen von uns Erwachsenen zu sich, um uns auf die Kinder aufmerksam zu machen. Namentlich gefiel ihm der kleine blonde Krauskopf Oskar, der unbekümmert um jede Melodie laut und fröhlich in die Welt hineinsang, mochte es zur gegebenen Melodie stimmen oder nicht. Seine helle, liebliche Stimme entzückte Fröbel über alle Maßen und er konnte uns nicht genug darauf aufmerksam machen, wie geeintes Kinderspiel und Gesang andere Kinder anziehe und wohltätig auf sie wirke."[1]

Friedrich Fröbel

Von Bad Blankenburg aus lohnt sich der Abstecher das Schwarzatal aufwärts nach Schwarzburg, dem Sitz des gleichnamigen thüringischen Grafengeschlechts. Was heute eine Autofahrt von wenigen Minuten ist, bedeutete im 19. Jahrhundert noch ein touristisches Erlebnis, und der aus Galizien stammende Schriftsteller Karl Emil Franzos hat in seine „Reise- und Kulturbilder" eine idyllische Schilderung seiner Eindrücke von Schwarzburg aufgenommen:

„Als bei der Einfahrt in den Schwarzburger Bahnhof der Regen wie eine Wand vor dem Coupéfenster stand, flüchtete ich unter aufgespanntem Schirm auf den Bahnsteig. Er war ganz menschenleer; nur der junge Stationschef mit roter Mütze, dem man sofort den ehemaligen Offizier ansah, ging händereibend auf und nieder, denn für einen Augusttag war's recht empfindlich kühl. Das Züglein glitt weiter, der Beamte wollte in seinem Büro verschwinden, da fragte ich ihn, ob es hier keine Omnibusse gebe. ‚Freilich', erwiderte er, ‚aber wo stecken die Kerels? Die sind in diesem sojenannten Sommer Jäste jar nich mehr jewohnt! ... He, Wirtschaft!' und darauf erschienen wie auf einen Zauberruf zwei Kutscher in triefenden Mänteln, der eine lang und dünn, der andere kurz und dick, und erhoben bei meinem Anblick ein betäubendes Gebrülle. ‚Thüringer Hof!' schrie der Dicke, ‚Weißer Hirsch!' der Dünne. Dem übergab ich meinen Koffer und fragte, ob ein Zimmer mit der Aussicht auf die Hirschwiese frei sei. Er bejahte, und die Konkurrenz bestätigte liebenswürdig: ‚Fünfzig solche Zimmer können sie dort haben, aber Hirsche – hehe!' Es war ein wahrhaftig diabolisches Lachen, das aber der ‚Weiße Hirsch' durch eine vernichtende Äußerung über die Kost des ‚Thüringer Hofs' in ein Wutgeheul verwandelte, worauf wir als Sieger abfuhren.

Es ist ein langer Weg, denn der Bahnhof liegt hoch oben auf einer Berghalde, das Hotel aber auf dem Schloßberg, und so führt die Straße in Windungen hinunter und dann wieder empor. Da rechts und links nichts zu sehen war als die nassen Schutzdecken des Omnibus, so knüpfte ich ein Gespräch mit dem Kutscher an. Ob die Saison gut sei? Sehr gut, versicherte er, obwohl diesmal die Stammgäste fast ganz fehlten, ‚denn die Leipz'ger haben noch mit dem Krach z'schaffen und die Holländer tun alles Geld dene Buren geben. Aber wir sind ja's feinste Haus in Thüringen, da darf's

Schloß Schwarzburg, Holzstich

nimmer voll sein. Ja, wenn wir jeden nehmen täten wie der ›Thüringer Hof‹ – die nehmen sogar Engländer!' – ‚Ihr nicht?' – ‚Wenn sie kommen täten', erwiderte er stolz, ‚würden wir sie abweisen tun, aber der ›Weiße Hirsch‹ ist für die Buren, das weiß die ganze Welt, seit die Königin Wilhelmina hier war, und da fragen sie nich erst an!' Dann erzählte er von dem Aufenthalt der jungen Fürstin; die Wahrheit zu sagen, hat ihm nicht so sehr ihr Trinkgeld als ihr Wuchs imponiert... Während er so loslegte, verstummte er plötzlich, hielt die Pferde an und zog den Hut: uns überholte eben ein reitendes Paar, der Fürst und die Fürstin von Schwarzburg-Rudolstadt. Da sie auf Schloß Schwarzburg hausen, so bin ich ihnen seither fast täglich begegnet; er ein stattlicher, freundlicher Herr, immer in derselben Uniform, sie eine schlanke Dame, immer im selben Reitkleid. Man kann sich ein schlichteres Auftreten kaum denken.

Kurz, nachdem ich den Herrscher des Ländchens zuerst gesehen, wurde ich von dem Gebieter des ‚Weißen Hirsch' in seinem Audienzsaal, dem Vestibül des Gasthofs, empfangen. Ich bat um ein Zimmer mit Aussicht; ‚sie bekommen eines nach vorn heraus', lautete die Entscheidung. Als ich nun dieses Zimmer in Begleitung eines Adjutanten des Gebieters betrat, konnte ich mich überzeugen, daß es wirklich eine Aussicht hatte: trunken schweifte mein Blick über den Biergarten des ‚Thüringer Hof'; das Postgebäude im Hintergrunde war auch recht malerisch. Ich wandelte den Korridor auf und nieder; dabei konnte ich, da die Zimmertüren offen standen eine Reihe hübsch möblierter Zimmer sehen, aus deren Fenster sich ein prächtiges Waldbild bot. ‚Die Zimmer sind wohl alle besetzt?' fragte ich eine würdige Greisin, die eben mit Staubtuch und Besen herankam, worauf diese Seniorin aller mitteleuropäischen Stubenmädchen seufzend erwiderte: ‚I du meine Güte – merschtentels nich! Sie müssen nor natürlich feste drufdrücken, denn sie geben doch natierlich lieber zuerscht nor die Stuben nach vorn naus wech!' Da ersuchte ich nochmals um eine Audienz nach, drückte aber nicht feste, sondern erklärte nur: ‚Wenn ich das Postgebäude allein bewundern darf, so will ich's doch wenigstens in seinem ganzen Reiz genießen; ich glaube, vom ›Thüringer Hof‹ macht es sich noch malerischer', worauf ich ein Zimmer nach hintenhinaus bekam, etwas hoch zwar, aber ein schönes Zimmer mit Balkon und herrlicher Aussicht auf Wald und Wiese."[2]

1943 hatte man begonnen, das prachtvoll auf einem Bergkegel über dem Tal gelegene Schloß des Grafen auf Befehl Hitlers in ein „Reichsgästehaus" umzubauen, der fortschreitende Krieg unterbrach die Pläne, und zurück blieb eine Bauruine, die bisher nur zum geringen Teil renoviert wurde. Aber der schöne wiederhergestellte Kaisersaal mit seiner vierseitigen Kuppel und den Kaiserbildnissen von Cäsar bis Karl V. läßt vielleicht hoffen.

Vor der Rückkehr ins Saaletal nach Rudolstadt lohnt sich noch der kleine Abstecher von Schwarzburg nach Paulinzella. Das Kloster wurde von Benediktinermönchen aus Hirsau gebaut und 1124 eingeweiht. Vierhundert Jahre lang bis zur Reformation war es geistiger und wirtschaftlicher Mittelpunkt dieses Raumes, über hundert Orte waren ihm zinspflichtig. Seit dem 17. Jahrhundert setzte der rasche Verfall ein, die verlassenen Gebäude dienten als billiger Steinbruch, und übrig blieben nur ein paar Ruinen, die heute nach der sorgfältigen Restaurierung in den sechziger Jahren zu den schönsten Zeugnissen romanischer Baukunst in ganz Thüringen gehören. Schiller hatte Paulinzella schon während seines Rudolstädter Aufenthalts 1788 besucht und wurde von den damals noch romantischer als heute wirkenden Ruinen zu seinem Gedicht „Im Kloster Paulinzelle" angeregt:

„Einsam steh'n des öden Tempels Säulen,
Efeu rankt am unverschlossnen Tor,
Sang und Klang verstummt, des Uhu Heulen
Schallet nun im eingestürzten Chor.
Weg sind Prunk und alle Herrlichkeiten,
Schon enteilt im langen Strom der Zeiten,
Bischofshut mit Siegelring und Stab
In der Vorwelt ewig offnes Grab.
Nichts ist bleibend, alles eilt von hinnen,
Jammer und erhörter Liebe Glück;
Unser Streben, unser Hoffen, Sinnen,
Wichtig nur auf einen Augenblick;
Was im Lenz wir liebevoll umfassen,
Sehen wir im Herbste schon verblassen,
Und der Schöpfung größtes Meisterstück
Sinkt veraltet in den Staub zurück."[3]

Obzwar die Ruinen sozusagen nur einen Katzensprung von Ilmenau entfernt liegen, hatte sich Goethe lange Zeit überhaupt nicht für sie interessiert und war erst von dem jungen Franzosen Sulpiz Boisserée auf ihre Schönheit und Bedeutung aufmerksam gemacht worden. Deshalb unternahm er an seinem 68. Geburtstag 1817 zum ersten Mal einen Ausflug nach Paulinzella und vermerkte dann in seinen „Tag- und Jahresheften":

„Seit vierzig Jahren zu Wagen, Pferd und Fuß Thüringen kreuz und quer durchwandernd, war ich niemals nach Paulinzelle gekommen, obgleich wenige Stunden davon hin und her mich bewegen. Es war damals noch nicht Mode, die hiesigen Ruinen als höchst bedeutend und ehrwürdig zu betrachten, endlich aber mußte ich so viel davon hören, die einheimische und reisende junge Welt rühmte mir den großartigen Anblick, daß ich mich entschloß, meinen diesjährigen Geburtstag, den ich immer gern im Stillen feierte, einsam dort zuzubringen. Ein sehr schöner Tag begünstigte das Unternehmen, aber auch hier bereitete mir die Freundschaft ein unerwartetes Fest. Oberforstmeister von Fritsch hatte von Ilmenau her mit meinem Sohn ein frohes Gastmahl veranstaltet, wobei wir jenes von der Schwarzburg-Rudolstädtischen Regierung aufgeräumte Bauwerk mit heiterer Muße beschauen konnten."[4]

Blick auf Rudolstadt und Heidecksburg. Stahlstich nach Zeichnung von O. Wagner

Von hier führt der Weg über Bad Blankenburg wieder zurück in das Saaletal nach Rudolstadt, die ehemalige Residenz des Fürstentums Schwarzburg-Rudolstadt, die von der stolzen Heidecksburg überragt wird. 1710 waren die Schwarzburger Grafen in den Reichsfürstenstand erhoben worden, fünfundzwanzig Jahre später brannte das alte Schloß ab, und die neuen Fürsten erbauten es ihrem nunmehrigen Rang entsprechend wieder auf. So entstand innerhalb weniger Jahre das prachtvollste Barockschloß Thüringens; daß es ein paar Nummern zu groß geraten war für die kleine zu seinen Füßen liegende Residenz, störte niemanden. „Hübscher als Rudolstadt ist kaum irgendein deutsches Städtchen gebaut, das, wie dieses, nicht einmal fünftausend Einwohner zählt", vermerkte um die Mitte des vorigen Jahrhunderts „Meyers Universum". Kronzeuge für diese Behauptung ist kein geringerer als Friedrich Schiller, der 1788 in der kleinen Stadt den Sommer verbrachte, Wochen, die für sein Leben und Schaffen von schicksalhafter Bedeutung wurden. Die erste Zeit lebte er im Vorort Volkstedt, wo noch heute eine Gedenktafel an ihn erinnert. Begeistert berichtete er an seinen Freund Körner:

„Das Dorf liegt in einem schmalen aber lieblichen Tale, das die Saale durchfließt, zwischen sanft ansteigenden Bergen. Von diesen habe ich eine sehr reizende Aussicht auf die Stadt, die sich am Fuße eines Berges herumschlingt, von weitem schon durch das fürstliche Schloß, das auf die Spitze des Felsens gepflanzt ist, sehr vorteilhaft angekündigt wird, und zu der mich ein sehr angenehmer Fußpfad, längs des Flusses, an Gärten und Kornfeldern vorüber führt ... In der Stadt selbst habe ich an der Lengefeldschen und Beulwitzschen Familie eine sehr angenehme Bekanntschaft und bis jetzt noch die einzige, wie sie es vielleicht auch bleiben wird. Doch werde ich eine sehr nahe Anhänglichkeit an dieses Haus, und eine ausschließende an irgend eine einzelne Person aus demselben sehr ernst zu vermeiden suchen."[5]

Später übersiedelte er in die Stadt, erst in die heutige Schillerstraße 1, danach in das Haus Nr. 3 am Schloßaufgang II. Freunde fand er rasch, liebster Aufenthalt aber blieb ihm das Haus der Frau von Lengefeld (Schillerstraße 25), wo ihn bald zarte Bande festhielten, sollte doch Charlotte, die Tochter der Hausherrin, im Februar 1790 seine Frau werden. Und hier im Lengefeldschen Hause erfolgte auch die erste denkwürdige Begegnung mit Goethe, über die er selbst wieder an Körner berichtet:

„Endlich kann ich dir von Göthen erzählen, worauf du wie ich weiß sehr begierig wartetest. Ich habe vergangenen Sonntag beinahe ganz in seiner Gesellschaft zugebracht, wo er uns mit der Herdern, der Frau von Stein, und der Frau von Schardt, der, wie du im Bad gesehen hast, besuchte. Sein erster Anblick stimmte die hohe Meinung ziemlich tief herunter, die man mir von dieser anziehenden und schönen Figur beigebracht hatte. Er ist so mittlerer Größe, trägt sich steif und geht auch so, sein Gesicht ist verschlossen, aber sein Auge sehr ausdrucksvoll, lebhaft und man hängt mit Vergnügen an seinem Blick. Bei vielem Ernst hat seine Miene doch viel wohlwollendes und gutes. Er ist brünett, und schien mir älter auszusehen als er meiner Berechnung nach wirklich seyn kann. Seine Stimme ist überaus angenehm, seine Erzählung fließend, geistvoll und belebt, man hört ihn mit überaus viel Vergnügen; und wenn er bei gutem Humor ist, welches dißmal so ziemlich der Fall war, spricht er gern und mit Interesse. Unsere Bekanntschaft war bald gemacht, und ohne den mindesten Zwang; freilich war die Gesellschaft zu groß und alles auf seinen Umgang zu eifersüchtig, als daß ich viel allein mit ihm hätte seyn oder etwas anders als allgemeine Dinge mit ihm sprechen können.“[6]

Goethe war ja in diesen Jahren auch immer wieder gerne in die Gegend von Rudolstadt gekommen; denn ihn zog es nach Schloß Kochberg im nahe gelegenen Dorf Großkochberg. Es ist ein heute vorzüglich renovierter Renaissancebau „hinter den Bergen“, wie Goethe einmal sagte. 1735 war es in den Besitz der Familie der Freiherrn von Stein gelangt. Charlotte von Stein fuhr von Weimar aus gern hierher, Goethe reiste ihr oft genug nach oder beklagte sich darüber, daß er sie nicht sehen konnte, weil sie auf dem Schlosse weilte.

Nach der italienischen Reise, als das Verhältnis zu Frau von Stein rasch abkühlte, kam er nur noch einmal, eben in jenen Septembertagen 1788, in denen er auch mit Schiller zusammentraf. Das Andenken an Goethe hat wahrscheinlich das Schloß gerettet; denn es wurde von den Nationalen Forschungsstätten Weimar in Obhut genommen und sorgfältig restauriert. Sogar das reizende kleine Liebhabertheater, in dem Karl von Stein, der Sohn Charlottes, mit Begeisterung Aufführungen inszenierte, wartet heute wieder auf Zuschauer.

Auf Vermittlung Goethes hatte im Herbst 1776 auch der unglückliche Jakob Michael Reinhard Lenz als Gast der Frau von Stein im Schloß Kochberg geweilt und zum Abschied ein Gedicht hinterlassen:

„So soll ich dich verlassen, liebes Zimmer,
Wo in mein Herz der Himmel niedersank,
Den ich aus ihrem Blick, wie selig, aus dem
  Schimmer
Der Gottheit auf der Wange trank,
Wenn sich ihr Herz nach ihm, nach ihm empörte,
Und ihr entzücktes Ohr der Sphären Wohllaut
  hörte,
Wenn sie mit Shakespeare der ihren Geist umfing,
Ha zitternd oft vor Furcht und Freude,
Der Engel Lust im süßen Unschuldskleide,
In die Mysterien des hohen Schicksals ging:
Auch ich sah ihren Pfad, auch mir
War es vergönnt ein Röschen drauf zu streuen,
Zur Priesterin des Gottes sie zu weihen
Und hinzuknieen vor ihm und ihr.

Ach wär ich nur so rein gewesen,
Als die Erscheinung dieses Glücks
Vorausgesetzt! Ihr höhern Wesen,
Verzeiht dem Strauchelnden, euch waren sie
  erlesen;
Doch Ewigkeiten Lust sind Kranken, die genesen,
Nur Freuden eines Augenblicks.
...“[7]

Die Burgen locken wieder in das Tal der Saale zurück, und es fällt gar nicht schwer, die einmal begonnene Sammlung zu erweitern; denn da sind die Reste der Grafenburg in Orlamünde, die schon auf den Beginn des 12. Jahrhunderts zurückgeht, von der aber nur der gewaltige Wohnturm erhalten blieb, und knapp zehn Kilometer östlich liegt das Schloß Hummelshain, das aber im Gegensatz zu all den anderen Schlössern und Burgen für einen versnobten Burgenliebhaber viel zu jung ist, wurde es doch erst 1818 von den Altenburger Herzögen als Jagdschloß errichtet. Interessanter ist schon Rieseneck bei Kleinleutersdorf, die wohl besterhaltenste barocke Jagdanlage in ganz Deutschland, mit Blockhäusern, Ställen, Gästehaus und vor allem mit Gehege und dem Hetzgarten. Hier wurde das Wild von Hegern gefüttert, um es an den Platz zu gewöhnen, und bei Hetzjagden konnte es dann um so leichter zusammengetrieben und von den Gästen aus den verborgenen Jagdständen bequem abgeschossen werden. Diese fröhliche Art edlen Waidwerks wurde hier immerhin bis 1830 gepflegt!

Bleiben wir am rechten Saaleufer, so ist es nur ein Katzensprung bis zur Leuchtenburg, hoch über dem Flußtal auf dem frei stehenden Lichtenberg. Die Herren von Lobdeburg haben sie schon im Mittelalter erbaut, dreimal wurde sie zwischen 1602 und 1712 vom Feuer zerstört und immer wieder neu aufgebaut, diente eine Zeitlang als Zuchthaus und ist seit 1919 Jugendherberge. Frei geht der Blick von hier aus über das Saaletal von Rudolstadt bis Jena, unten am linken Saaleufer liegt Kahla mit den Industrieanlagen des ehemaligen Porzellankombinats, und im Norden, schon am Stadtrand von Jena, kann man die Ruinen der Lobdeburg erahnen, die dem gleichen Geschlecht gehörte wie die Leuchtenburg. Es stammte aus Franken, war schon im 12. Jahrhundert von der Wörnitz an die mittlere Saale übergewechselt und hatte sich hier seit dem 13. Jahrhundert in mehrere Linien verzweigt und nach Meißen und Böhmen übergegriffen. Ursprünglich hatten auf dem Johannesberg drei Burgen gestanden, von denen aber nur noch die Ruinen der mittleren und oberen an das einst machtvolle Herrengeschlecht erinnern, das um 1230 auch die Stadt Jena gründete.

Weimar und Jena werden häufig in einem Atemzug genannt, als gehörten sie zusammen. Und doch kann es heute keinen größeren Unterschied geben als diese beiden Städte. Weimar hatte das Glück – oder das Unglück? –, von der modernen Industrialisierung weitgehend verschont zu bleiben. Jena hatte das Unglück – oder das Glück? –, von ihr erfaßt zu werden. Die einst idyllische kleine und zugleich berühmte Universitätsstadt ist heute eingeengt von modernen Industriesiedlungen, und selbst in der alten Innenstadt spürt man nichts mehr von Idylle und Romantik. Der riesige, unförmige Zylinder der Universität und die Hochhäuser der Zeiss-Werke verwandelten die Silhouette und dominieren. Die Bombenangriffe des Zweiten Weltkriegs haben den Großteil der Altstadt zerstört, so daß es im Gegensatz zu Weimar schon etwas schwieriger ist, historischen Spuren zu folgen. Das ganze Mittelalter hindurch hatte die kleine Stadt vom Weinbau gelebt, 1558 erhielt sie eine Universität, das Denkmal ihres Gründers, des Kurfürsten Johann Friedrich des Großmütigen, der „Hanfried", wie ihn die Jenaer nennen, steht auf dem Marktplatz vor dem Rathaus. Für kurze Zeit zwischen 1672 und 1690 war Jena sogar Residenz des Herzogtums Sachsen-Jena, um dann endgültig an Sachsen-Weimar zu fallen. Allerdings führte es den Titel „Residenz- und Universitätsstadt" sogar bis 1918. Die Universität erlebte nach dem Dreißigjährigen Krieg eine erste Blüte, seit der Mitte des 18. Jahrhunderts sanken die Studentenzahlen, um dann gegen Ende des Jahrhunderts einen neuen Aufschwung zu erleben. Goethe kümmerte sich von Weimar aus eifrig um die Landesuniversität und weilte häufig und gern längere Zeit in der Stadt. Damals war die Universität noch im sogenannten Collegium Jenense, dem alten Dominikanerkloster im Stadtzentrum, untergebracht. Noch heute kann man den in einer ehemaligen Mönchszelle eingerichteten Karzer besichtigen und mag sich dabei an das hübsche Studentenlied von J. Wagner erinnern:

„Und in Jene lebt sich's bene,
Und in Jene lebt sich's gut.
Bin ja selber drin gewesen
Wie's da steht gedruckt zu lesen,
Zehn Semester wohlgemut.

Und die Straßen sind so sauber,
Sind sie gleich ein wenig krumm;
Denn ein Wasser wird gelassen
Alle Wochen durch die Straßen,
In der ganzen Stadt herum.

Und ein Wein wächst auf den Bergen,
Und der Wein ist gar nicht schlecht,
Tut er gleich die Strümpfe flicken
Und den Hals zusammendrücken,
Ist er doch zur Bowle recht!
...

Auf dem Markte, auf den Straßen
Stehn Studenten allzuhauf;
Mädchen an den Fenstern stehen
Und nach den Studenten sehen,
Und wer will, der schaut hinauf.

Und die allerschönste Freiheit
Ist in Jena auf dem Damm;
In Schlafröcken darf man gehen
Und den Bart sich lassen stehen
Wie ein jeder will und kann."[8]

Aber natürlich erinnern wir uns auch an alle die berühmten Professoren und Studenten der kleinen Universität, an Professoren wie Leibniz, Fichte, Schelling, Schlegel, Hegel oder Rückert, an Studenten wie Klopstock, Claudius, Novalis, Brentano, Fritz Reuter oder Karl Marx. Wer den Herrn Professoren in Bronze begegnen möchte, muß nur die Goethe-Allee entlang schlendern, diese „Via Triumphalis" der Jenaer Universität; denn sie wird gesäumt von deren Denkmälern. Sicher nicht zu den bedeutendsten, wohl aber zu den populärsten Hochschullehrern Jenas zählte Friedrich Schiller, der durch Vermittlung Goethes 1789 eine Professur für Geschichte bekam. Am 26. Mai hielt er seine Antrittsvorlesung über das Thema „Was heißt und zu welchem Ende studiert man Universalgeschichte?" Die Jenaer Studenten wollten natürlich den berühmten Dichter der „Räuber" hören, und dementsprechend kam es zu jenem Massenauflauf, von dem Schiller nicht ohne Stolz zwei Tage danach an Körner berichtet:

„Vorgestern als dem 26sten habe ich endlich das Abenteuer auf dem Katheder rühmlich und tapfer bestanden und gleich gestern wiederholt. Ich lese nun zweimal in der Woche und zwei Tage hintereinander, so daß ich fünf Tage ganz frei behalte. Das Reinholdische Auditorium bestimmte ich zu meinem Debüt. Es hat eine mäßige Größe und kann ohngefähr achtzig sitzende Menschen, etwas über hundert in allem fassen; ob es nun freilich wahrscheinlich genug war, daß meine erste Vorlesung, der Neugierde wegen, eine größere Menge Studenten herbeilocken würde, so kennst Du ja meine Bescheidenheit. Ich wollte die größere Menge nicht gerade voraussetzen, indem ich gleich mit dem größten Auditorium debutierte. Diese Bescheidenheit ist auf eine für mich sehr brillante Art belohnt worden. Meine Stunden sind Abends von sechs bis sieben. Halb sechs war das Auditorium voll. Ich sah aus Reinholds Fenster Trupp über Trupp die Straße heraufkommen, welches gar kein Ende nehmen wollte. Ob ich gleich nicht ganz frei von Furcht war, so hatte ich doch an der wachsenden Anzahl Vergnügen und mein Mut nahm eh'r zu. Überhaupt hatte ich mich mit einer gewissen Festigkeit gestählt, wozu die Idee, daß meine Vorlesung mit keiner andern die auf irgend einem Katheder in Jena gehalten worden, die Vergleichung zu scheuen brauchen würde, und überhaupt die Idee von allen die mich hören als der Überlegene anerkannt zu werden, nicht wenig beitrug. Aber die Menge wuchs nach und nach so, daß Vorsaal, Flur und Treppe vollgedrängt waren und ganze Haufen wieder gingen. Jetzt fiel es einem der bei mir war ein, ob ich nicht noch für diese Vorlesung ein anderes Auditorium wählen sollte. Griesbachs Schwager war gerade unter den Studenten, ich ließ ihn also den Vorschlag tun bei Griesbach zu lesen und mit Freuden ward es aufgenommen. Nun gab es das lustigste Schauspiel. Alles stürzte hinaus und in einem hellen Zug die Johannesstraße hinunter, die eine der längsten in Jena, von Studenten ganz besät war. Weil sie liefen was sie konnten, um in Griesbachs Auditorium einen guten Platz zu bekommen, so kam die Straße in Alarme und alles an den Fenstern in Bewegung. Man glaubte anfangs es wäre Feuerlärm und am Schloß kam die Wache in Bewegung. Was ists denn? Was gibts denn? hieß es überall. Da rief man denn, der neue Professor wird lesen. Du siehst, daß der Zufall selbst dazu beitrug, meinen Anfang recht brillant zu machen. Ich folgte in einer kleinen Weile von Reinhold begleitet nach, es war mir als wenn ich durch die Stadt, die ich fast ganz durchzuwandern hatte, Spießruten liefe.

Griesbachs Auditorium ist das größte und kann, wenn es voll gedrängt ist 3 und 400 Menschen fassen. Voll war es diesmal und so sehr daß ein Vorsaal und noch die Flur bis an die Haustüre besetzt war und im Auditorio selbst viele sich auf die Subsellien stellten. Ich zog also durch eine Allee von Zuschauern und Zuhörern ein und konnte den Katheder kaum finden, unter lautem Pochen, welches hier für Beifall gilt, bestieg ich ihn und sah mich von einem Amphitheater von Menschen umgeben. So schwül der Saal war, so erträglich wars am Katheder, wo alle Fenster offen waren und ich hatte doch frischen Odem. Mit den zehn ersten Worten, die ich selbst noch fest aussprechen konnte, war ich im ganzen Besitz meiner Contenance, und ich las mit einer Stärke und Sicherheit der Stimme, die mich selbst überraschte. Vor der Tür konnte man mich noch recht gut hören. Meine Vorlesung machte Eindruck, den

Schloß Kochberg nördlich von Rudolstadt war ursprünglich eine von Wassergräben umgebene Burg; diese wurde im 16. Jh. zu einem ländlichen Renaissanceschloß umgebaut und seit 1730 durch den neuen Besitzer, Freiherrn von Stein, zum Barockschloß mit einem barock-romantischen Park verändert. In den Jahren zwischen 1775 und 1786 weilte Goethe hier wiederholt zu Besuch bei seiner geliebten Charlotte von Stein. Die Anlage wurde nach 1968 umfassend erneuert und rekonstruiert und ist mit seiner Einrichtung heute eine wichtige Goethe-Gedenkstätte.

„An der Saale hellem Strande stehen Burgen stolz und kühn ..." An diese Verse fühlt man sich nicht nur beim Anblick der Burgruinen von Rudelsburg und Saaleck (oben) erinnert. Doch sind diese beiden Burgen, die seit dem 11. Jh. die Handelswege von Frankfurt nach Leipzig und von Nürnberg nach Naumburg schützten, die vielleicht eindrucksvollsten Festungsanlagen des burgenreichen Saaletals.

Von der Burg Saaleck (unten rechts) sind zwei mächtige Wehrtürme erhalten.

Ein Abstecher von der Saale nach Kapellendorf bringt den Burgenfreund zu einer Wasserburg, die eine der am besten erhaltenen mittelalterlichen Anlagen dieses Typs ist. Auch diese Wasserburg (unten links) diente der Sicherung der Handelsstraße von Erfurt nach Jena.

Nachfolgende Seiten:
Wahrzeichen der seit dem Mittelalter wichtigen Stadt Rudolstadt im Saaletal ist die Heidecksburg mit ihrem aufragenden barocken Turm. Hier befindet sich eines der großen Staatlichen Museen Thüringens. Der Blick über die Stadt zeigt den Bau der spätgotischen Stadtkirche, den Turm des Rathauses und Teile von Schloß Ludwigsburg (1735) in der Unterstadt.

Rudolstadts Rathaus ist ein Renaissancebau, der den Marktplatz beherrscht. Interessant ist der zweigeschossige Rathauserker, in dem noch Formen der Spätgotik anklingen.

Die Geschichte der Stadt Saalfeld, die an einem wichtigen Saale-Übergang liegt, reicht bis ins 9. Jh. zurück. Die meisten der alten Häuser stammen aus der Zeit der Spätgotik und Renaissance. Die Gasthaustradition des schön restaurierten Fachwerkhauses „Das Loch“ reicht bis ins 16. Jh. zurück, als Saalfeld durch Bergbau nach Eisen und Silber zu Reichtum gelangte.

Auch der malerisch verwinkelte Bau des Rathauses mit seinem reichgeschmückten Erker spiegelt in seinen Frührenaissanceformen (1526-37) diesen städtischen Wohlstand.

Der Wohnturm „Hoher Schwarm" (heute Ruine) in Saalfeld entstand Anfang des 14. Jh. als Sitz der Vögte. Der Bau war Teil der Stadtbefestigung über dem hohen Saaleufer. Das nahe gelegene Wohnschlößchen „Kitzerstein" (rechts) wurde 1435 unmittelbar auf der Mauer über der Saale errichtet. Der reizvoll-romantische Bau mit spätgotischen Ziergiebeln ist heute Sitz der Musikschule.

Der Besuch der Dornburger Schlösser über dem mittleren Saaletal bildet einen Höhepunkt jeder Saalefahrt. Die drei Schlösser stehen in lockerem Zusammen über dem Fluß auf einem Plateau, das auch als „Thüringer Lorelei" bezeichnet wird. Das Alte Schloß aus dem 16. Jh. steht auf den romanischen Grundmauern einer Kaiserpfalz des 10. Jh. Unterhalb dieses Schlosses ziehen sich Weinterrassen empor.
Das mittlere der drei Schlösser ist ein reichgegliedertes Rokokoschlößchen, das die Weimarer Herzöge 1736-1747 als Jagdschloß erbauen ließen. Hier schrieb Goethe 1779 an seiner „Iphigenie" (oben). Auch das dritte Schloß, ein Renaissancebau des 16./17. Jh., ist heute eine Gedenkstätte an Goethe, der hier 1828 für einige Zeit wohnte (links).

Jena ist eine Industrie- und Universitätsstadt mit einer großen Vergangenheit, deren bauliche Zeugen im Zweiten Weltkrieg schweren Schaden erlitten. So ist das Denkmal des Universitätsgründers Kurfürst Johann Friedrich der Großmütige, hinter dem sich der Zylinderturm des modernen Universitätsgebäudes erhebt (rechte Seite), typisch für das enge Nebeneinander von Altüberkommenem und Modernem.

Das Burschenschaftsdenkmal vor einem der alten Universitätsgebäude erinnert ebenso wie das Wandbild „Auszug der Jenenser Studenten“ des Schweizer Malers Ferdinand Hodler in der Aula der Universität an die heroische Zeit, als die Studenten im Befreiungskrieg gegen Napoleon kämpften und sich in den studentischen Burschenschaften Bestrebungen nach einer Verfassung für ein Deutsches Reich regten.

Vorige Seiten: Thüringens große Vergangenheit dokumentiert sich auch in großartigen Ruinen. Burg Greifenstein bei Bad Blankenburg entstand im 12./13. Jh. als eine der größten Feudalburgen.

Die Reste des Klosters Paulinzella, das im Jahr 1106 gegründet wurde, präsentieren sich in den wuchtigen Säulenreihen der Klosterkirche als ein Meisterwerk der romanischen Baukunst in Deutschland.

Immer wieder stößt der Reisende bei seinen Entdeckungsfahrten im Umkreis des Saaletals (oben) auf den Fluß als Lebensader dieser Kulturlandschaft Thüringens.

ganzen Abend hörte man in der Stadt davon reden und mir widerfuhr eine Aufmerksamkeit von den Studenten, die bei einem neuen Professor das erste Beispiel war. Ich bekam eine Nachtmusik und Vivat wurde dreimal gerufen."[9]

Nicht alle waren so mit seiner Vorlesung einverstanden wie er selbst, das geht aus dem Bericht des bekannten Berliner Pädagogen Friedrich Gedicke hervor; denn der vermerkte: „Er las alles Wort vor Wort ab, in einem pathetischen, deklamatorischen Ton, der aber häufig zu den simplen historischen factis und geographischen Notizen, die er vorzutragen hatte, gar nicht paßte." Schiller konnte seinen Lehrverpflichtungen nur ein Jahr nachgehen, dann zwang ihn ein Brustleiden zur Aufgabe. Trotzdem trägt die Universität heute als Friedrich-Schiller-Universität seinen Namen.

Als sich 1813 Deutschland in einer Welle nationaler Begeisterung gegen Napoleon und seine Soldaten erhob, wurde gerade die Jenaer Universität zu einem Zentrum dieser Bewegung, und zahlreiche Studenten zogen, angeregt durch die Aufrufe der Professoren H. Luden und L. Oken, freiwillig in den Kampf. Zum Andenken an diese Erhebung schuf der deutsch-schweizer Maler Ferdinand Hodler 1908/09 in der Aula des neuen Universitätsgebäudes sein mitreißendes Wandbild „Aufbruch der Jenaer Studenten". Es gehört zu den ganz wenigen Historienbildern vor dem Ersten Weltkrieg, die das Thema nicht vordergründig realistisch heroisieren. In seiner sachlich-nüchternen Strenge wirkt es heute auf uns um so eindringlicher. Den Nationalsozialisten paßte es nicht in ihre Auffassung von Heldentum und Vaterlandsliebe, und so verbannten sie es aus der Aula, in die es aber seit den sechziger Jahren wieder zurückgekehrt ist.

Als diese Studenten auszogen, hatte Jena die Folgen der napoleonischen Kriege schon unmittelbar zu spüren bekommen. Denn als Preußen 1806 an Frankreich den Krieg erklärt hatte, wurde auch das mit ihm verbündete Herzogtum Sachsen-Weimar in den Kampf hineingezogen, und im Raum Jena trafen die gegnerischen Heere aufeinander. Am 14. Oktober 1806 kam es nördlich von Jena bei Vierzehnheiligen zur Schlacht, in der Napoleon siegte, während am gleichen Tage sein Marschall Davoust bei Auerstedt ein anderes preußisches Heer unter dem Oberbefehl des Herzogs von Braunschweig besiegte. Selbstverständlich ist viel über diese Doppelschlacht berichtet und geschrieben worden. Allen voran hat Napoleon selbst mit seinem berühmten 5. Bulletin eine bemerkenswerte Schlachtschilderung gegeben, die in dem Satz gipfelt: „Die Schlacht von Jena hat den Flecken von Roßbach abgewaschen, und in sieben Tagen wurde der Feldzug entschieden, welcher den kriegerischen Wahnsinn in den Köpfen der Preußen abgekühlt hat." Uns interessiert weniger das Schlachtgeschehen selbst als seine Folgen, von denen ja Soldaten wie Zivilbevölkerung gleichermaßen betroffen wurden. Eduard Genast hat sie als Junge im nahen Weimar miterlebt und in seinen „Erinnerungen" geschildert:

„Es war am 14. Oktober; ich ging früh mit der Mutter aus, um Einkäufe zu machen, da der Vater befohlen hatte, so viel Lebensmittel als irgend möglich herbeizuschaffen. Da hörten wir dumpfes Donnern. ‚Mutter!' rief ich, ‚was ist denn das?' ‚Das ist Kanonendonner, mein Söhnchen', sagte ein Bürger, der vor seiner Tür stand. Die Schlacht hatte begonnen, und ich bat die Mutter, doch schnell zu gehen, damit wir bald nach Hause kämen. In banger Besorgnis wurde der Vormittag verbracht, zumal da das Schießen hier und da näher zu kommen schien. Die ganze Nachbarschaft war an den Fenstern und jeder Vorübergehende wurde angerufen und befragt; einer sagte: ‚Die Preußen siegen', ein anderer schrie: ‚Die Preußen sind geschlagen! Die Franzosen sollen schon das Mühltal haben; Jena brennt an allen Ecken!' Endlich ging mein Vater aus, um nähere Nachrichten einzuholen; dieselben lauteten schlimm genug; es bestätigte sich, daß die Franzosen bereits in dem Besitz der Höhen des Mühltals wären. Er war mehreren Wagen mit Verwundeten begegnet, die in der schnell zum Spital eingerichteten Stadtkirche untergebracht wurden. Alles sprach nur von Jena; von der grimmigeren Schlacht bei Auerstedt wußte man gar nichts ... Nach Tische wurde der Kanonendonner immer heftiger und kam näher. Ich wich nicht von unseren Fenstern, die, nach dem Graben gelegen, den Überblick über die breiteste Straße, welche nach Erfurt führte, gewährten. Gegen drei Uhr kamen schon mehrere Bagagewagen und auch einzelne Flüchtlinge in vollem Galopp daher ... Allmählich veränderte sich die Szene. Nicht mehr einzelne Flüchtlinge, sondern ein Gewühl aller Waffengattungen, Munitions- und Bagagewagen, auf denen Verwundete lagen, rasten

Die Dornburger Schlösser. Stahlstich nach Zeichnung von O.Wagner

vorüber; Marketenderinnen und Musketiere jagten auf Pferden vorbei, die wahrscheinlich von den Geschützen abgeschnitten waren; jedes Pferd hatte zwei Menschen zu tragen, und wer keinen solchen Platz hatte gewinnen können, der hing an den Strängen, um nur schneller fortzukommen; dabei erfüllte Geschrei und Wehklagen fortwährend die Luft. Es war die wildeste, sinnloseste Flucht. Nachdem der ganze Troß vorüber war, wurde es in unserer Straße auf kurze Zeit totenstill."[10]

Es wird gut sein, wenn wir uns nach so viel Krieg und Leid wieder auf friedlichere Dinge besinnen. Auf dem Carl-Zeiss-Platz südwestlich der Altstadt steht das Ernst-Abbe-Denkmal. Beide Namen – Zeiss und Abbe – stehen für einen neuen Geist in der alten Stadt, verbunden mit wirtschaftlichem Aufschwung seit der zweiten Hälfte des 19. Jahrhunderts. Der Mechanikermeister Zeiss hatte 1846 in Jena eine optische Werkstatt gegründet. Er wurde zum Mitarbeiter des Physikers Ernst Abbe, und zu ihnen gesellte sich der Rheinländer Otto Schott, der ein glastechnisches Unternehmen gegründet hatte und mit den beiden zusammenarbeitete. Sie entwickelten jene optischen Geräte, vor allem Mikroskope, die in den Zeisswerken hergestellt wurden, bald Weltruhm erlangten und auch heute das industrielle Potential der Stadt darstellen. Wie glücklich sich dabei gelegentlich industrielle und wissenschaftliche Arbeit verbinden, beweist das Zeiss-Planetarium am Botanischen Garten, das älteste seiner Art in der ganzen Welt (Kuppelbau von 1926) und Vorbild für zahlreiche spätere Anlagen ähnlicher Art.

Die Zeiss- und die Schottwerke haben aber auch zur Veränderung des Stadtbildes beigetragen. Wir fahren an den modernen Stadtteilen an den flachen Buntsandsteinhängen vorüber saaleabwärts nach Norden. Am rechten Saaleufer liegen der Fuchsturm, der letzte Überrest von ehemals drei Burgen, und die Ruinen der Gleiß- oder Kunitzburg, von denen aus der Besucher wieder einen schönen Blick über das Saaletal genießt, und dann kommt Dornburg, die „Thüringer Lorelei", wie es auch im Volksmund heißt. Hoch auf dem 90 m über dem Tal aufragenden Felsen grüßen die drei Dornburger Schlösser. „Ich weiß nicht, ob Dornburg dir bekannt ist ...", lieber Leser, könnte man mit Goethe fragen, wobei er auch gleich die Antwort auf diese rhetorisch gemeinte Frage in einem Brief an Zelter gab:

„Es ist ein Städtchen auf der Höhe im Saaletale unter Jena, vor welchem eine Reihe von Schlössern und Schlößchen gerade am Absturz des Kalkflözgebirges zu den verschiedensten Zeiten erbaut ist; anmutige Gärten ziehen sich an Lusthäusern her; ich bewohne das alte neu aufgeputzte Schlößchen am südlichsten Ende. Die Aussicht ist herrlich und fröhlich, die Blumen blühen in den wohl unterhaltenen Gärten, die Traubengeländer sind reichlich behangen, und unter meinem Fenster sehe ich einen wohlgediehenen Weinberg, den der Verblichene auf dem ödesten Abhang noch vor drei Jahren anlegen ließ und an dessen Ergründung er sich die letzten Pfingsttage noch zu erfreuen die Lust hatte. Von den anderen Seiten sind die Rosenlauben bis zum Feenhaften geschmückt und die Malven und was nicht alles blühend und bunt, und mir erscheint das alles in erhöhteren Farben wie der Regenbogen auf schwarzgrauem Grunde."[11]

Schon für das 10. Jahrhundert ist hier oben eine Reichsburg bezeugt, zwei der Schlösser in der heutigen Gestalt – das nördliche und das südliche – gehen auf das 16. Jahrhundert zurück, das mittlere dagegen ist ein Rokokoschlößchen aus der Mitte des 18. Jahrhunderts. Goethe weilte gern und mehr als zwanzigmal im Laufe seines Lebens hier. Der Kastellan Sckell berichtet aus seiner Erinnerung an einen der letzten Besuche des recht anspruchsvollen alten Herrn im Sommer 1828:

„Am Morgen nach der Ankunft Goethes erhielt er wie an den folgenden Tagen den Kaffee früh 6 Uhr aus meiner Küche; das Frühstück wurde um 10 Uhr, das Mittagessen um 1 Uhr aus dem Ratskeller geholt. Beides behagte ihm nicht. Bald stellte sich daher der Sekretär John wieder bei mir ein, um mir die Not zu klagen. Ich machte den Vorschlag, das Essen bei dem Gastwirt ‚Zum Schieferhof' in dem eine Viertelstunde entfernten, am Fuße Dornburgs gelegenen Dorfe Naschhausen zu bestellen. Man ging auf meinen Vorschlag ein; aber auch hier war Goethe nicht zufrieden. Beim Mittagessen am folgenden Tage äußerte er gegen seinen Bedienten: Bei dieser Kost könne er nicht bestehen; der Kaffee sei zwar sehr gut, aber davon allein könne er nicht existieren. Er trug nun John auf, nochmals Rücksprache mit mir zu nehmen und mir zu sagen, der Hofmarschall von Spiegel habe ihm gesagt, daß er sich wegen der Beköstigung nur an mich wenden möge. Wolle ich dieselbe aber durchaus nicht übernehmen, so sehe er sich genötigt, am andern Tage wieder von Dornburg abzureisen. Der Sekretär stellte mir das Unangenehme der Situation Goethes so lebhaft vor und drang so sehr in mich, außer Goethe doch auch ihn, den Bedienten und Kutscher mit an den Tisch zu nehmen, daß ich mich endlich nach vielem Sträuben dazu bereit erklärte, zumal ich in den Worten des Hofmarschalls von Spiegel, meines unmittelbaren Vorgesetzten, eine gewisse Verpflichtung ausgesprochen fühlte. Ich sandte nun Boten auf die umliegenden Dörfer nach Geflügel, Fischen und Aalen, nach Tautenburg an den Leibjäger Ciliax nach Wildpret aus. Meine Küche war bald bestellt, um die Zubereitung der Speisen durch meine Frau durfte ich ohne Sorge sein. Schon nach dem ersten Frühstück äußerte Goethe gegen seinen Bedienten: ‚Das ist ein guter Anfang!' und bei dem aus fünf Gängen bestehenden Mittagessen: ‚Das laß ich mir gefallen! Sage Sckell, er solle so fortfahren.' … Tags darauf kam Goethes Schwiegertochter, die Frau Geheime Kammerrätin Ottilie von Goethe geb. Freiin von Pogwisch, mit ihren beiden Kindern und der Hofrat Eckermann. Sie wiederholten fortan wöchentlich ihren Besuch zwei-, auch dreimal. Auch der Kanzler von Müller besuchte Goethe wöchentlich einige Male, ebenso sein Sohn, der Geheime Kammerrat, welcher seine Besuche gewöhnlich in Begleitung des Landesdirektionsrats Töpfer machte. So hatte ich fast täglich sechs bis zehn Personen zum Mittagstisch. Auch seine jenaischen Freunde, besonders der Legationsrat Weller, besuchten ihn häufig. Fremde waren fast täglich da, um Goethe

Blick auf Apolda um 1850, im Hintergrund der Viadukt der Bahnstrecke Frankfurt–Berlin

ihre Aufwartung zu machen, namentlich viel Engländer."[12]

Eigentlich würde der Weg weiter saaleabwärts führen, aber man sollte sich doch den kurzen Abstecher westwärts bis Apolda gönnen, der alten thüringischen Glockengießerstadt, zugleich einem Zentrum der Strumpferzeugung. „Socken und Glocken" haben die Stadt bekannt gemacht, und kein Fremdenführer versäumt darauf hinzuweisen, daß hier 1923 mit der Hauptglocke des Kölner Domes die größte deutsche Glocke überhaupt gegossen wurde. Aus Apolda und aus der alten Glokkengießerei in Rudolstadt bezog Schiller seine Kenntnisse für das „Lied von der Glocke".

Nach Dornburg zurückgekehrt, geht es über Camburg zu den Ruinen Saaleck und Rudelsburg, die allerdings schon im Bundesland Sachsen-Anhalt liegen, aber den Abschluß der Burgenkette im mittleren Saaletal bilden und einfach schon deshalb genannt werden sollten, weil auf der aus dem 12. Jahrhundert stammenden Rudelsburg Franz Kugler im Jahre 1826 sein bekanntes Lied schrieb. „In einer schönen Sommernacht auf einem der Tische in der Rudelsburg aufgeschrieben. Wir waren damals ein kleiner Kreis von fröhlichen Studenten, und meine Freunde haben das Lied weiter umhergetragen; heuer ist es schon gar sehr zersungen worden", vermerkte Kugler. Aber wieder klingt es nun im Herzen Deutschlands an einer der schönsten Stellen des Saaletales wie in alten Zeiten:

„An der Saale hellem Strande
Stehen Burgen stolz und kühn;
Ihre Dächer sind gefallen,
Und der Wind streicht durch die Hallen,
Wolken ziehen drüber hin.

Zwar die Ritter sind verschwunden,
Nimmer klingen Speer und Schild;
Doch dem Wandersmann erscheinen
Auf den alt bemoosten Steinen
Oft Gestalten zart und mild.

Droben winken holde Augen,
Freundlich lacht manch roter Mund.
Wandrer schaut wohl in die Ferne,
Schaut in holder Augensterne,
Herz ist heiter und gesund.

Und der Wandrer zieht von dannen,
Denn die Trennungsstunde ruft;
Und er singet Abschiedslieder,
Lebe wohl tönt ihm hernieder,
Tücher wehen in der Luft."[13]

Die Ruinen Rudelsburg und Saaleck. Stich nach Zeichnung von O. Wagner

Landschaft zwischen Saale und Elster

Wer kennt sie nicht, den Fürsten Ypsheim-Gindelbach, Premierminister von Reuß-Schleiz-Greiz, und den lebenslustigen Grafen Zedlau, Gesandten von Reuß-Schleiz-Greiz beim Wiener Kongreß, und beide Hauptfiguren der Operette „Wiener Blut" von Johann Strauß? Aber wer kennt Reuß-Schleiz oder Reuß-Greiz, Reuß-Ebersdorf oder Reuß-Lobenstein, alle diese Muster deutscher Kleinstaaterei im Osten Thüringens, im Land zwischen Saale und Elster? Es bereitet geradezu Alpdrücken, den Verästelungen der Reußschen Linien seit dem 15. Jahrhundert zu folgen. Vergnüglicher ist es da schon, entweder vom Saaletal aus auf einer Rundfahrt oder auch nur durch ein paar kleinere Abstecher zu beiden Seiten der alten Transitautobahn die Städte, Schlösser und Burgen etwas näher kennenzulernen, in denen einst die Repräsentanten dieser und anderer Familien saßen, erlebt man dabei doch auch die reizvolle Landschaft zwischen Saale und Elster mit ihren schattigen Tälern, den ausgedehnten Waldgebieten, den Stauseen und zahlreichen Teichen und den Landschaftsschutzgebieten.

Im Südwesten Thüringens prägen die Saaletalsperren die Landschaft. Hier ist ein Gebiet von 212 Quadratkilometern zum Landschaftsschutzgebiet erklärt worden, in dem viele vom Aussterben bedrohte Vogelarten neue Niststätten gefunden haben, und selbst während des alljährlichen Vogelzuges rasten hier gern seltene Fluggäste. Schon 1926-32 war die Bleilochtalsperre gebaut worden, zehn Jahre später die Hohenwartetalsperre, zu der 1956-63 noch ein künstlicher See auf der Amalienhöhe kam. Die energiewirtschaftliche Bedeutung dieser Talsperren ist groß, mindestens ebenso groß aber der Freizeitwert dieser Seen. Nicht weniger reizvoll sind die kleinen Städtchen und die Burgen und Schlösser in der Umgebung. Da ist Lobenstein, in dem zweihundert Jahre lang bis 1848 das Haus Reuß-Lobenstein residierte, in malerischer Lage, umgeben von sieben Hügeln, am Nordrand des Frankenwaldes, mit einer Burgruine und einem Schloß. Manche Besucher mögen sich wundern, was sie da am Lobensteiner Rathaus Merkwürdiges erblicken. Sieht man dort doch unmittelbar unter der Rathausuhr ein Männlein bei einer für die Stadt wichtigen Beschäftigung, da er gerade seine Notdurft in hellem Strahl in das Spundloch eines Fasses verrichtet. Es ist einer der „Fässleseecher", die Urin liefern mußten, mit dem die Gerber in der Stadt die Häute einweichten.

Ein Stück nordwärts liegt oberhalb der Bleilochtalsperre hoch über dem Saaletal Schloß Burgk, eine spätgotische Anlage, die durchaus mit den anderen Schlössern des Saaletales konkurrieren kann, und gleich in der Nähe Schleiz, natürlich ebenfalls eine ehemalige Residenzstadt. Zwei Stadtbrände und die Zerstörung des Zweiten Weltkriegs haben ihr schwer zugesetzt, aber es besitzt mit der Bergkirche eine kunstgeschichtliche Kostbarkeit, deren barocke Raumdekoration sich kaum ein Besucher entgehen lassen wird. Johann Friedrich Böttger, der Erfinder des Böttger-Steinzeugs, wurde hier geboren, und 1869-76 leitete der Rheinländer Konrad Duden das Gymnasium und bereitete in diesen Jahren schon sein berühmtes „Orthographisches Wörterbuch" vor, das heute noch als „Duden" unerschöpfliche Dienste leistet. Damals hatte es der Herr Schuldirektor gar nicht so leicht, und wenn man seine Ausführungen im Vorwort des Wörterbuches liest, vermag man kaum zu glauben, daß seitdem erst hundert Jahre vergangen sein sollen:

„Hier gestatten wir uns nur noch, der Hoffnung Ausdruck zu geben, es möge dem vorliegenden Buche vergönnt sein, zur schnellen Verbreitung der amtlichen preußischen Orthographie etwas beizutragen. Diese ist zwar nichts weniger als das Ideal des Verfassers; aber von allen Orthographien, die für den Augenblick möglich sind, ist sie die beste. Und wenn man dem bekannten Worte Raumers beipflichten muß, daß eine mindergute Orthographie, der ganz Deutschland zustimme, besser sei als eine vorzüglichere, die sich auf einen Teil Deutschlands beschränke, so verdient die von der preußischen Regierung den preußischen Schulen vorgeschriebene Orthographie – ganz abgesehen davon, daß sie an sich besser ist als die bisher üblichen und mindestens ebenso gut als irgend eine andere bisher amtlich empfohlene – schon darum am meisten die Unterstützung aller, weil sie die meiste Aussicht hat, binnen kurzem zur Alleinherrschaft in ganz Deutschland zu gelangen. Bildet sie ja doch jetzt schon nicht nur in Preußen, sondern auch bereits in einer Anzahl kleinerer Staaten für alle Schulen die Norm.

Und von einer Konkurrenz zu reden, die sie etwa gegenüber der bayerischen zu bestehen hätte, würde durchaus nicht den tatsächlichen Verhältnissen entsprechen. Wie der Herr Minister Doktor von Lutz in einem Schreiben an den Vorstand des Börsenvereins der Deutschen Buchhändler zu Leipzig mit Recht hervorhebt, sind es nur ‚wenige und nebensächliche Punkte', in denen die bayerische Orthographie noch von der preußischen abweicht. Aus diesem Grunde wird auch, wie in demselben Schreiben ausdrücklich ausgesprochen ist, die Einführung in der preußischen Orthographie gedruckter Schulbücher in Bayern nicht beanstandet werden, gerade so wie umgekehrt Herr Minister von Puttkamer in einem ebenfalls an den Vorstand des Börsenvereins der Deutschen Buchhändler gerichteten Schreiben die Versicherung gegeben hat, daß für die Zulässigkeit von Schulbüchern zum Gebrauch in preußischen Schulen es keinen Unterschied mache, ob dem bayerischen oder dem preußischen Regelbuch Folge gegeben sei."[1]

Die Gewässer lassen den Reisenden in dieser Gegend nicht mehr los. Nördlich von Schleiz kommt man in das Plothener Teichgebiet, wo sich auf einer Fläche mit einem Radius von etwa fünf Kilometern über tausend Teiche zusammendrängen. Noch liegen hier Naturschützer und Urlaubsmanager im Kampf miteinander. Zwar ist das gesamte Teichgebiet zum Naturschutzgebiet erklärt worden, aber die zahllosen Feriengäste haben mit Campingplätzen und Bungalows den Lebensraum der seltenen Tier- und Pflanzenarten schon eingeengt. Und westlich von Schleiz liegt Ziegenrück mit seinem Wasserkraftmuseum, das aus einem Laufwasserkraftwerk hervorgegangen ist. Fünfundsechzig Jahre war es seit der Jahrhundertwende in Betrieb, heute gehört es schon zur Industriearchäologie und bietet dem Besucher einen guten Einblick in die Geschichte der Wasserkraft-Nutzung.

Von hier sind es dann nur noch ein paar Kilometer nach Ranis mit seiner stattlichen Burg auf einem Zechsteinriff am Südrand der Orlasenke. Sie wurde im 11. Jahrhundert erbaut, gehörte zeitweilig als Reichsburg Kaiser Barbarossa und seinem Sohn Heinrich VI., gelangte an die Grafen von Schwarzburg und schließlich an die Markgrafen von Meißen, doch nur, um dann als Lehen an verschiedene Adelsfamilien weitergegeben zu werden. Es lohnt sich, den Turm der Burg zu besteigen, bietet sich doch ein herrlicher Rundblick über das Städtchen Ranis hinweg weit ins Thüringer Land hinein – wenn nicht gerade die Rauchschwaden der Maxhütte Unterwellenborn über der Landschaft lasten.

Die Industrie dominiert allmählich in dieser Gegend, auch Pößneck ist in erster Linie Industrieort, vom einstigen Wohlstand des Tuchmacherhandwerks zeugen nur noch wenige Spuren wie etwa das spätgotische Rathaus mit seinem schönen Staffelgiebel, und davor steht immer noch der Brunnen mit dem Marktbornmännchen, dem eher freundlichen als martialischen Sinnbild des wehrhaften Bürgers. Ähnlich wie in Pößneck ist auch die Struktur des nur zwölf Kilometer entfernten Neustadt an der Orla mit dem kleinen alten Stadtkern und dem schönen Rathaus, und von Weida, das von der Osterburg mit ihrem eigenarti-

Alte Brückenzolltafel bei Ranis

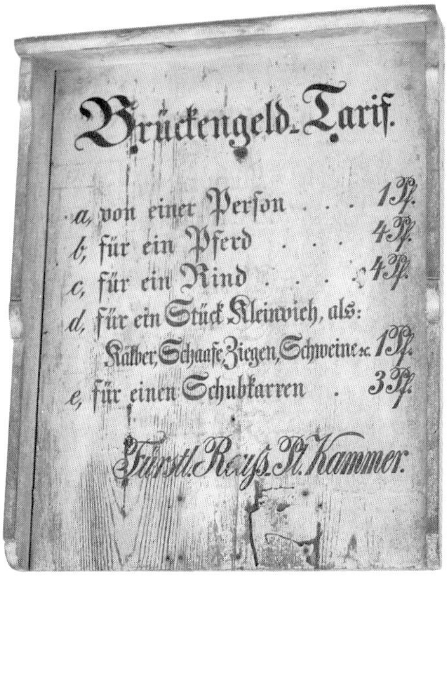

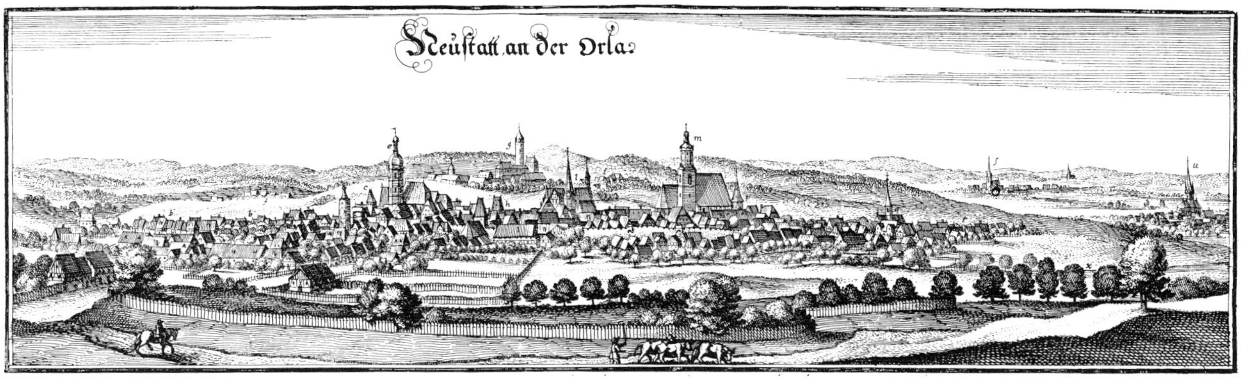

Ansicht von Neustadt an der Orla. Stich von M. Merian in der „Topographia Germaniae"

gen alten Bergfried überragt wird. Besonders wohlhabend waren die Städte hier in der Gegend nie, und so ist es kein Wunder, daß im Volke ein Sprüchlein umlief:

> „Durch Adams Fall ist Trips verderbt,
> Und Auma liegt daneben;
> In Weida ist kein Heller Geld,
> Und Neustadt kann nichts geben;
> In Ziegenrück ist große Not,
> In Ranis ist kein bißchen Brot
> Und Pausa ist die Schwester –
> Sind das nicht leere Nester?"

Von Neustadt aus kann man einen Abstecher nach Renthendorf unternehmen, einem Ort, der kaum in einem Fremdenführer erwähnt wird, aber hier wurde 1829 im Pfarrhaus der große Zoologe und Reisende Alfred Edmund Brehm geboren. Natürlich hat jeder etwas von „Brehms Tierleben" gehört, aber wer kennt schon den Verfasser dieses berühmten Werkes? E. Redslob möchte ihn nach Johann Sebastian Bach als den typischsten Thüringer gewertet sehen, und selbst wenn man diesem Urteil nicht uneingeschränkt folgen sollte, so verdient er es doch, daß man ihn der Vergessenheit entreißt und deutlich auf ihn hinweist. Sein Vater Christian Ludwig Brehm hatte schon den Beinamen „Vogelpastor" erhalten, galt er doch als einer der besten Vogelkenner der Goethe-Zeit.

Man sagt von den Thüringern, sie seien besonders sangesfreudig und würden deshalb auch den Gesang der Vögel besonders schätzen. Daher sei Thüringen zum klassischen Land des Vogelschutzes, aber auch der Tierliebe und -beobachtung geworden. Brehm hatte vom Vater die Tierliebe geerbt. Schon im Alter von achtzehn Jahren hatte er seine erste Reise in den Sudan unternommen, der sich 1849 eine zweite anschloß. Erst nach der Rückkehr studierte er in Jena und Wien Naturwissenschaften und Zoologie, schon während dieser Studienzeit veröffentlichte er 1856 sein erstes Werk über die Reisen in den Sudan, als Gymnasiallehrer und später als Direktor des Hamburger Zoologischen Gartens schrieb er noch zahlreiche andere Bücher, als wichtigstes wohl ab 1869 das „Tierleben", das sich durch wissenschaftliche Genauigkeit und eine ungemein lebendige Darstellung auszeichnet und für die naturkundlichen Sachbuchautoren bis heute noch das große Vorbild geblieben ist. Hören wir als Beispiel nur, was er über die Feldlerche in seiner thüringischen Heimat zu sagen hat:

„Uns gilt die Feldlerche als Frühlingsbote; denn sie erscheint zur Zeit der Schneeschmelze, bisweilen schon im Anfange des Februar, hat zu Ende dieses Monats meist bereits ihre Wohnplätze eingenommen, verweilt auf ihnen während des ganzen Sommers und tritt erst im Spätherbst ihre Winterreise an, welche sie bis Südeuropa, höchstens bis nach Nordafrika führt. Sie ist ein unsteter Vogel, welcher selten lange an einem und demselben Ort verweilt, vielmehr beständig hin und her läuft, hin- und widerfliegt, sich mit anderen ihrer Art streitet und zankt und dazwischen lockt und singt. Sie geht gut, bei langsamem Gange nickend, bei raschem Laufe fast wie ein Strandläufer, fliegt ausgezeichnet, je nach dem Zwecke, welchen sie zu erfüllen trachtet, sehr verschiedenartig, bei eiligem Fluge mit bald angezogenen, bald wieder schwirrend bewegten Schwingen in weiten Bogenlinien dahin, im Singen endlich in der allbekann-

Alfred Edmund Brehm. Gemälde von W. Fechner

ten langsamen, oft schwebenden Weise mit gleichmäßigen Flügelschlägen, welche sie höher und höher heben. Auf dem Boden zeigt sie sich gerne frei, stellt sich deshalb auf Erdschollen, kleine Hügelchen oder Steine, zuweilen auch auf die Spitzen eines Strauches, Baumes oder Pfahles, und behauptet solche Lieblingsplätze mit zäher Beharrlichkeit. Der Lockton ist ein angenehmes ‚Gerr' oder ‚Gerrel', welchem ein hell pfeifendes ‚Trit' oder ‚Tie' zugefügt wird. Bei dem Neste vernimmt man ein helles ‚Titri', im Ärger ein schnarrendes ‚Scherrererrr'. Ihren allbekannten Gesang, welcher Feld und Wiese der Ebene und des Hügellandes, selbst nicht allzu nasse Sümpfe, in herzerhebender Weise belebt, beginnt die Lerche unmittelbar nach ihrer Ankunft und setzt ihn so lange fort, als sie brütet. Vom frühesten Morgengrauen an bis zur Abenddämmerung singt sie, ein um das andere Mal vom Boden sich erhebend, mit fast zitterndem Flattern allmählich höher und höher aufsteigend, dem Auge zuweilen beinahe verschwindend, ohne Unterbrechung, ausdauernder als jeder andere Vogel, beschreibt dabei weite Schraubenlinien, kehrt allmählich zur Aufgangsstelle zurück, senkt sich mehr und mehr, stürzt mit angezogenen Flügeln wie ein fallender Stein in die Tiefe, breitet hart vor dem Boden die Schwingen und läßt sich wiederum in der Nähe ihres Nestes nieder. Der Gesang besteht zwar nur aus wenigen hellen, reinen, starken Tönen, aber unendlich vielen Strophen, welche bald trillernd und wirbelnd, bald hell pfeifend erklingen, von den verschiedenen Sängern aber in mannigfach abändernder Weise vorgetragen, von einzelnen Meistern auch durch nachgeahmte Teile aus anderen Vogelliedern wesentlich bereichert werden. Selbst die Weibchen zwitschern, und schon die jungen, erst vor wenigen Wochen dem Nest entflogenen Männchen erproben ihre Kehle."[2]

Als Sechsundvierzigjähriger kehrte Brehm nach Renthendorf zurück und lebte dort als Schriftsteller bis zu seinem Tode 1884. Sein Wohnhaus beherbergt heute eine Gedenkstätte an ihn und seinen Vater.

In Gera, der nächsten Station, wird der Aufenthalt wohl etwas länger dauern. Zwar ist auch diese Stadt nach den Zerstörungen des Zweiten Weltkrieges zu einem Verwaltungssitz und Industriestandort geworden, doch erinnern noch manche Zeugnisse an eine große Vergangenheit. Gera wird erstmals schon um das Jahr 1000 erwähnt und 1237 als Stadt bezeichnet. Seit der Mitte des 16. Jahrhunderts war es Residenz der jüngeren Reuß-Linie, und als diese gar 1806 einige Nebenlinien vereinigte und in den Fürstenstand erhoben wurde, erfuhr die kleine Stadt von rund 300 Häusern eine Aufwertung. Immerhin ging das Fürstentum erst 1920 in Thüringen auf. Auch hier brachte die Tucherzeugung über Jahrhunderte hinweg den Wohlstand, und als sich dann Ende des 17. Jahrhunderts niederländische Emigranten hier ansiedelten, erlebte die Kammgarnweberei durch die von ihnen eingeführten neuen Techniken einen weiteren Aufschwung. Die Bürger wußten zu leben, und im Thüringer Volksmund hießen sie nur „die Gärschen Fettguschen", was soviel wie die Geraer Fettmäuler heißt. Natürlich wollten sie auch repräsentieren, bauten sich ein entsprechend stattliches Rathaus, einen dreigeschossigen Renaissancebau mit einem wunderschönen 57 m hohen Treppenturm. Wie die meisten Bauten der Stadt fiel es 1780 dem großen Stadtbrand zum Opfer. Damals blieben von 900 Häusern überhaupt nur 135 übrig, alles andere mußte wieder aufgebaut werden, und ein Bombenangriff legte 1945 die Stadt ein weiteres Mal in Schutt und Asche.

Wie Gera war auch das etwa dreißig Kilometer südlich gelegene Greiz Residenzstadt, diesmal der älteren Reuß-Linie. Besonders angesehen waren

Eine Fahrt durch Thüringen macht dem Besucher immer wieder eindringlich klar, wie viele Meisterwerke der Renaissance hier erhalten sind. Das prächtige Portal des Rathauses von Gera, Thüringens zweitgrößter Stadt, ist dafür ein Beispiel.

Das Schloß der „Spielkartenstadt“ Altenburg ist ein Ensemble von Bauten aus neun Jahrhunderten. Die spätgotische Schloßkirche erhebt sich, ähnlich wie der Erfurter Dom, über mächtigen Unterkonstruktionen (oben).

Das Renaissance-Rathaus von Gera mit seinem mächtigen Turm (rechts) läßt in seinen Dekorationsformen, die sich dem Frühbarock nähern, deutlich den Einfluß der Niederlande erkennen, deren Architektur den Thüringer Meister Nikolaus Gromann inspirierte.

Wahrzeichen des Städtchens Ranis ist die weitläufige Burganlage (oben), deren Geschichte bis ins 11. Jh. zurückreicht. Charakteristisch sind die Zwerchhäuser (16. Jh.) am Hauptbau der unter den Wettinern zum Schloß ausgebauten Burg, in der heute Museen untergebracht sind.

In Pößneck, das sich seine mittelalterliche Grundgestalt weitgehend erhalten hat, findet sich am Marktplatz ein bemerkenswertes Rathaus (links), dessen besonderer Schmuck der vorgelagerte Treppenbau mit reicher spätgotischer Maßwerkdekoration ist.

Die Bergkirche oberhalb der kleinen Residenzstadt Schleiz ist eine kunsgeschichtliche Kostbarkeit. Die Geschichte dieser Kirche reicht bis in die Zeit der Romanik, als hier ein kirchliches Zentrum des kolonisierten slawischen Gebietes war. Die heutige Kirche stammt aus dem späten 15. Jh. und zeigt im Chor ein reiches spätgotisches Netzgewölbe.
Der überwältigende Eindruck des prunkvoll ausgestatteten Innenraums ergibt sich aus der geglückten Verschmelzung der spätgotischen Architektur mit einer barocken Dekoration.

Westlich von Schleiz liegt hoch über dem Saaletal Schloß Burg (rechts), dessen Ursprünge wohl bis ins frühe Mittelalter zurückreichen. Die heutige Anlage der Wohn- und Wehrburg, deren bauliche Vielfalt beeindruckt, stammt aus dem 15. Jh. und wurde im 16./17. Jh. erweitert.

Der „Hungerturm" mit seinem Fachwerkaufsatz (links oben) gehört zum Komplex der älteren Wehrburg. Das Renaissance- und Barockschloß ist heute Museum. Hier zeigt eine gußeiserne Ofenplatte eine Ansicht von Schloß Burgk und dokumentiert zugleich die Bedeutung des Eisenbergbaus und der Eisenverarbeitung für diesen Teil Thüringens.

Auch Eisenberg war, wenn auch nur für 26 Jahre von 1681-1707, eine der kleinen Residenzstädte Thüringens, in der die Herzöge von Sachsen-Eisenberg sogleich ein glanzvolles Schloß erbauen ließen. Aus dieser Barockzeit stammt auch der Mohrenbrunnen auf dem Marktplatz.

sie alle nicht, diese kleinen thüringischen Residenzen, das wissen wir nicht nur aus der schon erwähnten Operette „Wiener Blut", auch im Volksmund spöttelte man:

„Greiz, Schleiz, Lobenstein
Sind drei kleine Nester
Greiz, das ist die Residenz
Zeulenroda die Schwester,
Und sind die beiden noch so klein
Lobenstein könnt größer sein!"

Und doch besaß die Residenz gleich zwei Schlösser, das Obere und das Untere, und sogar ein Sommerschloß in einem englischen Landschaftspark. „Maison de la belle retraite" – Haus der schönen Zurückgezogenheit – heißt es im Giebelfeld, und das gilt eigentlich mehr oder minder für die ganze Gegend, wie sie schon 1840 Gottfried Wilhelm Becker beschrieb:

„Endlich nahm der Wald ein Ende, und der Weg wurde besser, wie es gewöhnlich der Fall ist, wenn man einer belebten Stadt nahe kommt. Er senkte sich herab in's Thal; die Residenz des Fürsten von Greiz breitete sich an beiden Ufern der Elster aus. Gera hatte einen lachenden Anblick gewährt, aber wieviel schöner gestaltete sich hier das Bild! Die Stadt an sich war keineswegs so groß, so stattlich, so volkreich wie Gera, aber die Lage noch viel malerischer, die Aussicht von oben herab umso überraschender, je weniger der Weg dahin anmuthig gewesen war, und ein fürstlicher Park in der Tiefe einen Theil davon in reizendes Halbdunkel barg. Wir konnten, da es schon ziemlich spät war, uns nicht mehr weit ergehen, sondern weilten nur auf der schönen Elsterbrücke, sie im Glanze der heitern Abendsonne zu genießen. Aber als der Morgen nun erwachte, säumten wir nicht lange, uns mit allen den schönen Punkten näher bekannt zu machen. Jetzt fuhren wir auf dem großen Teiche, der das fürstliche Schloß hoch oben auf einem hohen isolierten Felsen in seiner ganzen Schönheit sehen ließ; dann erstiegen wir einen Berg, wo der Felsen mit seinem Schlosse tief unter uns lag und wir nun die ganze Stadt noch viel tiefer erblickten. Am Schießplatze breitete sich vor uns die Elster aus und ließ Stadt und Schloß wieder in einer ganz neuen Richtung mustern. Ein dicht beschatteter Baumpfad führte uns auf den Schloßberg selbst hinan, und wir sahen nun die Stadt in ihrer ganzen Ausdehnung unten der Länge nach an der Elster; der Park des Fürsten bot die mannigfachsten Spaziergänge in den reizendsten Anlagen und mit dem Glanze eines Hofes wechselnd, der sich besonders an dem Palais kundthat, worin die fürstliche Familie verweilt, wenn es ihr oben im Schloß nicht gefällt."[3]

„Perle des Vogtlandes" nennt man Greiz auch und weist damit gleichzeitig auf die alten Besitzverhältnisse dieses Raumes hin. Terra Advokatorum – Land der Vögte – hieß es schon seit dem Mittelalter, da es als reichsunmittelbares Gebiet von den Reichsvögten von Weida verwaltet wurde. Nach verschiedenen Teilungen, Verkäufen und Verpfändungen fiel der größere Teil dieses Vogtlandes zu Beginn des 17. Jahrhunderts an Sachsen. Der kleinere – eben die Reußischen Besitzungen – blieb dagegen selbständig und kam erst 1920 an das Land Thüringen.

Das letzte Stück der Reise führt in den nordöstlichsten Zipfel Thüringens, nach Altenburg. Die wichtige Stadt am Südrand der Leipziger Tieflandsbucht im Tal der Pleiße gehört, geographisch gesehen, eigentlich schon zu Sachsen, und tatsächlich ist auch ihre tausendjährige Geschichte sehr wechselvoll. Die Marktsiedlung im Schutze der Burg war schon im 11. Jahrhundert entstanden, unter Barbarossa wurde sie Reichsstadt, kam dann in den Besitz der Markgrafen von Meißen und wurde im 17. und noch einmal im 19. Jahrhundert Residenz des Herzogtums Sachsen-Altenburg, das seinerseits 1920 im Land Thüringen aufging. Nach der Auflösung der Länder 1952 wurden Altenburg und sein Umland zum Bezirk Leipzig geschlagen und sind 1990 in den alten Länderverband zurückgekehrt.

Noch heute erinnert das Schloß an die alte große Zeit. In einzelnen Teilen stammt es schon aus dem 10./11. Jahrhundert, seine heutige Gestalt dagegen erhielt es erst seit dem 17. Es ist der Schauplatz des berühmt-berüchtigten „Sächsischen Prinzenraubes", eines Falles von Kidnapping, wie man heute zu sagen pflegt, aus dem 15. Jahrhundert. Kunz von Kaufungen, ein wohlverdienter Kriegsmann des Kurfürsten von Sachsen, hatte sich von diesem in einer finanziellen Angelegenheit hintergangen gesehen und 1455 zu einer Art Selbsthilfe gegriffen, mit Hilfe des Burgkochs die hohen Mauern des Altenburger Schlosses erstiegen und die beiden Söhnchen des Kurfürsten ent-

Die fürstliche Residenzstadt Altenburg. Stich von M. Merian (Ausschnitt) in der „Topographia Germaniae“

führt, aber wie bei jeder echten Kriminalgeschichte half auch schon vor fünfhundert Jahren der „Kommissar Zufall“; denn der Entführer und eines seiner beiden Opfer wurde von ein paar Köhlern erkannt und gestellt, die Spießgesellen des Ritters bekamen daraufhin kalte Füße und lieferten den anderen Prinzen freiwillig aus. Und eine Volksballade, die schon Herder in seine Sammlung aufnahm, schildert das schreckliche Ende und die Moral von der Geschichte:

„So gehts, wer widr die Oeberkeit
Sich unbesonnen empöret;
Wer es nit meynt, der schaue an Kunzen,
Syn Kopp tut ze Freyberg noch runter
schmunzen
Und jedrmann davon lehret, ja lehret!“

Heinrich Laube, einer der bekanntesten Schriftsteller des „Jungen Deutschland“, gibt eine heitere Schilderung von Altenburg im Biedermeier und spielt dabei auch auf den Ritter Kunz an:

„Die Frauenzimmer müssen im Altenburgischen einmal großes Unglück angerichtet haben. Seit der Zeit hat man ihnen eine garstige Zwangstracht angelegt. Vor der Brust tragen sie ein Brett, hinter dem Herz und Busen verkümmern, die Röcke reichen nur bis ans Knie. Das Erzgebirge trägt einen seiner letzten Zweige in das Ländchen. Es ist merkwürdig, wie sich dieser kleine Distrikt absondert von seinen Nachbarn. Es ist Charakter im Altenburger, sollte er auch nur in der kurzen Jacke liegen, deren Teil unter den Armen steckt. Seine Hautfarbe ist noch schwärzer als die der Braunschweiger. Aber sie ist trauriger, geschmackloser, nicht so mutig wie bei jenen. Sie sieht leidend, gottesfürchtig aus. Auf dem Kopfe trägt der Altenburger ein kleines unreifes Filz-

Köhler nehmen Kunz von Kaufungen gefangen. Kupferstich (1743) in „Der sächsische Prinzenraub“

käppchen. Um die Beine weite schwarze Lederhosen, die aber nur bis ans Knie reichen. Es muß viel Lederhandwerk in Altenburg geben. Das berühmteste in der Stadt sind schöne, solide und wohlfeile Handschuhe. Die Tracht der Landleute sieht steif, gemacht und geschraubt aus, es ist keine Leichtigkeit und Bequemlichkeit darin. Die Leute sehen trübselig daraus hervor, obwohl es ihnen gut geht und sie meist wohlhabend sind. Es ist kein Feuer, keine Genialität in ihnen. Aber treuherzig sind sie und gut und lieben ihre niedrigen Berge.

In die Stadt selbst rollt man bergab schnell hinein. Langsam kommt man wieder heraus. Das ist ein gutes Zeichen, man wohnt nicht übel hier. Man findet viel Aufgeschlossenheit, viel Essen und Trinken, viel Gesundheit und viel schlechtes Wetter. Wenigstens regnete es immer, wenn ich nach Altenburg kam. Aber immer guckten hübsche Mädchenköpfe aus den Fenstern ...

Vorüber flog der Wagen. Der Eilwagen ist das moderne Fatum. Nichts hemmt seine Spanten. Vergeblich schrie ich, ich wolle aussteigen; es ging bergauf und bergab weiter durch das romantische Altenburg. Höhe und Tiefe, Begeisterung und Kot wechseln in dieser Stadt schnell. Prächtig verlassen steht jenseits eines kleinen Wassers das Herrenschloß. Ein Professor neben mir, der bereits die Homöopathie, das öffentliche Gerichtsverfahren, die Dampfwagen, die neuesten geographischen Entdeckungen und die preußische und sächsische Politik erschöpft hatte, detaillierte der Gesellschaft mit der todesverachtenden Redseligkeit deutscher Professoren den Prinzenraub, der da drüben im Schlosse vollendet worden war. Er kannte jedes Fenster und jeden Absatz, dessen sich Kunz von Kaufungen bedient hatte. Er beschrieb so lebendig und genau, daß wir zehnmal fragen mußten, und als der Wagen rechts einbog und das Schloß verschwand, nicht klüger waren als zuvor."[4]

Die modernen Reisenden, die das stattliche Rathaus aus dem 16. Jahrhundert, das Schloß mit der Schloßkirche und den ehemaligen Schloßpark besichtigt haben, werden wahrscheinlich nicht versäumen, auch das Spielkartenmuseum zu besuchen, gilt doch Altenburg als Mekka und Hochburg des Skatspiels. Wer dieses Spiel hier erfunden hat, ist nicht sicher belegt, eine Fama schiebt es dem Hofadvokaten und Notar Hempel zu, auf alle Fälle hat das Skatspiel alle anderen Kartenspiele übertroffen, und die Altenburger zehren heute von dem Ruhm, als die „Skatstadt" zu gelten und sogar ein berühmtes Skatgericht als letzte Instanz aller strittigen Spielentscheidungen zu besitzen. Kein Wunder, daß sie deshalb schon kurz nach der Jahrhundertwende einen schönen „Skatbrunnen" errichten ließen. Seine vier Bubengestalten sind allerdings nur noch Kopien der Originale von Ernst Pfeifer; denn diese sollten während des Zweiten Weltkrieges das Vaterland wohl als Wunderwaffen retten helfen und wurden eingeschmolzen!

Nur wenige Kilometer weiter nördlich liegt am Rande des Braunkohlengebietes die Wasserburg Windischschleuba aus dem 14. Jahrhundert. Heute ist sie ein Schullandheim, früher gehörte sie einmal der Familie Münchhausen, einem Zweig des Geschlechts, dem auch der berühmte Lügenbaron entstammte. Letzter Gutsherr auf Windischschleuba war jener Börries Freiherr von Münchhausen, der zu den bekanntesten Balladendichtern des Impressionismus gehörte. Viele seiner bekannten Balladen sind hier entstanden, so etwa die „Lederhosensaga" oder die „Ballade vom Brennesselbusch". Der Dichter verübte als Einundsiebzigjähriger beim Einmarsch der Roten Armee Selbstmord, er mochte die alte Zeit, die ja schon zwölf Jahre zuvor zu Ende gegangen war, nicht überleben. Beim Anblick des zinnengeschmückten Rundturms mag der Kenner an den „Waldhornbläser" denken, der von dort oben seine Lieder über Schloß und Park klingen ließ, aber warum sollen wir uns nicht fröhlich verabschieden und zum Schluß noch ein Stück jenes „Hofballs" hören, der hier auf dem Gut von Windischschleuba spielt:

„Novembertag und windiges Wetter,
Im Scheunenhof tanzen die Blätter,
Und zwischen Kuh- und Pferdestall
Ist Hofkonzert und großer Ball.

Der Wind trompetet um die Ecken,
Milchkannendeckel schlagen die Becken,
Die Leitungsdrähte harfen und schleifen,
Wenn die Hände des Sturms in die Saiten
greifen,
Die Wetterfahne geigt schrill und froh,
Ein Kalb bläst unentwegt die Hoboe,
Die Stalltür trommelt dazu
Und das Bombardon übernahm eine Kuh.

Und zu Trompeten, Flöten und Geigen
Dreht sich und wirbelt in fröhlichem Reigen
Alles, was Herbst geweht von den Zweigen,
Alles, was vordem grünte im Land
Und auf dem Pflaster des Hofes sich fand.
Und während im Kehricht sie tanzen und
springen,
Hör ich sie singen!
...

Vom Ahorn, der drüben im Parke ragt,
Stelzt ein Blatt auf fünf Speichen und sagt:
'Wir hatten alle nichts zu tun
Als schön zu sein und auszuruhn!
In unserm Schatten man gerne saß,
Wenn der Gärtner den Platz recht sauber rechte,
Und als ein Dichter dort Verse las,
Lachten darüber noch lange die Spechte.
Der Springbrunnen machte sich was zu tun,
Doch stieg er nur auf, um wieder zu sinken,
Bisweilen in Seide und in Kattun,
Saßen sie dort beim Kaffeetrinken.
Ein Fräulein vom sentimentalen Fach
Malte mich drüben am Teich von der Insel,
Sie seufzte: 'Die herbstliche Färbung, – ach!'
Und schob ins Kadmiumgelb den Pinsel, –
Wir hatten alle nicht viel zu tun,
Nur schön zu sein und auszuruhn!'
...

Ein Schlehenblatt, hereingeweht,
Vom Felde draußen, das sang diskret:
'Ich komme ferne vom stillen Hag,
Wo der Sprosser rief,
Wo am Juniabend der Kirschpflücker lag
Und den Rausch verschlief,
Wo im Herbst die Jagd vorübergesaust
Mit hundert Pferd,
Wo dem Leutnant so vor dem Graben gegraust,
Daß er umgekehrt.
Und als er ihn sprang,
Da sprang er ihn so: –'
Und die Schlehe sprang
Und fiel in die Entenpfütze, – oh
Der Länge lang!
..."[5]

Menschen in Thüringen

Abbe, Ernst: 1840-1905. Der Sohn eines Werkmeisters aus Eisenach studierte Physik und wurde schon mit 23 Jahren Privatdozent in Jena, 1870 wurde er Professor, 1878-89 Leiter der Sternwarte in Jena. 1866 trat er mit ↗Zeiss in Verbindung, für den er Berechnungen der Mikroskopobjektive ausführte. Seine Forschungen leiteten eine neue Epoche im Mikroskope-Bau ein. 1875 wurde er Teilhaber der optischen Werkstätte und nach dem Tode von Zeiss 1889 alleiniger Inhaber der Zeiss-Werke, denen er inzwischen auch das Glaswerk von Otto Schott angegliedert hatte. Er gründete die Carl-Zeiss-Stiftung, der er das gesamte Werk übergab und als deren Leiter er von 1891 an fungierte.

Alexis, Willibald: Georg Wilhelm Heinrich Häring wurde 1798 in Breslau geboren, zog nach dem Tode des Vaters mit der Mutter nach Berlin, wo er studierte, danach am Kammergericht und schließlich als freier Schriftsteller arbeitete. Nach 1827 war er Redakteur an verschiedenen Zeitungen. In den 40er Jahren entstanden seine großen historischen Romane aus der brandenburgisch-preußischen Geschichte, von denen „Die Hosen des Herrn von Bredow" besonders bekannt wurden. 1852 übersiedelte er vorübergehend, 1856 nach einem Gehirnschlag endgültig nach Arnstadt, wo er dann bis zu seinem Tode 1871 lebte und auch begraben wurde.

Andersen-Nexø, Martin: 1869-1954. Der dänische Arbeiterdichter war nach harter Jugendzeit in seiner Heimat Lehrer geworden und hatte sich 1901 der Schriftstellerei zugewandt. In seinen Romanen schilderte er überzeugend das Elend der Arbeiter und Bauern. 1911 hatte er einen zweimonatigen Aufenthalt in Finsterbergen im Thüringer Wald verbracht und danach seine Erzählung „Die Puppe" geschrieben. Von 1923 bis 1930 und von 1952 bis 1954 lebte er in Deutschland, zuletzt in Dresden, wo er 1954 starb.

Anna Amalia: Geboren 1739 als Tochter des Herzogs Karl von Braunschweig, heiratete sie 1756 den Herzog von Weimar und führte nach dessen frühem Tode von 1758 bis 1775 die Regentschaft für ihren Sohn ↗Carl August. Danach zog sie sich zurück, nahm aber weiterhin regen Anteil am geistigen Leben und sammelte im „Weimarer Musenhof" einen Kreis von bedeutenden Frauen und Männern um sich. Sie starb 1807 in Weimar.

Bach, Johann Sebastian: Er wurde 1685 in Eisenach geboren, wo sein Vater als Stadtmusikus wirkte. Nach dessen frühem Tode kam er zu seinem älteren Bruder nach Ohrdruf, der für seine musikalische Ausbildung sorgte. 1703 wurde Bach Geiger in der Hofkapelle in Weimar, von da ging er noch im gleichen Jahr als Organist nach Arnstadt, 1707 nach Mühlhausen und 1708 nach Weimar, wo er 1714 Hofkonzertmeister wurde. 1717 endete seine Thüringer Zeit, als er nach Köthen wechselte. 1723 wurde er Thomaskantor und Musikdirektor in Leipzig. Hier lebte er bis zu seinem Tode 1750.

Baumbach, Rudolf: Er wurde 1840 in Kranichfeld (Kr. Weimar) geboren, besuchte das Gymnasium in Meiningen und studierte u.a. in Leipzig, Würzburg und Wien Naturwissenschaften. Danach war er Lehrer in Österreich, bis er sich als freier Schriftsteller in Meiningen niederließ. Angeregt durch ↗Scheffel, dessen Wanderlust er teilte und mit dem er befreundet war, begann er selbst Lieder zu schreiben, die von der naturalistischen Kritik als „Butzenscheibenlyrik" abgetan wurden, von denen aber viele bis heute lebendig und beliebt blieben und häufig auch vertont wurden. Dazu gehörten Studentenlieder wie die „Lindenwirtin" und Volkslieder wie „Hoch auf dem gelben Wagen" oder „Bin ein fahrender Gesell". Mit Scheffel gehörte er der „literarischen Gesellschaft der Gabelbach-Gemeinde" an. Gestorben 1905 in Meiningen.

Bechstein, Ludwig: Geboren 1801 in Weimar. Der früh verwaiste Knabe wurde von einem Onkel aufgezogen, der ihn zum Apotheker ausbilden ließ. Er wuchs in Meiningen auf, erhielt als 27jähriger ein Stipendium seines Landesherrn zum Studium in Leipzig und München. Danach war er Bibliothekar des Herzogs von Meiningen, widmete sich vor allem der Erforschung und dem Sammeln von Volksliteratur, schrieb Romane, Erzählungen, Kinderbücher. Sein Lebenswerk umfaßte schließlich an die 80 Werke, von denen vor allem seine Märchen- und Sagensammlungen bleibende Bedeutung erlangten. Bechstein starb 1860 in Meiningen.

Bertuch, Friedrich Johann Justin: Geboren 1747 in Weimar, studierte Rechtswissenschaften und Theologie in Jena und wirkte dann als Hauslehrer in adligen Familien. 1773 ließ er sich in seiner Vaterstadt Weimar nieder, wo er bald in engen Kontakt zu ↗Wieland und ↗Goethe trat. Er war ein ungemein tatkräftiger Mann und hervorragender Organisator, der sich nicht nur erfolgreich an einer Reihe von Wirtschaftsunternehmen beteiligte, herzoglicher Schatullenverwalter wurde, sondern auch Mitbegründer und Herausgeber verschiedener Zeitschriften und Buchprojekte. Sein von ihm erworbenes Vermögen erlaubte es ihm, in Weimar ein stattliches Haus zu führen. Er starb 1822.

Bonifatius: Ursprünglich Winfrit. Er wurde um 672 in Wessex geboren, verließ 718 seine Heimat in England und wurde in Rom von Papst Gregor II. mit der Missionierung in Deutschland beauftragt. Er gründete verschiedene Klöster und richtete Bistümer ein. Auch in Thüringen missionierte er mit großem Erfolg und gründete hier das Bistum Erfurt, das aber im Erzbistum Mainz aufging. Bei einer Missionsreise in Friesland wurde er 754 erschlagen.

Brehm, Alfred Edmund: Er wurde 1829 in Renthendorf geboren. Sein Vater hatte sich in der Goethezeit als „Vogelpastor" einen Namen gemacht, und auch der Sohn zeigte von Jugend an besonderes Interesse für die Zoologie. Schon als junger Mann bereiste er Nordafrika und den Sudan und erforschte dabei vor allem das Tierleben in Steppe und Wüste. 1852 kehrte er nach Europa zurück und studierte Naturwissenschaften, 1863 wurde er Leiter des Zoologischen Gartens in Hamburg, 1867 gründete er das Berliner Aquarium, das er bis 1875 leitete, dann kehrte er in seinen Geburtsort zurück, wo er bis zu seinem Tode 1884 lebte. Sein Hauptwerk, das „Tierleben", erschien zwischen 1864 und 1869.

Carl (Karl) Alexander: Der Enkel von ↗Carl August wurde 1818 in Weimar geboren und folgte seinem Vater Carl Friedrich 1852 als Großherzog von Sachsen-Weimar. Mehr noch als sein Vater pflegte er die klassische Überlieferung Weimars, dessen „silbernes Zeitalter" unter ihm begann. Dabei wurde er unterstützt von seiner Gemahlin Sophie, einer Prinzessin der Niederlande, die das Goethe- und Schillerarchiv gründete und eine Gesamtausgabe von Goethes Werken förderte. Er starb 1901.

Carl (Karl) August: Er wurde als Sohn des Herzogs Ernst August Konstantin 1757 in Weimar geboren. Da der Vater schon ein Jahr nach seiner Geburt starb, übernahm die Mutter ↗Anna Amalia die Erziehung, später unterstützt von ↗Wieland. Mit 16 Jahren trat er selbständig die Regierung an und lud kurz darauf ↗Goethe nach Weimar ein. Zwischen den beiden jungen Männern entwickelte sich rasch eine tiefe Freundschaft, die Jahrzehnte überdauerte. Der Herzog unterstützte die Pläne Goethes und förderte Kultur und Wirtschaft seines Landes nach Kräften, so daß er und seine Residenz bald hohes Ansehen in Deutschland genossen. Als preußischer General kämpfte er 1792/93 und 1806 gegen Frankreich, schloß sich dann aber dem Rheinbund an und trat 1814 in die Dienste des russischen Zaren. 1815 wurde er zum Großherzog erhoben und gab ein Jahr danach Sachsen-Weimar eine landständische Verfassung. Er starb 1828.

Dalberg, Karl Friedrich: 1744-1817. Der Reichsfreiherr wurde 1768 Domkapitular in Mainz und 1772 kurmainzischer Statthalter in Erfurt, wo er mit ↗Goethe, ↗Wieland und ↗Herder verkehrte und in einem fortschrittlichen Geiste segensreich wirkte. Er verließ aber schon 1788 die Stadt wieder, um andere Aufgaben zu übernehmen, wurde 1800 Bischof von Konstanz, 1802 Kurfürst von Mainz. Seinen Titel eines Erzkanzlers des Deutschen Reiches behielt er auch nach der Säkularisation von 1803. Im Rheinbund schloß er sich eng an ↗Napoleon an, wurde für einige Jahre Großherzog von Frankfurt, mußte aber 1813 abdanken und blieb schließlich bis zu seinem Tode Erzbischof von Regensburg.

Duden, Konrad: Er wurde 1829 auf Gut Bossigt bei Wesel geboren, wirkte nach dem Studium als Gymnasiallehrer in Soest und wurde Schuldirektor in Schleiz und später in Hersfeld. 1880 veröffentlichte er sein „Orthographisches Wörterbuch der deutschen Sprache", das die Grundlage für eine moderne deutsche Rechtschreibung bildet. Gestorben 1911 in Sonnenberg bei Wiesbaden.

Eckermann, Johann Peter: 1792-1854. Geboren in Winsen a.d. Luhe, wuchs er in ärmlichen Verhältnissen auf, konnte aber in Göttingen studieren. Durch seine „Beyträge zur Poesie" wurde ↗Goethe auf ihn aufmerksam und nahm ihn von 1823 an als Mitarbeiter in sein Haus auf. Aus ursprünglich gelegentlichen Aufzeichnungen erwuchsen dann allmählich die von Goethe gebilligten und geförderten „Gespräche mit Goethe in den letzten Jahren seines Lebens", ein literarisches Meisterwerk, in dem Eckermann selbst völlig hinter der ungemein harmonischen Darstellung von Goethes Denken und Fühlen zurücktritt (erschienen 1836, 1848). 1830 begleitete er August von Goethe nach Italien. Von 1836 an war er bis zu seinem Tode 1854 Großherzoglicher Bibliothekar.

Ekhof (Eckhof), Konrad: Der „Vater der deutschen Schauspielkunst" wurde 1720 in Hamburg geboren. Er war ursprünglich Schreiber, wandte sich dann aber dem Beruf des Schauspielers zu und war der erste, der das wirkliche Leben auf der Bühne darzustellen suchte. Nach mehrjähriger Tätigkeit in Hamburg wurde er 1769 Mitdirektor des neugegründeten Hoftheaters in Gotha, wo er richtungweisend bis zu seinem Tode 1778 wirkte.

Elisabeth von Thüringen: Sie war die Tochter des Königs Andreas II. von Ungarn. Geboren 1207 auf der Burg Saros Patak, kam sie schon im frühen Alter von vier Jahren an den Hof des Landgrafen ↗Hermann, mit dessen Sohn ↗Ludwig IV. sie verlobt worden war. Gemeinsam mit ihrem Verlobten wuchs sie in Thüringen auf und heiratete 1221 im Alter von 14 Jahren! Als junge Frau beeindruckte sie durch tiefe Frömmigkeit und freiwillige Armut. Sie unterstützte, wo sie nur konnte, die Armen und führte ein heiligmäßiges Leben. Allerdings geriet sie auch zunehmend unter den Einfluß ihres strengen Beichtvaters Konrad von Marburg. Als ihr Gemahl schon 1227 auf dem Kreuzzug starb, mußte sie die Wartburg verlassen, zog erst ruhelos umher und gründete schließlich in Marburg ein Hospital, in dem sie weiterhin streng ihren selbstauferlegten caritativen Pflichten nachging. Sie starb 1231 und wurde schon vier Jahre später heiliggesprochen. So tief hatte ihr Leben die Zeitgenossen beeindruckt, daß sich bald ein Kranz von Legenden um sie rankte, von denen einige auch auf den Fresken der Wartburg dargestellt sind.

Ernst der Fromme: Geboren 1601 in Weimar. Im Dreißigjährigen Krieg kämpfte er unter Gustav Adolf und unter seinem Bruder Bernhard von Weimar auf protestantischer Seite. 1640 erhielt er bei der Erbteilung mit seinen Brüdern das Herzogtum Sachsen-Gotha und 1644 einen Teil von Sachsen-Weimar, 1672 auch Altenburg. Er galt als tüchtiger und gestrenger Landesvater, der sich um das Wohl seiner Untertanen kümmerte, förderte erste Ansätze einer Industrialisierung, baute seine Residenz Gotha aus. Gestorben 1675 in Gotha.

Freytag, Gustav: Ist kein gebürtiger Thüringer, sondern stammt aus Oberschlesien, wo er 1816 in Kreuzburg geboren wurde. Nachdem er von 1839 bis 1844 als Privatdozent für deutsche Sprache und Literatur in Breslau gewirkt hatte, übernahm er 1848 zusammen mit Julian Schmidt die Schriftleitung der Zeitschrift „Die Grenzboten", die er bis 1870 leitete. Er lebte in dieser Zeit abwechselnd in Leipzig und Siebleben bei Gotha in freundschaftlichem Verkehr mit Herzog Ernst von Coburg-Gotha. In dieser Zeit entstanden auch seine bekanntesten Werke wie der Roman „Soll und Haben" (1855), die große Kulturgeschichte „Bilder aus der deutschen Vergangenheit" (1859-67) und die mehrbändige Familiensaga „Die Ahnen", die z.T. auch in Thüringen spielt. Er starb 1895 in Wiesbaden und ist in Gotha-Siebleben bestattet.

Friedrich III. der Weise: wurde 1463 in Torgau geboren und folgte als Dreiundzwanzigjähriger seinem Vater als Kurfürst von Sachsen. Wie nur wenige Fürsten dieser Zeit bemühte er sich um Ausbau und Modernisierung der Landesverwaltung. 1502 gründete er die Universität Wittenberg. Die ihm 1519 angetragene Kaiserkrone lehnte er ab. Als gebildeter und frommer Mann erkannte er die Bedeutung ↗Luthers, schützte diesen und ließ ihn 1521 auf der Wartburg in Sicherheit bringen. Wenn er sich auch nicht öffentlich zur Reformation bekannte, so ermöglichte seine Politik doch deren Ausbreitung. Er starb 1525.

Fröbel, Friedrich: Der 1782 in Oberweißbach geborene F. wählte erst den Beruf eines Forstmannes, wurde dann mit 22 Jahren Erzieher, ging danach als Assistent an das Mineralogische Museum in Berlin, um schließlich, von Pestalozzi beeinflußt, 1816 ein Landerziehungsheim zu gründen, das er bis 1831 leitete. Nach einem längeren Aufenthalt in der Schweiz gründete er 1837 in Blankenburg den ersten deutschen Kindergarten und später ein Seminar für Kindergärtnerinnen. Er starb 1852 in Marienthal/Thür.

Genast, Eduard: 1797-1866. Geboren als Sohn des Schauspielers und Regisseurs Anton G., der 20 Jahre lang unter Goethe am Weimarer Hoftheater wirkte. Auch er wurde Schauspieler und trat in Weimar, Dresden und Leipzig auf und wurde 1829 durch ↗Goethes Vermittlung lebenslang am Theater in Weimar angestellt. Bekannt wurde er vor allem durch seine Lebenserinnerungen, die wichtige Eindrücke von der Goethe- und Schillerzeit, aber auch von den Jahren nach Goethes Tod in Weimar vermitteln. Er starb 1866 in Wiesbaden.

Georg II.: Geboren 1826 in Meiningen als Sohn des Herzogs Bernhard von Sachsen-Meiningen, dem er nach dessen Abdankung 1866 in der Regierung folgte. Als Herzog bemühte er sich um liberale Reformen. Sein besonderes Interesse und seine Vorliebe galten dem Theater. Hier machte er sich durch die Reform seines Hoftheaters und durch vorzügliche Inszenierungen bald einen Namen als „Theaterherzog" in ganz Deutschland. Nach dem frühen Tode seiner ersten beiden Gemahlinnen heiratete er morganatisch die Schauspielerin Helene Franz, die ihn in seinen Bemühungen um die Förderung des Theaters unterstützte. Er starb 1914 in Bad Wildungen.

Goethe, Johann Wolfgang: 1749-1832. Goethe war 26 Jahre alt, als er von Frankfurt aus auf Einladung des jungen Herzogs ↗Carl August zu einem Besuch nach Weimar reiste. Aus der Visite wurde ein Aufenthalt für das ganze Leben. Durch die Ernennung zum Mitglied des Geheimen Konseils und die Übertragung der Bergwerks- und Forstverwaltung des Herzogtums wurde er rasch mit den Problemen des kleinen Landes und seiner Menschen vertraut. In der Residenz Weimar fand er Freunde, besonders der Einfluß der von ihm geliebten und verehrten Frau von ↗Stein wirkte sich auch auf seine innere Entwicklung und sein literarisches Schaffen aus. Nach der italienischen Reise brachte sein Verhältnis zu Christiane ↗Vulpius einen Wandel in sein Alltagsleben in Weimar, wo er vor allem das kulturelle Leben prägte. Die Freundschaft mit ↗Schiller führte zu einer neuen wichtigen Schaffensperiode. Nach dem Tode Schillers vereinsamte Goethe immer mehr, Familienmitglieder und Freunde starben. Vom gesellschaftlichen Leben in Weimar zog er sich weitgehend zurück. Bis zur letzten Minute schaffend, starb er im Vollbesitz seiner geistigen Kräfte und wurde in der Fürstengruft in Weimar bestattet.

Gotter, Gustav Adolf: Er wurde 1692 in Altenburg geboren, war von 1720-1732 erst gothaischer, danach bis 1736 preußischer Gesandter in Wien, wo er als beliebter und fähiger Diplomat galt. 1740 berief ihn Friedrich II. gleich nach seinem Regierungsantritt als Oberhofmarschall nach Berlin, 1743 wurde er Generaldirektor der Oper, 1753 dirigierender Minister beim Oberfinanzdirektorium. 1734 hatte er sich in Molsdorf bei Gotha ein Rittergut erworben, wo er sich ein Schloß baute, in das er immer gern zurückkehrte. Er starb 1762 in Berlin.

Herder, Johann Gottfried: Geboren 1744 in Morungen in Ostpreußen, studierte er in Königsberg Medizin, Theologie und Philosophie, war dann Prediger in Riga. Auf einer Reise in den Westen Europas lernte er u.a. Lessing und ↗Goethe kennen. Im Anschluß an eine Tätigkeit als Hofprediger in Bückeburg wurde er auf Veranlassung Goethes nach Weimar berufen. Trotz seines Wirkens als Generalsuperintendent, Mitglied des Oberkonsistoriums (und sein späterer Präsident) sowie Erster Prediger an der Stadtkirche entfaltete er im Umgang mit Goethe eine rege literarische Tätigkeit. In den letzten Jahren seines Lebens kam es dann allerdings infolge zunehmender Reizbarkeit und verdüsterter Stimmung zu Spannungen mit Goethe und Schiller. Er starb 1803 in Weimar.

Hermann I: Er war der Sohn ↗Ludwigs des Eisernen. Sein Geburtsjahr ist nicht genau bekannt, Landgraf wurde er 1190. Im Thronstreit zwischen Welfen und Staufern wechselte er verschiedentlich die Fronten, um dadurch Vorteile für sein Land zu erlangen. Er ließ die Wartburg ausbauen. Er galt als Freund und Förderer des Minnesangs. Unter ihm soll 1206/07 der Sängerkrieg auf der Wartburg stattgefunden haben, den dann die Sage ausschmückte. Er starb 1217 in Gotha.

Humboldt, Wilhelm von: Geboren 1767 in Potsdam, studierte er in Frankfurt/Oder und Göttingen, stand eine Zeitlang im diplomatischen Dienst Preußens. In Erfurt lernte er Karoline von Dacheröden kennen, die er 1791 heiratete. Zwischen 1794 und 1797 lebte er als Privatgelehrter in Jena, wo er mit ↗Goethe, ↗Schiller und den Brüdern Schlegel verkehrte. Sein weiterer Lebensweg führte ihn als Gesandten nach Rom, danach wurde er Leiter des preußischen Kultus- und Unterrichtswesens. Von 1819 an widmete er sich ausschließlich seinen wissenschaftlichen Arbeiten. Er starb 1835 in Schloß Tegel bei Berlin.

Kluge, Kurt: Er wurde 1886 in Leipzig geboren und besuchte nach dem Ersten Weltkrieg, in dem er schwer verwundet worden war, die Kunstschulen in Dresden und Leipzig. Dann gründete er eine eigene Erzgießerei und wurde Professor für Erzguß an der Akademie der Bildenden Künste in Berlin. Dabei erwarb er sich als Metallforscher und Restaurator von Denkmälern internationales Ansehen. Zur Schriftstellerei kam er erst 1929, trat dann aber rasch als Erzähler und Dramatiker hervor. Sein bekanntester Roman wurde wohl „Der Herr Kortüm", in dem er in einer an Jean Paul und Wilhelm Raabe geschulten Sprache die Schicksale eines norddeutschen Gastwirtes im Thüringer Wald erzählt. Er starb 1940 bei einem Besuch der damaligen Westfront nahe der Stelle, an der er 1914 seine schwere Verwundung erlitten hatte, an Herzschlag.

Lengefeld, Charlotte von: 1766-1826. Lebte nach dem Tode des Vaters mit ihrer Mutter und ihrer älteren Schwester Karoline in ihrem Geburtsort Rudolstadt. Hier verkehrte Schiller während seines „Rudolstädter Sommers" im Haus der Mutter, wo er Zuneigung zu ihr faßte und sich 1789 mit ihr verlobte. Sie heirateten 1790. Die Ehe war sehr glücklich, getrübt nur durch die Krankheit und den frühen Tod Schillers.

Liszt, Franz: 1811-1886. Er war bereits ein berühmter Virtuose und Komponist, als er nach vielen und ausgedehnten Reisen in ganz Europa 1848 das Amt des Hofkapellmeisters in Weimar übernahm. Hierher folgte ihm auch die Fürstin Caroline von Sayn-Wittgenstein (1819-1887), mit der er eng befreundet war. Nun konnte er eine Reihe langgehegter Pläne verwirklichen und die Stadt zu einem Zentrum der damaligen musikalischen Avantgarde machen. U.a. fanden hier durch ihn die Aufführung von R. Wagners „Tannhäuser" und die Uraufführung des „Lohengrin" statt. Sein Kapellmeisteramt legte er schon 1858 nieder, 1861 folgte er der Fürstin nach Rom, verbrachte dann aber in den Jahren bis zu seinem Tode regelmäßig einen Teil seiner Zeit in Weimar.

Louis Ferdinand: Ludwig Friedrich Christian Prinz von Preußen wurde 1772 geboren. Er war ein Neffe Friedrichs des Großen und galt als tüchtiger Soldat, aber auch als begabter Musiker. 1806 kommandierte er die 8000 Mann starke Vorausabteilung des Hohenloheschen Korps gegen die von Saalfeld her vorrückenden Franzosen. Dabei wurde er in einem Gefecht tödlich verwundet.

Ludwig, Otto: Er wurde 1813 in Eisfeld geboren. Nach dem Besuch des Gymnasiums in Hildburghausen und Saalfeld wollte er in Leipzig Musik studieren, mußte aber wegen seiner angegriffenen Gesundheit nach einem Jahr wieder aufgeben und lebte danach in Eisfeld, Leipzig, Meißen und Dresden als freier Schriftsteller. Mit seinen humorvoll-realistischen Dorfgeschichten wie „Die Heiteretei" oder dem tragischen Kleinstadtroman „Zwischen Himmel und Erde" erfaßte er meisterhaft das Alltagsleben in Thüringen. Er starb 1865 in Dresden.

Ludwig der Springer: 1042 geboren, wurde er 1076 Landgraf von Thüringen. Er ließ mehrere Burgen erbauen, darunter die Wartburg, und begründete die Machtstellung der Landgrafen. 1087 ließ er den Pfalzgrafen Friedrich von Sachsen ermorden, um dessen Gemahlin Adelheid heiraten zu können. Daraufhin wurde er von Kaiser Heinrich IV. auf Burg Giebichenstein bei Halle gefangengesetzt, entkam aber der Sage nach durch einen kühnen Sprung vom Burgfelsen in die Saale. Seinen Lebensabend verbrachte er als Mönch im Kloster Reinhardsbrunn, wo er auch starb.

Ludwig II.: Er war der Enkel ↗Ludwigs des Springers. Geboren um 1129 wurde er schon als Knabe 1140 Landgraf, stand aber die ersten vier Jahre seiner Regierung noch unter der Vormundschaft seiner Mutter. Verheiratet war er mit Judith, der Halbschwester Kaiser Friedrich Barbarossas. Der Sage nach soll er auf die Mahnung des Schmiedes von Ruhla hin die Macht der thüringischen Edlen gebrochen und ihre Gewalttätigkeiten unterbunden haben. Seinen Beinamen „der Eiserne" habe er aber erhalten, weil er zum Schutz gegen ihre Rache stets einen Harnisch trug.

Ludwig IV. von Thüringen: Er wurde als ältester Sohn des Landgrafen ↗Hermann 1200 geboren und folgte dem Vater schon 1217 als Landgraf. 1221 heiratete er ↗Elisabeth, mit der er seit 1211 gemeinsam aufgewachsen und erzogen worden war. Er erwies sich als verständnisvoller Gatte, aber eine längere Ehe war ihm nicht vergönnt; denn er starb schon 1227 in Otranto beim Antritt des von Kaiser Friedrich II. ausgerichteten Kreuzzuges. Man überführte die Leiche in das thüringische Kloster Reinhardsbrunn, wo man ihn als Heiligen verehrte.

Luther, Martin: 1483-1546. Die Eltern Luthers stammten aus Möhra südlich von Eisenach. Er selbst wurde in Eisleben geboren, nach kurzer Schulzeit in Magdeburg kam er mit 15 Jahren an die Pfarrschule nach Eisenach. Die nächsten Jahre lebte er im Thüringischen, denn 1501 begann er mit dem Studium in Erfurt, 1505 trat er hier als Mönch in das Kloster der Augustiner-Eremiten ein, wo er bis 1511 verblieb. Dann ging er an die Universität Wittenberg. Nach Thüringen kam er wieder 1521, als ihn Kurfürst ↗Friedrich der Weise auf der Wartburg in Sicherheit bringen ließ. 1522 kehrte er nach Wittenberg zurück, wo er bis zu seinem Tode lebte und wirkte. Eine letzte Verbindung zu Thüringen ergab sich durch seine Aufenthalte in Schmalkalden, wo er im Dezember 1536 seine „Schmalkaldner Artikel" schrieb.

Marlitt, Eugenie: Eugenie John, wie sie eigentlich hieß, wurde 1825 in Arnstadt geboren. Mit Unterstützung der Fürstin von Schwarzburg-Sondershausen wurde sie zur Sängerin ausgebildet und erzielte erste Bühnenerfolge in Leipzig, Wien und Graz, mußte dann aber wegen eines Gehörleidens ihre Laufbahn aufgeben. Nachdem sie eine Zeitlang als Vorleserin bei ihrer fürstlichen Gönnerin tätig gewesen war, wandte sie sich der Schriftstellerei zu und veröffentlichte 1866 ihren ersten Roman „Goldesel" in der damals ungemein beliebten Familienzeitschrift „Die Gartenlaube". Da er ein großer Publikumserfolg wurde, schrieb sie noch neun weitere Romane, alles große Publikumserfolge, heute verfilmt und immer noch recht gern gelesen. Sie konnte sich in Arnstadt eine Villa bauen, in der sie bis zu ihrem Tode 1887 lebte.

Meister Eckhart: Er gilt als der größte deutsche Mystiker. Geboren wurde er um 1260 in Hochheim bei Gotha. Als junger Mann trat er in den Dominikanerorden in Erfurt ein, ging zum Studium an die Universität nach Paris und erwarb hier 1302 den Magistertitel. Dann war er Provinzial der Dominikaner für Sachsen, Professor in Paris und Straßburg und schließlich Lesemeister des Ordens in Köln. Der Ketzerei angeklagt, ging er an den päpstlichen Hof nach Avignon, um sich zu verteidigen, doch starb er dort Ende 1327. Zwei Jahre nach seinem Tode wurden einige seiner Thesen als ketzerisch verurteilt. Durch seine Predigten und Schriften hat er einen wichtigen Beitrag zur Entwicklung der deutschen Schriftsprache geleistet.

Meyer, Joseph: Er wurde 1796 in Gotha geboren, lernte Kaufmann, nach verschiedenen mißglückten Unternehmungen und Spekulationen gründete er 1826 auf den Namen seiner Frau das „Bibliographische Institut". Diese Verlagsanstalt verlegte er 1828 nach Hildburghausen, wo er bald mit seinen Projekten wie „Meyers Universum" oder „Meyers Conversationslexicon" und „Brehms Tierleben" beachtliche verlegerische Erfolge erzielte. Zugleich setzte er sich aber auch für verschiedene fortschrittliche Wirtschaftsprojekte ein und suchte den Eisenbahnbau in Thüringen zu fördern. Die Pläne scheiterten aber an Mißgunst und Trägheit der Behörden. Joseph Meyers Gesundheit wurde dadurch untergraben, er starb, als sein Unternehmen in der schwersten Krise stand. Sein Sohn konnte aus dem wirtschaftlichen Zusammenbruch wenigstens das „Bibliographische Institut" retten.

Münchhausen, Börries Freiherr von: Er stammt aus dem bekannten niedersächsischen Adelsgeschlecht und wurde 1874 in Hildesheim geboren. Seit 1920 lebte er als Gutsherr auf Schloß Windischleuba bei Altenburg, das seiner Familie gehörte. Hier schrieb er die meisten seiner Balladen, die mit ihrer Betonung von Abenteuer und Ritterlichkeit dem Lebensgefühl der deutschen Jugendbewegung besonders entgegenkamen. Er starb durch Freitod 1945.

Müntzer (Münzer), Thomas: Geboren entweder 1468 oder 1489 in Stolberg/Harz. Er studierte Theologie und bekannte sich sehr früh zu Luthers Ideen. Schon 1520 wurde er von diesem nach Zwickau gesandt, von dort aber wieder vertrieben. Dann hielt er sich in Prag auf, 1523 wurde er Prediger in Allstedt, wo er eine von ihm geschaffene deutsche Liturgie einführte. Als er hier urchristlich-kommunistische Ideen entwickelte, warnte Luther vor ihm. Nachdem er auch aus Allstedt vertrieben worden war, ging er nach Mühlhausen, wo er Verbindung mit den Bauern aufnahm, 1525 die Herrschaft an sich riß und den Bauernkrieg in Thüringen organisierte. In der Entscheidungsschlacht der Bauern gegen das Heer der Fürsten 1525 bei Frankenhausen wurde er gefangengenommen, gefoltert, zum Widerruf gezwungen und schließlich enthauptet.

Musäus, Johann Carl August: Der Sohn eines Landrichters wurde 1735 in Jena geboren. Nach dem Theologiestudium übernahm er eine Predigerstelle in Eisenach, ein Pfarramt wurde ihm wegen angeblich zu freizügigen Lebenswandels versagt. Doch 1763 erhielt er die Stelle eines Pagenhofmeisters am Hof zu Weimar. 1769 wurde er Professor am dortigen Gymnasium. Der in literarischen Kreisen und bei der Bevölkerung Weimars gleichermaßen geschätzte Mann veröffentlichte von 1782 an seine „Volksmährchen der Deutschen". Er starb schon 1787.

Napoleon Bonaparte: 1769-1821. Für acht Jahre lang beeinflußte Napoleon als Kaiser der Franzosen auch die Geschicke Thüringens. Als ihm 1806 nach der Gründung des Rheinbundes Preußen den Krieg erklärte, rückte er mit seiner Armee in das mit Preußen verbündete Herzogtum Sachsen-Weimar ein und besiegte in der Doppelschlacht von Jena und Auerstedt am 14. Oktober 1806 die Preußen. 1807 kam er, auf der Höhe seiner Macht, erneut nach Thüringen, wo er im Oktober in Erfurt einen Fürstentag abhielt, zu dem er die Rheinbundfürsten lud und mit Zar Alexander ein Bündnis schloß. Bei dieser Gelegenheit traf er in Erfurt auch mit Goethe zusammen und besuchte die Gattin ↗Carl Augusts in Weimar. Ein letztes Mal sah ihn Thüringen nur während seines überstürzten Rückzugs 1813 nach der Schlacht bei Leipzig.

Perthes, Johann Georg Justus: Er wurde 1749 in Rudolstadt geboren, gründete 1785 in Gotha einen Verlag, der von Sohn und Enkel weitergeführt wurde und der als eines der bedeutendsten kartographischen Unternehmen in Deutschland galt. Hier erschien der bekannte Stielersche Handatlas und seit 1816 die genealogischen Taschenbücher („der Gotha"). Er starb 1816 in Gotha.

Reuter, Fritz: 1810-1874. Der in Stavenhagen/Mecklenburg geborene Reuter kam als Jurastudent nach Jena. Wegen seiner Zugehörigkeit zur Deutschen Burschenschaft wurde er auf der Durchreise in Preußen verhaftet, zum Tode verurteilt und zu dreißigjähriger Festungshaft begnadigt. Nach sieben Jahren amnestiert, wirkte er erst in seiner Heimat in der Landwirtschaft, dann als Privatlehrer. In dieser Zeit begann er auch, seine ersten Erzählungen in Plattdeutsch zu schreiben, mit denen er sich bald als einer der bedeutendsten Erzähler des Realismus auswies. Nach einer Griechenlandreise übersiedelte er 1863 nach Eisenach, wo er bis zu seinem Tode als freier Schriftsteller lebte.

Rietschel, Ernst: 1804-1861. Der Bildhauer war ein Schüler Rauchs, mit 28 Jahren wurde er bereits Professor an der Dresdner Akademie und schuf eine Anzahl bedeutender Denkmäler, darunter 1857 das Doppeldenkmal Goethes und Schillers vor dem Nationaltheater in Weimar.

Salzmann, Christian Gotthilf: Er wurde 1744 in Sömmerda geboren, studierte Theologie in Jena und wurde Pfarrer in Rohrborn bei Sömmerda und Erfurt, bis er 1781 als Religionslehrer an das Philanthropinum nach Dessau ging. Schon drei Jahre später gründete er in Schnepfenthal bei Gotha eine eigene Erziehungsanstalt, an der im Geiste des Philanthropismus unterrichtet wurde. Er veröffentlichte die Volkszeitschrift „Der Bote aus Thüringen" und schrieb eine Reihe vielgelesener pädagogischer Werke. Gestorben 1811 in Schnepfenthal.

Scheffel, Joseph Victor: 1826-1886. Der aus Karlsruhe stammende Dichter lebte vorwiegend in seiner Vaterstadt, besuchte aber verschiedentlich Thüringen, wo er auch der „literarischen Gesellschaft der Gabelbach-Gemeinde" angehörte. Frucht seiner Aufenthalte und ausgedehnten Wanderungen ist das Gedicht „Der Rennsteig" in der Sammlung „Frau Aventiure", in der auch die „Wartburglieder" enthalten sind. Der Plan, ähnlich seinem berühmten Roman „Ekkehard" (1857) auch einen Wartburg-Roman zu schreiben, blieb unausgeführt.

Schiller, Friedrich: 1759-1805. Das erste Mal kam S. 1782 nach seiner Flucht aus Württemberg nach Thüringen, wo ihn Henriette von ↗Wolzogen auf ihrem Gut Bauerbach bei Meiningen Unterschlupf gewährte. Sein Lebensweg führte ihn nach Aufenthalten in Mannheim und Dresden 1787 nach Weimar, wo er aber nicht Fuß fassen konnte, und 1788 nach Rudolstadt. Hier lernte er ↗Goethe und auch seine spätere Frau Charlotte von ↗Lengefeld kennen. Durch Goethes Vermittlung erhielt er 1788 eine Professur für Geschichte an der Universität Jena. Wegen eines Lungenleidens mußte er aber die Vorlesungen schon 1790 wieder aufgeben. Von 1794 an verband ihn in zunehmendem Maße die Freundschaft mit Goethe, die ihn zugleich zu neuer literarischer Tätigkeit anregte. 1799 übersiedelte er mit seiner Familie nach Weimar, wo er bis zu seinem Tode in engem Kontakt mit Goethe lebte.

Stein, Charlotte von: Charlotte von Schadt, wie sie mit ihrem Mädchennamen hieß, wurde 1742 in Eisenach geboren. Als Hofdame der Herzogin ↗Anna Amalia lernte sie den Stallmeister Friedrich Freiherr von Stein kennen, den sie 1764 heiratete. Im November 1775 trat der um sieben Jahre jüngere ↗Goethe in ihr Leben, von dem sie bald glühend geliebt wurde. Schönstes Zeugnis seiner Verehrung und Liebe sind seine Briefe an sie, während sie ihre Briefe an ihn zurückforderte und vernichtete. Nach Goethes italienischer Reise erkaltete das Verhältnis sehr rasch, erst viele Jahre danach kam es wieder zu freundschaftlichen Beziehungen zwischen den beiden. Ihrem Sohn Friedrich Constantin (Fritz) blieb der Dichter aber stets ein väterlicher Freund. Charlotte starb 1827 in Weimar.

Storm, Theodor: Der 1817 in Husum geborene Storm studierte in Berlin und Kiel Rechtswissenschaften und wurde Rechtsanwalt in seiner Heimatstadt. Als Deutschgesinnter mußte er aber unter dänischem Druck Schleswig verlassen. Er ging als Assessor nach Potsdam und wurde im Sommer 1856 zum Kreisrichter in Heiligenstadt ernannt. Hierher folgte ihm auch seine Frau, zwei seiner Töchter wurden hier geboren. Auch eine Reihe seiner Novellen entstanden in Heiligenstadt. Als er 1864 zum Landvogt von Husum gewählt wurde, übersiedelte er wieder in seine Heimat, wo er bis zu seinem Tode 1888 wirkte.

Tannhäuser: Er lebte etwa von 1205-1270, nach neuer Forschung stammte er aus der Oberpfalz (Tannhausen bei Neumarkt). Als Minnesänger lebte er eine Zeitlang in Nürnberg und nahm am Kreuzzug Friedrichs II. teil. Deshalb zeigt ihn auch das Bild in der Manessischen Liederhandschrift als Kreuzfahrer. Als sein großer Gönner Herzog Friedrich der Streitbare von Österreich gestorben war, zog er verarmt und unstet durch das Land. Eine im 14. Jahrhundert entstandene Sage erzählt, daß er von Frau Venus in den Zauberberg gelockt wurde, als er später Buße tun wollte, verweigerte ihm Papst Urban IV. die Absolution, doch Gott selbst entschied durch das Wunder des grünenden Stabes über seine Rettung.

Vulpius, Christiane: Sie wurde 1765 in Weimar geboren. Als junges Mädchen arbeitete sie in ↗Bertuchs Kunstblumenfabrik. Als sie 1788 ↗Goethe eine Bittschrift überreichte, verliebte sich dieser in die 23jährige und nahm sie, sehr zum Mißfallen der Weimarer Gesellschaft, als Lebensgefährtin in sein Haus. Die muntere, vergnügungssüchtige junge Frau verstand es, sich ihm erstaunlich gut anzupassen und ihm häusliche Geborgenheit und Zufriedenheit zu schenken. 1806 heiratete Goethe sie, wohl unter dem Eindruck ihres tapferen Verhaltens während der Wirren nach der Schlacht bei Jena. Insgesamt gebar sie ihm fünf Kinder, von denen aber nur August, der älteste Sohn, am Leben blieb. Sie starb 1806.

Wieland, Christoph Martin: 1733-1813. Wandte sich nach dem Jurastudium in Tübingen der Literatur zu und schrieb seit 1764 Erzählungen und Romane, die ihn rasch bekannt machten. 1769 wurde er Professor für Philosophie an der Universität Erfurt. Sein 1772 erschienener Erziehungsroman „Der goldene Spiegel" veranlaßte ↗Anna Amalia, ihn als Erzieher ihrer beiden kleinen Söhne nach Weimar zu berufen, und hier verblieb er bis zu seinem Tode, lediglich von 1798-1803 lebte er auf seinem Gut Osmanstedt. In behaglichen Familienverhältnissen, umgeben von einer großen Familie, entwickelte er eine rege literarische Tätigkeit. Er gehörte zum engeren Kreis um die Herzoginmutter Anna Amalia, war aber auch eng mit ↗Goethe und ↗Herder befreundet.

Wolzogen, Henriette von: 1745-1788. Sie war die Mutter von Wilhelm von Wolzogen, der gemeinsam mit ↗Schiller die Karlsschule besuchte. Als letzterer aus Württemberg flüchtete, bot sie ihm Unterschlupf auf ihrem Gut Bauerbach bei Meiningen.

Zeiss, Carl: Er wurde 1816 in Weimar geboren. Als 30jähriger Universitätsmechaniker gründete er in Jena eine Werkstätte zur Herstellung optischer Geräte, vor allem von Mikroskopen, in die 1867 der Physiker ↗Abbe eintrat. Sie entwickelten das Unternehmen gemeinsam. Er starb 1888 in Jena.

E 45
Goslar
Bad Harzburg
Halberstadt
Wernigerode
H A R Z
Quedlinburg
Leine
NIEDER-
SACHSEN
Osterode
Northeim
SACHSEN-ANHALT
Saale
Dessau
Bernburg
Köthen
E 51
Gieboldehausen
Göttingen
Duderstadt
Stolberg
Nordhausen
Eisleben
Eichsfeld
Goldene Aue
Bleicherode
Wolkramshausen
Sangershausen
Halle
Wintzingerode
Heiligenstadt
Beuren
Leinefelde
Großlohra
Kyffhäuser
SACHSEN
Dün
Sondershausen
Hainleite
Merseburg
Leipzig
Werra
Dingelstädt
Heldrungen
Schlotheim
Hainich
Mühlhausen
Weißensee
Weißenfels
Eschwege
Sömmerda
Unstrut
Bad Kösen
Naumburg
Weiße Elster
Nazza
Bad Langensalza
Schulpforte
HESSEN
Mihla
T H Ü R I N G E N
Bad Sulza
Zeitz
Creuzburg
Ettersburg
Oßmannstedt
Apolda
Camburg
Eisenach
ERFURT
Buchenwald
Weimar
Dornburg
Eisenberg
Altenburg
Wartburg
Hörselberg
Gotha
Marksuhl
Waltershausen
Molsdorf
Jena
Bad Köstritz
Ruhla
Wandersleben
E 40
Möhra
Gr. Inselsberg
916 m
Friedrichroda
Mühlberg
Ilm
Gera
Altenstein
Arnstadt
Blankenhain
E 40
Vacha
Ohrdruf
Georgenthal
Kahla
Stadtlengsfeld
Bad Salzungen
Bad Liebenstein
Liebenstein
Orlamünde
Weida
Wilhelmsburg
Neustadt
Schmalkalden
Elgersburg
Paulinzella
Rudolstadt
Oppurg
Hohenleuben
Zwickau
Ilmenau
Pößneck
Wasungen
Zella-Mehlis
Kickelhahn
861 m
Bad Blankenburg
Ranis
Zeulenroda
Greiz
Beer-Berg
982 m
Schwarzburg
Könitz
Walldorf
Suhl
Saalfeld
Elsterberg
Meinigen
Rohr
Schleiz
T H Ü R I N G E R
Burgk
Werra
Bauerbach
Schleusingen
W A L D
Ebersdorf
Plauen
Auerbach
Kloster Veßra
Lauscha
Lobenstein
Hildburghausen
Eisfeld
Vogtland
Rhön
Römhild
Sonneberg
Klingenthal
Feste Heldburg
Frankenwald
Hof
Heldburg
Coburg
Bad Kissingen
CSFR
Kulmbach
Schweinfurt
BAYERN
Eger
Bamberg
Bayreuth
0 10 20 30 km
E 45
E 51

Inhalt

Quellen

Kapitel 1: Landschaft zwischen Rhön und Werra

1 Tacitus: Annalen XIII, 57. Übers. nach W. Boetticher
2 Leopold von Ranke: Deutsche Geschichte im Zeitalter der Reformation
3 Max Grube: Geschichte der Meininger. Berlin-Leipzig 1926, S. 46 f.
4 Ludwig Bechstein: Wanderungen durch Thüringen
5 Brief an Streicher vom 8. 12. 1782
6 Brief an Henriette von Wolzogen, März 1783
7 Zitiert nach: Angelika Marsch, Nachwort zu „Meyers Universum. Große Bauwerke Europas". Mannheim 1976, S. 101
8 Otto Ludwig: Die Heiteretei

Kapitel 2: Zwischen Harz und Unstrut

1 W. T.: Die Taufe des deutschen Aristophanes. In: Die Gartenlaube 1877, S. 18 f.
2 Brief an Constanze Storm vom 30. 8. 1856
3 Christian Gottlieb Albrecht: Topographisch-historische Beschreibung der Stadt Mühlhausen in Thüringen
4 Thomas Müntzer: Die Fürstenpredigt
5 Wilhelm Zimmermann: Geschichte des Großen Bauernkrieges VI, 4

Kapitel 3: Von Eisenach bis Erfurt

1 Brief an Frau von Stein vom 13.-16. 9. 1777
2 E. T. A. Hoffmann: Der Kampf der Sänger
3 Zitiert nach: Walter Nigg: Elisabeth von Thüringen. Freiburg 1979, S. 70
4 Bericht Prof. L. Okens in der Zeitschrift „Isis" XI 1817
5 Zitiert nach: All mein Gedanken die ich hab. Deutsche Lieder des 15. und 16. Jahrhunderts. Berlin 1982, S. 256
6 Gottfried Wilhelm Becker: Die fröhliche Reise nach Thüringen. Leipzig 1840
7 August Wilhelm Iffland in „Almanach für Theater und Theaterfreunde auf das Jahr 1807"
8 Gustav Freytag: Das Nest der Zaunkönige
9 Carl August Musäus: Melechsala
10 Zitiert nach: H. Reichmann: Ein Jahrtausend deutscher Kultur. Leipzig 1924, S. 15
11 C. F. Meyer: Huttens letzte Tage
12 Wilhelm v. Humboldt: Morgen des Glücks
13 Zitiert nach: H. E. Gerlach – O. Herrmann: Goethe erzählt sein Leben. München 1981, S. 398 f.

Kapitel 4: Weimar

1 N. M. Karamsin: Briefe eines reisenden Russen. München 1966, S. 105
2 Thomas Mann: Lotte in Weimar, Kap. 1
3 V. Wölfling: Reise durch Thüringen T. 3. Dresden 1796, S. 537 f.
4 J. P. Eckermann: Gespräche mit Goethe T. 1. 22. 3. 1824
5 K. Immermann: Memorabilien. Hamburg 1843, S. 151 ff.
6 J. G. Müller: Aus dem Herderschen Hause 1780-82. Berlin 1881, S. 19 f.
7 Schillers Briefe Bd. 1 Nr. 214
8 J. W. Goethe: Die Lustigen von Weimar
9 W. G. Gotthardi: Weimarische Theaterbilder aus Goethes Zeit. Jena-Leipzig 1865, S. 25 f.
10 Eduard Genast: Erinnerungen eines alten Schauspielers. Stuttgart 1905, S. 367 f.
11 Henri van de Velde: Geschichte meines Lebens. München 1962, S. 195 f.
12 L. Schreyer: Erinnerungen an Sturm und Bauhaus. München 1956, S. 125
13 J. P. Eckermann: Gespräche mit Goethe T. 3. 26. 9. 1827
14 Ernst Wiechert: Der Totenwald

Kapitel 5: Im Banne des Thüringer Waldes

1 Carl Herzog: Taschenbuch für Reisende durch den Thüringer Wald. Magdeburg 1832
2 Ludwig Bechstein: Deutsches Sagenbuch
3 Christian Gotthilf Salzmann: Reisen der Salzmannschen Zöglinge T. 1. Leipzig 1784, S. 34 ff.
4 Martin Andersen-Nexö: Die Puppe
5 Victor von Scheffel: Frau Aventiure
6 J. W. Goethe: Ilmenau
7 Zitiert nach: Julius Voigt: Goethe und Ilmenau. Leipzig 1912, S. 294 f.
8 Kurt Kluge: Der Herr Kortüm
9 Zitiert nach: Ausgewählte Übertragungen von Bachdokumenten. Bachmuseum Arnstadt, S. 3
10 Eugenie Marlitt: Reichsgräfin Gisela

Kapitel 6: Entlang der Saale

1 Ida Seele: Meine Erinnerungen an Friedrich Fröbel. In: H. Fröbel – D. Pfaehler: Kommt, laßt uns unseren Kindern leben. Neustadt/S. 1982, S. 171 f.
2 Karl Emil Franzos: Aus Anhalt und Thüringen. Berlin 1984, S. 221 f.
3 Friedrich Schiller: Im Kloster Paulinzelle
4 Johann Wolfgang Goethe: Tag- und Jahreshefte 28. 8. 1817
5 Brief an Körner vom 26. 5. 1788
6 Brief an Körner vom 12. 9. 1788
7 Reinhold Lenz: Abschied von Kochberg
8 J. Wagner: Studentenlied
9 Brief an Körner vom 28. 5. 1789
10 Eduard Genast: Erinnerungen eines alten Schauspielers. Stuttgart 1905, S. 25 f.
11 Brief an Zelter vom 10. 7. 1828
12 W. Herwig (Hg.): Goethes Gespräche nach Biedermann Bd. 3/2. Zürich 1972, S. 336 ff.
13 F. Kugler: An der Saale hellem Strande

Kapitel 7: Landschaft zwischen Saale und Elster

1 Konrad Duden: Vollständiges Orthographisches Wörterbuch. Leipzig 1880, S. VII
2 Alfred Edmund Brehm: Tierleben
3 Die fröhliche Reise nach Thüringen. Leipzig 1840
4 Heinrich Laube: Reisenovellen
5 Börries Freiherr von Münchhausen: Hofball